묵시적/정치적 단편들

이상(李箱)의 리얼리즘에 대하여

하이브리드 총서 15
묵시적/정치적 단편들
이상(李箱)의 리얼리즘에 대하여

© 윤인로, 2015

초판 1쇄 인쇄일. 2015년 4월 30일
초판 1쇄 발행일. 2015년 5월 15일

지은이. 윤인로
펴낸이. 강병철
주간. 정은영
편집. 임채혁
디자인. 워크룸 김혜원
제작. 이재욱 김춘임
마케팅. 이대호 최형연 한승훈 전연교
홍보. 김상혁

펴낸곳. 자음과모음
출판등록. 1997년 10월 30일 제313-1997-129호
주소. 121-840 서울시 마포구 서교동 396-33
전화. 편집부 02. 324. 2347 / 경영지원부 02. 325. 6047~8
팩스. 편집부 02. 324. 2348 / 경영지원부 02. 2648. 1311
홈페이지. www.jamo21.net
독자카페. cafe.naver.com/cafejamo
이메일. limchyuh@jamobook.com

ISBN 978-89-5707-849-5 (04300)

이 책은 2014년도 ARKO 창작기금을 받았습니다.

하이브리드 총서 15

묵시적/정치적 단편들

이상(李箱)의 리얼리즘에 대하여

윤인로

자음과모음

묵시적/정치적 단편들: 이상(李箱)의 리얼리즘에 대하여

일러두기

* 1930~40년대의 글이 인용된 경우, 중심어는 원문의 표기 그대로이며 띄어쓰기 등은 현대표기
  법을 따른 것이다.
* 인용문 속의 '[ ]' 기호는 인용자가 가감한 것이다.

도래중인 리얼-리즘

삶을 지닌 모든 것은 모두 피를 말려 쓰러질 것이다. 이제 바야흐로.
—이상李箱, 「산촌」

신을 모독한 자

거두절미하는 걸 수락한다면, 하나의 진단과 하나의 과제에 대해 말하는 것에서 출발했으면 한다. 먼저, 진단. 작가 이상1910~1937의 문학을 처음으로 발굴하고 그 위상을 정립했던 초기 이상 연구에는 그 이후 깊이 숙고되지 않고 누차 누락된, 그래서 끝내 망각된 이상 문학의 한 가지 의미 또는 의지가 들어있다. 이에 이어진 과제는 다음과 같다. 그렇게 폐기된 의미, 눙쳐지고 주눅 들린 의지의 약한 힘을 오늘 다시 복원하고 복기하되, 할 수 있는 한 통치적인 힘의 상태에 대한 내재적 비평의 방법으로 고안해낼 것. 그런 진단의 초안을 작성하고, 그런 과제의 기본 정조를 잡는 것이 이 책의 첫 장에서 해야 할 일이다.

이상의 파편들을 그러모아 책으로 펴낸 첫 장본인은 이상의 형이자 벗이며 비평적 옹호자였던 편석촌片石村 김기림金起林, 1908~?이었다. 곧, 『이상선집』. 그 첫머리에 놓여 있는 김기림의 서문 중 한 대목은 다음과 같다. "지용芝溶이 주간하는 『카톨릭청년』이라는 잡지에 이상의 시가 가끔 나타나군 했다. 알고 보면 몹쓸 모독자冒瀆者의 시였으면서 이러한 신성한(?) 잡지에 은신하게 된 것(…)."[1] 모독자의 시, 신성모독의 시인. 이는 이상을 향한 김기림의 미끈한 수사가 아니며, 번다한 췌사가 아니다. 이렇게 질문하자. 대체 어떤 신성이기에 그렇게 모독하지 않으면 안 되었던가. 김기림이

---

1 김기림, 「이상의 모습과 예술」, 김기림 편, 『이상선집』, 백양당, 1949, 3쪽.

말하는 이상의 적들, 곧 '피와 기름으로 비만해져가는 황금의 질서' '평화의 학살자' '말기적인 현대문명', 다시 말해 이상의 문학이 진단·개시하고 있는 그 표적들이 바로 저 신성의 후광 속에서 스스로를 절대적 영토로 형질전환시켜가고 있는 것들이었다. "날개가 부스러 떨어진 귀양 온 천사天使는 한없이 슬펐다. 그러나 이러한 '아이로니'와 농질과 업신여김과 가엾이 여김과 슬픔은 또한 고약한, 현실에 대한 순교자殉敎者의 노여움으로 변하군하는 것이었다."[2] 김기림에게 이상은 당대의 자본주의, 그 황금의 유혈적 질서 안에서 신의 사명mission으로 파송missio되어 있는 '천사'였으되, 끝내 날개가 부서진 천사였다. 파송의 절대적 사명과 그것의 필연적 실패의 동시성 속에서, 그 '아이러니' 속에서 이상은 "'절대絶對의 애정'을 찾어 마지않는 한 '퓨리탄Puritan, 청교도'"으로 "점점 더 비통한 순교자의 노기를 띠어간 것이다."[3] 그렇게 부서진 날개의 운동은 단 하나, 순교로 이어진다. 그러하되 이상이라는 천사의 그 순교란 '속이는 신'의 품 안에 안락·조화·합일로 안겨드는 것이 아니라, 그런 신을 직시하는 치켜뜬 두 눈으로 보존되는 시간이었다. "그 무적無敵한 눈만이, 사람에게는 물론 악마나 신神에게조차 속을 리 없다는 듯이, 금강석처럼 차게 타고 있는 것이다."[4] 냉철하게 타고 있는 '무적의 눈'. 그 눈의 직시, 직립한 그 눈은 사람과 사회를 들려버리게 하는 신성에 대한 소송의 의지를 표현한다.

1949년 3월, 선집을 묶으며 생전의 이상을 추모하고 있는 김기림에게 이상의 시란, 신적인 것들의 환속적 군림과 통치를 향한 모독이자 탄핵이었다. 애도를 위한 김기림의 문장이 이른바 '비평'으로 고양되는 순간, 혹은 비평이라는 것이 애도의 방법이자 태도로 전개되고 있음을 감지하게 하는 김기림의 한 문장은 다음과 같다. "가장 우수한 최후의 '모더니스트' 이상은 '모더니즘'의 초극이라는 이 심각한 운명을 한 몸에 구현한 비극의 담당자였다."[5] 이 비극, 그 모순, 그 역리逆理와 아이러니에 대해서는 이후 거듭 사고하고 다시 표현하게 될 것이다. 앞질러 이렇게 말해놓기로 하자. 김기림을 비롯해 이상 문학 연구의 출발점에서 작성된, 그러나 향후 본격적으로 논구되지 않은 생각들과 의지들을 오늘 다시 다르게 전개할 수 있다는 것. 그 과정에서 이상의 문학이 얼마간의 오해와 오판들, 부분적인 투사와 전이들을 뚫고 두 발로 설 수 있으리라는 것. 그의 문학을 투쟁하는 천사의 흔적으로, 순교자의 분노로 정의했던 김기림을 잊지 않고 있는 한 사람, 그래서 그의 비평/애도를 다르게 보존할 수 있었던 이는 이상의 전집을 묶고 있던 청년 임종국林鍾國, 1929~1989이었다. 임종국이라는 전후戰後, 달리 말해 전후의 이상, 전후에 의한 이상.

오늘 독자들이 읽고 있는 이상의 전집들은 임종국의 열정과 열망이 매만진 최초의 전집에 빚지고 있다. 『이상전집』(전3권, 태성사, 1956). 그 시대를 향한 진술 하나. "황량한 전후세대의 정신적 지주였던 이상이었다. 안암동 골짜기에서는 정외과의 임종국이 동숭동 문리대에서는 이어령이 이상 깃발을 높이 든 이래로 이상 문학은 뻗어가고 있거니와, 그때부터 지금껏 이상 작품 텍스트에 정성을 쏟아온 임종국의 안타까움(…)."6 기존에 통용되던 가치들과 합의된 의지들이 부수어지고 깨지던 전후라는 근대의 제로상태 속에서, 그 폐허의 잿더미 속에서 이상의 문학은 발굴되고 정립

---

2   같은 글, 6쪽.
3   같은 글, 5, 6쪽.
4   같은 글, 8쪽.
5   김기림, 「모더니즘의 역사적 위치」, 『인문평론』 창간호(1939. 10), 85쪽.
6   김윤식, 「이상연구 각서」, 『이상 소설 연구』, 문학과비평사, 1988, 23쪽. 책의 첫 장을 '각서'라는 이름 아래 써야 했던 김윤식이었다. 인용한 대목은 그 각서의 끝부분인데, 곱씹어야 할 대목은, 그 문장들이 이상에 대한 전후세대의 열도熱度를 감지하고 있는 것이며, 그 속에서 이상 연구의 재출발을 위한 동력을 구하고 있다는 것이다. 임시수도 부산의 고석규를 포함해 전후세대의 그 열의를 회고의 대상으로, 연구의 출발을 알리는 수사적 신호탄으로 전락시키지 말아야 한다. 그러기 위해선, 이상을 향한 그들의 열의가 가진 논리와 맥락에 내재적으로/차갑게 틈입해야만 한다. 그런 뜻에서 앞질러 인용해 놓을 수 있는 김윤식의 문장은 다음과 같다. 그것은 저 각서 위에 빠르게 휘갈겨 쓴 김윤식의 서명날인 같은 것이라 하겠다. "모든 사람들이 한결같이 2×2=4의 출입구를 향해 질주할 때 거꾸로 질주하는 한 아이가 이상이다. 공포에 질려 질주하기는 모두 마찬가지지만 그 방향은 서로 역방이었다. 이 점에서 이상 문학은 도스토예프스키, 사도 바울의 계보로 이어졌다."(김윤식, 「이상 문학과 지방성 극복의 과제—세계사적 시선 속에서 바라보기」, 권영민 편, 『이상문학연구 60년』, 문학사상사, 1998, 47쪽)

되었다. '식민殖民'된 삶이 군국의 이윤과 그 체제를 위한 합성의 단순한 질료로 형질전환되고 있던 당대1931~1937, 줄여 말해 이상의 근대. 임종국에 따르면 이상의 문학은 식민의 체제 속으로, 거듭 폐허와 파국으로, 끝의 선포로, 최후의 고지로, 곧 '새로운 신'의 도래로 장전되고 있었다. 1939년도의 김기림을 자신의 「이상 연구」 첫머리에 제사題詞로 인용하고 있는 임종국의 문장들을 읽어보자.

> 그러면 근대의 초극이란 무엇인가? 절대자의 폐허, 다시 말하면 보편적 이성이 사망한 지구상에다 새로운 '신'을 발현하여 군림시키는 작업이었다. (…) 스스로 '최후의 모더니스트'가 되어버린 이 '비극의 담당자'는, 절대자의 폐허에서 발생하는 모든 속도적 사건—절망, 부정, 불안, 허무, 자의식 과잉, 데카당, 항거 등 일체의 정신상의 경향—을 그의 문학에다 반영함으로서, 실로 보기 드문 혼돈 무질서상을 일신에 구현하고 만 것이었다.[7]

이상을 두고 써진 위의 문장들은 실은 임종국 자신을 향해 쓴 것이라고 해도 좋다. 그에게 이상은 전후라는 시대, 전후라는 삶의 끝 간 데를 이해하고 표현하기 위해 필요했고 요청되었으며, 그래서 발현되었다. 임종국은 김기림에 이어 이상의 문학을 이른바 '근대의 초극'을 위한 의지의 상관물로 읽는다. 그 연장선에서 이상의 시작詩作은 '절대자의 폐허' 속으로, 군림하고 명령하는 절대적 가치들의 파탄·사망·소멸의 상황 속으로 새로운 신을 발현시키고 다시 군림시키는 작업이었다. 그것을 이상의 시어들 중하나였던 '속도'의 연장선 위에서 '속도적 사건의 발생'이라고 말한 것은 임종국의 혜안이다. 이에 근거해 그는 이상 문학의 '정신사적 위치'를 "근대의 폐허를 확인하고, 또 그로 인하여 동요하던 근대적 자아—실존하는 인간상—에 표현을 주고, 또 그 초극을 몸소 교시敎示하였"[8]던 점에서 찾는다. '근대의 폐허', 그것은 이상이 자신의 「자화상」에서 '여기는 폐허다'라고 적었던 것과 맞닿아 있다. 1955년 현재, 임종국은 그 자화상에서 자기 자신의 표정을 본다. 자기가 속한 사회의 얼굴을, 전후라는 상황의 표징과 표식을 본다. 이렇게 말해도 좋겠다. 이상의 자화상에는 오늘 이상을 읽는 독자들의 표정과 삶의 어떤 조건이 담겨 있다고. 그러므로 자신의 그 음울한 표정과 대면하고 외화된 자기 삶의 파열된 조건과 대결하는 것이 오늘 이상을 읽는 독자들에게 세세한 당위로서, 필요한 요청으로서 주어지고 있다고.

정관 파기—어떤 모순론

한편, '무중력 상태'와 '화전민 의식'으로 전후를 살았던 한 청년에게 이상의 문학이란 이런 것이었다. "신이 이미 만들어놓은 무의미하고 무질서하고 맹목적인 '일상성으로서의 현실'과 그를 의식하고 그 공백 가운데 '자기 생'을 설정하려는 선악과善惡果의 '의식 세계'와…… 이런 부단의 모순으로 찬 인간 조건을 한 몸에 향수하며 살아가지 않으면 아니 될 고난과 그 비극이 곧 '상'의 예술이 되었으며 거기에서 자기를 해방시키고자 한 의지가 그 예술의 완성을 의미하는 것이었다."⁹ 이어령은 이상의 문학을 겹겹의 모순으로 된 인간 조건의 표현으로 읽었다. 그가 나열하는 모순의 양극단이란, 유한한 존재와 무한한 세계, 무의미와 의미, 맹목과 윤리, 비본래적인 것과 본래적인 것 등이었다. "이러한 두 가지 상극 대립한 두 조건을 한꺼번에 수행하여 할 휴머니티는 그야말로 낭자한 유혈극의 참상을 자아냈다."¹⁰ 이어령에 따르면, 이상은 그와 같은 비참 속에서 신의 조화로운 질서를 무의미하고 무질서하며 맹목적인 일상으로 인지하고 경험했다. 달리

---

7   임종국, 「이상 연구」, 『고대문화』 1집, 1955(임종국 편, 『이상전집 3』, 태성사, 1956, 264쪽).
8   같은 글, 314쪽.
9   이어령, 「이상론—'순수 의식'의 완성과 그 파벽破壁」, 『문리대 학보』 3권 2호, 1955(김윤식 편, 『이상문학전집 4』, 문학사상사, 1995, 36쪽).
10   같은 글, 36쪽.

이상, 〈1928년 자화상〉(왼쪽)과 〈자화상〉(1931년 조선미술전람회에 출품). 두 개의 자화自畵, 또는 근대와 식민에 대한 하나의 초상. 거기엔 결핍으로 충만한 전후세대의 얼굴 표정 하나가, 그러므로 매 시대 청년성의 어떤 표정 하나가 들어있다고 할 수 있다.

말해 이상의 문학은 의미와 가치, 조리條理와 정관定款으로 된 근대적 체제 안에서 그것의 무참한 부조리와 정관의 파기를 마주하고 있다. 그렇다는 것은 이상이 '선악과의 의식 세계'에 대한, 신의 명령적 질서의 세계에 대한 거부와 위반의 의지 속에서 '자기 생生'을 기립시키고 있었다는 말과 다르지 않다. 이어령의 이상은 신의 정관을 거역했던 아담이었다. 신의 중력을 차단하고선 동토를 녹이고 박토를 개간해야 했던 화전민. 그가 이상이었고, 이상론을 쓰고 있던 이어령이었다.

신의 질서와 자기의 생. 그 두 극의 대립과 결렬, 이반과 모순. 이상은 최초의 소설 「十二月十二日」에서 '모순이야말로 진리의 한 형식'이라고 적었다. 그런 모순에 대한 감각을 일러 이어령은 '현대적 자의식'이라 부른다. "이러한 현대적 자의식의 세계 앞에 나타난 현실의 세계란 그에게 있어 또 하나의 '실화失花'와 '실락원'이었다. 그 실낙원의 일상생활 가운데 '천사는 아무데도 없으며', '파라다이스는 빈터'인 것이다. 천사의 시체만이 사는 현실적 일상 세계에는 '절대적 공허'뿐 (…) [이상은] 이 실낙원의 현실 세계에 '천사를 다시 불러서 돌아오게 하는 응원기' 같은 것을 생각도 해 보는 것이다."[11] 이 문장들은 이상의 텍스트 「실낙원」에 이어져 있다. 그는 빈터가 된 파라다이스에 삶을 정초하려 한다. 신에 의해 파송된 천사는 그의 현실 어느 곳에도 없었다. 그 공허 속에서 이상은 스스로 '불세출의 그리스도'(「각혈의 아침」)가 되어야 했고, 새로운 천사로 발굴되거나 발생되어야 했다. 다시 말해 신의 질서를 찢고 '자기 생'을 재정초하는 과업을 밀고나가야 했다. "그는 오로지 '이것이 내 생이다'라고 말할 수 있는 미지의 경지를 향하여 묵묵히 접근해갔었을 뿐이다."[12] 자기의 생이라는 미지의 경지, 자기의 진상眞相에 대한 추구와 밝힘. 이상의 그 생, 그 진상에의 접근이란 삶을 합성하는 모조된 구원의 체제를 뚫고나오는 '리얼real'에의 격동에 다름 아닐 것이다. 그 리얼 곁에서, 모더니스트 이상의 문학을 '리얼리즘'

---

11   같은 글, 37, 39쪽.
12   같은 글, 57쪽.

의 한 양태로 불러일으켰던 이는 비평가 최재서였다.

최재서는 이어령에 앞서, 이상의 문학이 '상극'의 전개 과정이며 그 투쟁 속에서 발현하고 있는 것이 '순의식'이라고 말했던바, 이상의 문학을 '리얼리즘의 심화'로 부르는 최재서의 맥락과 의지는 이렇게 표현되어 있다. "여기서 우리는 육체와 정신, 생활과 의식, 상식과 예지叡智, 다리와 날개가 상극相剋하고 투쟁하는 현대인의 일一타입을 본다. 정신이 육체를 초화焦火하고 의식이 생활을 압도하고 예지가 상식을 극복하고 날개가 다리를 휩슬고 나갈 때에 이상의 예술은 탄생된다. 따라서 그의 소설은 보통소설이 끗나는 곳―즉 생활과 행동이 끗나는 곳에서부터 시작된다. 그의 예술의 세계는 생활과 행동 이후에 오는 순의식純意識의 세계이다."13 육체를 그을리고 태우는 정신, 생활을 압도하는 의식, 상식을 넘어서는 직관적 지혜, 지상(을 딛고 선 다리들)을 쓸어버리는 천상과 초월(날개)에의 의지. 「날개」를 읽고 있는 최재서는 당대의 생활이 불태워지고 압도당하며 극복되고 휩쓸려나갈 때, 다시 말해 지상에서의 생활이 종언을 고하는 그때 이상의 문학은 탄생한다고 말한다. 최재서가 더 파고들지 않았던 이상의 저 순의식, 그것은 지상의 일상에 끝이 고지되는 바로 그 '때'와 결속되어 있으며, '끝'과 '정지'의 시간 의식을 그 주요성분으로 함유하고 있다. 그런 지상의 정지 시간 속에서 이상의 생生은 생장하며, 그 생의 진상은 그렇게 정지된 지상 위에서만 밝혀지고 개시된다. 당대의 통념을 거슬러 이상의 문학을 리얼리즘의 심화로 불러일으킬 수 있었던 것은 지상의 질서를 중단시키는 리얼한 역동을, 그런 힘으로 정향된 이상의 의지를 인지할 수 있었을 때다. 리얼에의 그런 의지, 그런 욕동에 가까스로 고개를 끄덕이고 있던 이들 중엔 비평가 임화가 있었다.

임화는 1938년 한 해의 조선문학을 혼돈·무방향·방황으로 규정하고선, 나갈 길을 발견할 수 없는 '깊은 함정'에 빠져 있다고 진단한다. 그 수렁 속에서도 이상은 '리얼리스트'로서의 면모를 보여주고 있다는 것이 임화의 생각이다. "불행히 그[이상]의 두뇌 가운데 세계는 왕왕 도착된 채 투영되었고 가끔 물구나무를 서서 현실을 바라보기를 즐긴 사람이다. (…)

그의 작품이 소설로선 형태도 안 갖추고 그처럼 난삽했음에 불구하고 일부 독자에게 강렬한 감명을 준 것은 보통사람이 다 같이 느끼면서도 한걸음 더 들어가 보기를 기피하고 두려워하는 세계의 진상眞相 일부를 개시한 때문이다."[14] 임화의 이상은 당대의 모두가 느끼면서도 대면하기를 회피하는 두려운 것, 곧 세계의 '진상' 일부를 개시했다. 삶의 합의된 정관이 찢겨지는, 이른바 '실재'의 발생과 현현을 마주하려는 의지. 임화가 인정했던 건 다름 아닌 이상의 그런 의지와 근기根氣였다고 할 수 있다. 실재 혹은 진상을 향한 이상의 그런 기운이 분출되는 것은 임화가 말하는 것처럼 '물구나무'서서 세계를 '도착'된 것으로 인지할 때다. 세계의 상을 도착된 것으로 투시한다는 것은 조리정연한 질서로서의 세계가 전도되고 환치된 환상에 기반해 있음을 각성한다는 것이다. 환상이기에 안락하며 안락하기에 환상을 부여잡는, 순환적 환상에의 페티시즘. 이상은 그런 각성 속에서도 그 스스로가 바로 그런 '환각의 인人'(「동해童骸」)임을 가감 없이 노출한다. 홈 패인 환상의 질서 안에서 그 스스로가 환각의 인간임을 폭로할 때, 그는 그 질서와 함께 부서지며, 그런 공멸의 상황 속에서 그는 더 이상 환각의 인간이기를 멈추고 생명의 진상을 경험할 수 있는 조건 하나를 얻는다. 그렇게 모더니스트 이상은 "물구나무슨 형태의 '레알이스트'였다".[15] 리얼-리즘real-ism의 심화란 그렇게 물구나무로 서 있기에 가능한 것이었던바, 이상은 도착과 역리의 감각 속에서 실재와 마주함으로써 그 자신 실재의 일부가 된다. 실재주의자real-ist 이상.

앞서 언급했던 것처럼 임화의 「방황하는 문학정신」은 1938년 12월에 발표되었고 한 해 동안의 문학을 '혼돈'과 '출로 없음'으로 진단했다. 임화는 5개월 뒤, 자신의 그런 진단에 대한 하나의 비평적/신학적 처방전을 「현

---

13 최재서, 「『천변풍경』과 『날개』에 관하야—리아리즘의 확대와 심화」, 『문학과 지성』, 인문사, 1938, 107쪽.

14 임화, 「방황하는 문학정신」, 『문학의 논리』, 학예사, 1940, 244쪽.

15 같은 글, 245쪽.

대정신과 '카토리시즘'」(1939. 5)에서 제시한다. 전시체제라는 이윤 공정 속으로 합성되고 있던 삶들과 마주한 임화가 '근대의 결함'을 지적하는 입장과 논리는 이렇다. "자연과 인간이 신神을 매개로 교섭하던 시대의 수미 일관성과 '따이나미즘'을 이해할 수 있다면 직접으로 인간과 자연이 교섭한 근대의 결함이 이 적절한 매개자媒介者의 결여 때문이라는 것을 상상할 수도 있다."[16] 임화가 말하는 '신'은 '적절한 매개자'로서, 인간과 세계의 교섭에 있어 수미일관성과 역동성을 선사하는 존재였다. 임화의 그 신은 근대의 자질과 속성을 여지없이 노출시키던 일상적 전시상태의 혼돈과 방황을 끝낼 수 있는 '힘'이었다. 임화에 따르자면, 그 신, 그 힘은 근대적 '사회'와 상극의 투쟁을 전개하는 중이다. "보편화된 인간적 태도의 양대 형태로서 신神과 사회社會! 20세기는 이것의 상극이 명일의 운명을 복卜하지 아니할까? 세계사의 무대엔 언제나 영웅은 두 번 의장을 고쳐 등장한다고 한다. 한 번은 비극배우로 또 한 번은 희극배우로!/ 카톨리시즘은 이 양자의 하자何者인지?"[17] 무슨 말인가.

임화에게 "단일신이란 인간이 세계를 단일한 원리에 의하여 지배되는 체계로 인식하려는 욕망과 능력을 가지기 시작한 데, 비로소 만들어낼 수"[18] 있었던 것이었고, 그런 한에서 '신'과 '사회'는 적대하든 공모하든 동일한 레벨에서 전개되고 있는 인간적 능력과 의지의 상관물이었다. 그렇게 임화는 인간의 삶을 관통하는 하나의 원리를 인지할 수 있는 두 가지 보편적 형식으로 신과 사회를 들면서 20세기의 운명이 그 둘의 쟁투 현장에서 드러날 것이라고 말하고 있는 것이다. 이를 압축하고 있는 것이 임화의 질문이었다. 세계사의 무대에 오른 카톨리시즘은 비극을 상연할 것인가, 희극을 상연할 것인가라는 그 질문. 이런 말을 하고 싶은 것이다. 임화의 그 질문에 대한 '동시대적인' 답변은 임화와 함께, 임화에 앞서 이상이 제출하고 있었다는 것. 중요한 것은 임화의 질문이 늦었다거나 이상의 답변이 빨랐다는 것에 있는 게 아니라, 「차생윤회此生輪廻」라는 이상의 텍스트가 저 비극과 희극의 반복되는 무대의 내적 균열을 매번 다시 사고하게 한다는 사실이다.[19] 그러므로 문제는 이상의 문학이 신성성神聖性 속에서 추구하고 있

는 실재의 상태를 회피하지 않고 대면하는 일이다. 그러므로 관건은 실재
주의자 이상의 의지이며, 그 의지의 승리와 좌초 속에서 표현되고 있는 실
재의 도래 상황이고, 그 상황의 정치적 의미와 한도를 논구하는 것이다.

미-래의 순례자

이상의 리얼-리즘. 그것에 대한 격조 있는 안티테제는 청년 고석규의 것이
었다. "이상의 아이러니며 이상의 역설 감정은 모두 '나 자신'을 위조하며
가장하는 표호表號 또는 방패에 불과하였다."[20] 나는 이런 고석규의 실존론
이 가진 일리를 택하지 않을 것이며, 실재의 생을 향한 이상의 욕동을 지지
하고 지켜보는 최재서/임화의 리얼리즘론을 택할 것이다. 그 리얼-리즘으
로, 이상의 역설을 두고 고석규가 단순화하고 있는 저 위조의 '의지'에 대
해, 표호의 '맥락'에 대해, 방패의 '파쇄'에 대해, 줄여 말해 이상의 각성과
그 실패에 대해 말할 것이다. 그 리얼-리즘으로 다음과 같은 문장들에 드
러나는 고석규 실존주의의 '실實. real'이 가진 무리를 기각하고, 그 실존주의
가 폐기한 이상의 '실'을 구할 것이다. "이상에게 있는 가정(장)된 '나의 죽

16 임화, 「현대정신과 '카토리시즘'」, 757~758쪽.
17 같은 글, 758쪽.
18 같은 글, 753쪽.
19 이후 거듭 인용하게 될 「차생윤회」의 한 대목은 다음과 같다. "길을 걷자면 '저런
인간을랑 좀 죽어 없어졌으면'하고 골이 벌컥 날 만큼 이 세상에 살아 있지 않아도 좋을,
산댓자 되려 가지가지 해독이나 끼치는 밖에 재조가 없는 인생들을 더러 본다." "천하의
어떤 우생학자도 초인법률초월론자도 행정자에게 대하야 정말 이 '살아 있지 않아도
좋을 인간들'의 일제학살—齊虐殺을 제안하거나 요구치는 않나보다. 혹 요구된 일이
전대에 더러 있었는지는 모르지만 일쪽이 한번도 이런 대영단적우생학大英斷的優生學을
실천한 행정자는 없는가 싶다."(이상, 「차생윤회」, 임종국 편, 『이상전집 3』, 37, 39쪽)
이는 다른 누구 아닌 이상의 문장이며, 그 논리의 어떤 섬뜩함에 대한 함구가 오늘까지
유지되고 있다. 그런 사실은 이상에게서 '신에 대한 모독자'를 읽었던 김기림과 '새로운
신의 발견 및 군림'을 보았던 임종국의 독법이 오늘 거의 상속되고 있지 않는 것과
내적으로 등가이다.
20 고석규, 「시인의 역설」, 『문학예술』, 1957(고석규, 『여백의 존재성』, 지평, 1990, 253쪽).

음'은 결코 '면전에서'의 죽음과 같이 느껴지지 않는다. 그것은 상에게 있은 허무가 결코 '면전에서'의 허무와 같이 느껴지지 않는 것과 마찬가지다."[21] 본문에서 다시 쓰게 되겠지만, 이상의 삶과 그 최후, 극단화된 인공적 언어의 그 자기붕괴성은 실재와의 대면이 없는 죽음과 허무라고 단언될 수 없다. 그렇게 단언할 수 있게 하는 고석규의 저 '면전un Face be'이라는 실존주의의 근원적 장소-어휘가 이상과 그의 문학에 대한 내재적 비평을 위한 것이 아니라 판관의 재판봉으로 외부에서 충격되는 것인 한, 면전이라는 척도적 장소는 파괴되어야 한다. 그 파괴의 연장선에서 고석규의 이상은 다시 정의될 수 있다. "오직 두 가지 '절망'과 두 가지 '비밀', 두 가지 '텐스'와 두 가지 '나 자신', 그리고 두 가지 '세기'가 서로 요동하며 (…) 그때 이상은 분명히 어디선가 들려오는 저들의 나지막한 합창을 엿듣는 것이다."[22] 대립하고 상극하는 그 두 가지 것들 사이에서, 다시 말해 그 모순과 반어 속에서 이상이 듣고 있었던 건 지상의 질서에 끝이 고지되는 '파국의 조종弔鐘 소리'(「어리석은 석반夕飯」)였다. 고석규는 자신이 말하는 '나지막한 합창'의 실재가 바로 그 조종소리임을, 그리고 그것이 이상 문학의 어떤 중핵과 직결된 것임을 알지 못한다.

이상의 문학에 깊은 흔적을 남겼던 사상가로 임종국은 키에르케고어를 들었던바, 신의 면전 앞에 섰던 그 신학자의 「아이러니의 개념」 속에는, '아이러니적 주체는 자기 자신을 공허시하지 않고 오히려 자기 자신의 공허성을 구출한다'라는 한 문장이 들어있었다. 그 문장은 이상 독자로서의 고석규가 키에르케고어를 '일신'시키겠다고 말하면서 인용했던 문장이지만, 고석규의 실존주의가 이상의 실재를 괴사시키고 있는 한에서, 인용된 키에르케고어의 문장은 인용한 고석규의 목줄을 되겨누는 칼끝이 된다. 이상이라는 아이러니적 주체는 스스로를 공허에 감금하거나 유폐하지 않는다. 그 모순과 아이러니의 장소에서야말로, 다시 말해 대립하는 양극의 힘이 실은 서로의 근거이자 조건으로 기능하고 있었던 곤혹스런 상황에서야말로 이상은 자신의 공허와 허무를 구제할 수 있는 가능성을 본다. 그의 문학이 자리 잡은 그런 난국aporia의 장소를 일러 임종국은 거듭되는 '이율배반'이라고, '현대판 시지프스의 신화'라고 부르면서 이렇게 쓴다.

> 외부적 현실에 대한 그의 절망이 너무나 철두철미하였기 때문에, 마
> 땅히 그의 의식의 종착점이어야 할 제6의 단계—외향적 반발—에 이
> 르러서는, 그 실효성에 관한 심각한 회의로 인하여, 드디어 이율배반
> 에 함입하여 버리고 말았다는 것이다. 이리하여 종착점에 다다를 때
> 마다 도로 출발점으로 떨어지고 떨어지고 하는, 말하자면 출구가 봉
> 쇄되어버린 미로—신을 살해한 후의 인간이 함몰한 심연—에서의 숨
> 막히는 순례가 시작되었던 것이다.[23]

임종국의 이상은 종착점이라고 생각한 곳에 다다랐을 때 거기가 또 다른
출발점으로 강제되고 있음을 안다. 이상의 문학은 북돋우고 닦달하는 신
성한 가치들의 명령들 속에서 맹렬하게 좌초하는 중이다. 그에게 종착과
끝은 완료되고 완수될 수 있는 것으로 주어지지 않는다. 언제나 이미 종착
과 끝을 감지하고 또 경험하고 있는 이상에게 그 종착, 그 끝이란 아직 다
오지 않은 미-래未-㞖의 사건, 그래서 고갈되지 않고 항구적으로 오고 있는
도래중인 사건이었다고 할 수 있다. 군국의 기미와 징후가 체제화되고 있
던 근대적 식민의 상태는 이상에겐 '출구가 봉쇄된 미로와 심연'으로 인지
되었다. 그 미로, 그 심연 속에서 이상은 "절대자의 폐허에다 새로운 신神을
발견하여 군림시키는 줄기찬 작업"[24]을 수행하는 중이다. 다시 말해, 새로
운 신의 발견 또는 발현을 위해 이상은 '숨 막히는 순례'를 거듭 시작하고
있다. 그의 그 순례란 범접할 수 없는 지배적 경계들, 자리들, 몫들, 곧 기
왕의 신성화된 분류법 내부에서 그 분류 상태를 한정·교란·해체하려는

---

21 같은 글, 256쪽.
22 같은 글, 254쪽.
23 임종국, 「이상 연구」, 307쪽.
24 같은 글, 312쪽.

어떤 반反-신성에의 의지 속에서만 시도될 수 있는 것이었다. 이른바 '환속화'된 신을 모독하고 살해하려는 길, 그 길 위를 걷고 있는 이상이라는 순례자caravan. 그는 이렇게 쓰면서 직립을 시작하는 중이다. "그런데나는캐라반이라고./ 그런데나는캐라반이라고."[25] 이상의 그 순례길을 뒤따르며 그 기립을 함께하는 일을 지금부터 시작해보려고 한다.

---

25 이상, 「신경질적으로 비만한 삼각형」, 임종국 편, 『이상전집 2』, 50쪽.

I장

I장

까마귀/신의 시점

지금 이곳에서 이윤을 축적하는 자는 누구인가. 다시 말해 오늘은 누구에게 유리한 때인가. "허풍쟁이나 가상을 파는 장사꾼에게 유리한 시기, 접근 불가능한 신기루와 유령적 환영에 유리한 시기이다. 유령들과 메시아들은 혁명에 관여한다."[1] 가상과 허상, 모조와 위조를 파는 장사치들이 승리하고 있다. 그들은 밑둥치가 뒤흔들릴 위기였기에 총력을 기울이지 않을 수 없었고 그래서 이겼다. 공약이 장밋빛 신기루로 둘러싸일 때, 선조들에 대한 기억이 한갓 허술한 푸닥거리로 전락할 바로 그때, 저들의 승리는 사회를 축적의 최적화 상태로 편성하는 폭력의 기반이 될 것이다. 그럼에도, 아니 그렇기 때문에 사회의 연쇄적 재편성의 고리를 끊으려는 가깝고 먼 선조들의 힘은 매번 오늘로 귀환하고 인입된다. 지난 유서는 격문이 되어 금시로 생환한다.

가상을 판매하는 장사치들은 자신의 상품을 미래의 프로그램이라는 화려한 구원의 빛깔로 포장한다. 그렇게 가상은 신성의 힘이 된다. 저들 장사치들은 그리스도를 모방하고, 매일매일 배우고 익힌 그 모방의 기술은 더없이 발전하는바, 모방이 더 이상 모방이 아니게 된다. 모조된 그리스도가 진정한 그리스도를 추월하고 압도한다. 저들은 '내가 하는 일들을 저도 할 것이요 또한 이보다 더 위대한 일도 할 것이다'(「요한복음」, 14: 12)라

---

1   다니엘 벤사이드, 『저항』, 김은주 옮김, 이후, 2003, 83쪽.

는 그리스도의 말을, 축적의 체제에 삶을 합성하는 성스러운 일의 원리로 전용한 자들이다. "『신약』이 '그리스도의 적Antéchrist'이라고 지칭하는 것이 바로 이 과정이다. 이 말을 잘 이해하려면 이 말을 심각하게 여기지 않는 데에서부터 시작해야 한다. 왜냐하면 이것은 아주 일상적이고 또 아주 평범한 현실을 말하고 있기 때문이다."² 그리스도의 적, 적그리스도. 그 힘은 오늘의 사회와 일상을 위에서 굽어보고 틀 짓는다. 그 힘은 오늘 이곳에서의 이윤을 수호하는 절대적 원리의 다른 말이다. 돌려 말해, 그것은 통치의 심급이다. 그러므로 이렇게 말할 수 있다. 삶의 행복과 후생을 위하는 적그리스도야말로 주적主敵이라고. 이 말은 이미 내 말이 아니라, 누군가의 말을 달리 복창한 말이며 누군가의 말의 힘을 다시 복용한 말이다. 작가 이상이 그 누군가이다. 근대와 그 정신의 불모에서 시작했던 자, 시작과 동시에 좌초를 직감했던 자, 그런 한에서 지금 이곳에서 매번 다시 출발하고 거듭 실패하는 자, 폐허와 공포 속에서 전율할 수만 있었기에 그리스도로 장전할 수밖에 없었던 자, 폐허라는 공포 속에서만 시작할 수 있었기에 근대의 방법이자 태도였던 기하학으로 충전할 수밖에 없었던 자. "개인이 소유할 수 있는 아무런 정신의 땅이 없었던 당시의 현실에 주목해서 바라볼 때, 기독基督이라든가 기하학으로서의 자기 충전은 충분히 불가피한 분출구였는지 모른다."³ 그렇게 폭발하는 분출구의 심도와 그 폭발로 솟구친 재灰의 고도를 동시에 재는 일. 그것은 이상의 폐허/공포가 당대의 통치적 합리성을 둘러싼 곤혹스런 전장이었음을 가능한 한 차갑게 인지하는 일이며, 오늘 이곳이 그의 전장에 이어진 또 하나의 전장임을 가능한 한 뜨겁게 재정의하는 일이다. 그런 일들을 하기 위한 사고의 초안으로 이 장을 쓴다. 또는, 그런 일들을 하기 위해 덧대고 기운 사고의 직물이 이 장이다.

이상이 체감했던 식민지 근대의 일면을 날것 그대로 드러낸 한 구절은, '신에 대한 몹쓸 모독자'가 숨어들었던 그 잡지, 곧 『가톨릭청년』에 실려 있었다. "누가힘에겨운도장을찍나보다. 수명을헐어서전당잡히나보다. 나는그냥문고리에쇠사슬늘어지듯매여달렸다. 문을열려고않열리는문을열려고."⁴ 수명을 헌다는 것은 삶/생명이 직접적으로 지배의 대상이 된다는 뜻이다. 허물어지는, 줄어드는 수명, 그렇게 생명을 지속적으로 저당 잡음으로써 삶의 형태를 목숨 건 삶으로서만, 목숨뿐인 삶으로서만 허락 하는 사회의 상태. 문 안의 문, 그 문 안의 또 다른 문. 얼마나 더 들어가야 하는지 혹은 어떻게 들어가야 하는지를 알 수 없는 겹겹의 문들 앞에서 버 려지고 목 매달리는 삶. 그런 삶이 품고 있는 꿈이란 어떻게 되는가. 이 물 음과 관련해, 삶의 비참을 드러내는 또 다른 날것의 문장은 다음과 같다. 「가외가전街外街傳」의 한 대목. "꿈—꿈—꿈을짓밟는허망한노역—이세기의 곤비困憊와살기殺氣가바둑판처럼넓니깔였다. (…) 눈에띄우지안는폭군이잠 입하얐다는소문이있다."(1: 113) 보이지 않는 폭군의 은밀한 잠입. 폭군이 보이지 않기에 폭군이 신고 있는 '육중한 구두바닥의 징' 또한 보이지 않는 다. 그렇게 보이지 않으므로 그 구두의 징에 의해 '피가 빨리고' 꿈이 폐기 되고 노역의 굴레가 씌워지고 삶이 피폐해져가는 실황 또한 보이지 않는 다. 「가외가전」 속에서, 탄생한 아기들은 곧바로 무덤으로 직행하고 있으 며 멀리 들리는 포성 속에서 시체들의 멍 자국 반점은 선명하다. 이상에게 세계는 처참과 살기로 구획된 촘촘한 바둑판이었다. 그에게 그 죽음의 좌 표를 보존하고 정비하는 자들은 누구인가. 거짓 천사들이다. "번식한고거 즛천사들이하늘을가리고온대溫帶로걷는다."(1: 115) 빈틈없이 내리찍는 폭 군의 구두바닥 징들은 번식하는 천사들, 다시 말해 생식하는 천사들, 그렇 게 증식하기 위해 이윤에 봉헌하는 천사들에 의해 갈고 닦인다. 그 거짓 천 사들은 신성의 외투를 입고서는 신의 시선을 가리고 신을 볼모잡는다. 그 렇게 잡혀버린, 그렇게 들려버린 "신神은 사람에게 자살을 암시하고 있다" (「무제」, 1: 199). 자살하라고 말하는 신의 세계, 거짓 천사들이 걷고 있는 온대는 그러므로 그들만의 낙원일 뿐이다. 이상은 고지한다. 그들의 온대

---

2 르네 지라르, 『나는 사탄이 번개처럼 떨어지는 것을 본다』, 김진식 옮김, 문학과지성사, 2004, 226쪽.

3 김주연, 「시문화의 의미와 한계」, 김용직 편, 『이상李箱』, 문학과지성사, 1977, 146쪽.

4 이상, 「가정」, 『정본 이상문학전집 1』, 김주현 편, 소명출판, 2009, 109쪽. 이하 '1: 쪽수'로 표시. 이 전집 2권과 3권도 같은 방식으로 인용함.

26

는 이제 곧 내리칠 진정한 신의 게발트Gewalt, 힘/폭력에 의해 끝내 "빙하와 설산 가운데 동결하지 않으면 안된다"(1: 141)고, 그들의 온대야말로 오늘의 적대라고. 그런 한에서 「二人…1…」은 거짓 천사들이라는 적들의 이면을 개시하는 텍스트로 읽힌다.

> 기독基督은남루한행색하고설교를시작했다./ 아아ㄹ 카아보네는감람산을산山채로납촬拉撮해갔다.// × // 一九三〇년이후의일一./ 네온싸인으로장식된어느교회의문간에서는뚱뚱보카아보네가볼의상흔을신축시켜가면서입장권을팔고있었다. (1: 45)

예루살렘 동쪽의 감람산이란 어디인가. 신의 말을 대신하는 자, 신의 일을 대행하는 자가 신과 만나던 곳이다. 그리스도의 정신이 새겨지는 구원과 임재의 장소가 감람산이다. 그 산을 통째로 납치하여 독차지하고 있는 건 저 유명한 암흑가의 보스 알 카포네이다. 1930년을 전후하여 시카고의 범죄조직을 이끌며 밀주·도박·매춘 등 물불을 가리지 않았던 두목 중의 두목. 뺨에 그어진 흉터를 뜻하는 스카페이스Scarface라는 별칭으로 악명 높았던 부자. 그는 지금 화려하게 장식된 교회 앞에서 예의 그 뺨의 상흔을 꿈틀거리며 돈을 챙기고 있다. 신성이야말로 돈벌이의 힘이자 원천이 되고 있는 상황, 감람산과 교회로 상징되는 그리스도의 정신과 정의가 이윤 축적의 원리로 전용되고 있는 시간. 그때 신성은 자본의 시녀다. 신성의 시중을 받으며 이윤은 신성보다 더 높은 신성으로 고양된다. 다시 말해, 최고 위의 신으로서 물신物神.[5]

「조감도鳥瞰圖」라는 표제 아래 연작으로 들어있는 위의 텍스트는 그렇게 물신에 대한 하나의 투시도로 읽힌다. 투시도는 조감도의 다른 말이다. 높은 곳에서 아래를 내려다보는 전지적 시점에서의 관찰·해부·투시. 그것이 이상의 조감도이다. 전지적 조감은 전체를 인지하는 신의 시점과 멀지 않다. 그런 신의 시선을 통해 이상은 자신이 경험하고 있는 근대적 식민의 상태를 상품의 거대한 집적체로, 그 상품들의 교환의 효과로, 세계의 환속화된 신으로 경배 받는 화폐의 절대적 힘의 관철로 투시해낸다. 그 투시의 속성은 엑스레이X-ray과 다르지 않은 것이다. 한번쯤 찍어보았으니 얼마간 알지 않는가. 엑스레이에 의해 투시된 물체는 그것이 무엇이건 희고 검은 회색의 계열로 드러난다. 이상은 이렇게 쓴다. "까마귀는흡사공작과같이비상"(1: 48)했고 "그리하여무엇이건모두회색灰色의명랑한색조"(1: 47)로 현상하게 된다고. 까마귀鳥의 조감하는 시선瞰, 그것은 세계를 온통 투시된 회색으로 인지하는 삶의 방법이자 태도이다. 그것은 한 움큼의 모래알을 씹는 것같이 버석거리는 무미건조한 시선인 동시에, 고립과 유폐 속에서 발원하고 있는 비참한 힘의 시선이다.

우선은 이렇게 요약하기로 하자. 여기 조감하는 까마귀가 있다. 그 새는 전지적이기에 신적이다. 그 신의 시선은 투시하는 엑스레이다. 식민지의 수도 경성의 모더니티가, 결핵성 뇌매독을 앓는 이상 자신의 몸이, 연인과 우정과 가족이라는 타인과의 관계가 바로 그 엑스레이에 의해 관통되어 이면의 회색으로 드러난다. 이는 이상이 경성 미쓰코시 백화점의 위용을 일말의 매혹이나 두려움 없이 앙상한 철골과 유리로, 그것들을 접합하는 방정식과 수식으로 투시했던 것과 등가이다. 이상은 그렇게 투시하며 걷는 까마귀/신이다. 그는 경성의 모더니티 속을 걷는, 혹은 그 위를 날고 있는 산보자이다. 그런데 그가 걷는 곳은 '모더니티의 수도' 파리가 아니었다. 죽었다 깨도 그는 파리의 산보자일 수 없었다(그리고 그 사실조차가 이상의 엑스레이에 의해 투시된다). 그는 걷되 모조되거나 위조된 근대의 경성을 걷는 중이다. 걷되 '절름발이'로 걷는다. "아아이부부는부축할수없는절름바리가되어버린다무사한세상이병원이고꼭치료를기다리는무병無病이꿋꿋내잇다."(1: 105) 절름거리는 신, 불구의 신은 말한다. 무사태평한 근대성이야말로 병원이라고, 치료되어야 할 질환을 가졌음에도 병이 없다고 믿는 사람들이 곧 근대의 인간들이라고. 그러므로 이제 근대라는 질병

5 「二人」 연작에 대해서는, 이 책의 보론이자 다른 서론 「마르크스의 그리스도—"기독의 화폐"와 모조-구원의 체제」에서 좀 더 상술한다.

을 진찰했던 '책임의사' 이상의 진단서를, 오감도라는 까마귀/신의 투시도를 들여다볼 차례이다.

"숫자의 소멸"

이상이 반복했고 변이시켰던 아래 두 개의 이미지-시를 읽자.「진단 0:1」(『조선과 건축』, 1932. 7)과 「오감도 시 제4호」(『조선중앙일보』, 1934. 7. 28. 이하 「오감도 4호」로 약칭).

「오감도 4호」의 거꾸로 된 숫자열에 대해서는, 가치체계의 전도(임종국), 수적 환상과 양가치적 표현(김종은), 욕구와 현실의 균형 붕괴(정귀영), 원순열의 선순열로의 치환(송기숙) 등의 해석이 있다.[6] 이상전집의 편집자 중 한 사람인 이승훈은 「오감도 4호」에서 이분법적 합리주의의 대립들을 읽는다. 합리주의와 비합리주의의 대립, 질병과 건강의 대립, 남녀의 대립 등등. 그는 진단의 결과를 가리키는 '진단 0·1'이라는 한 구절에

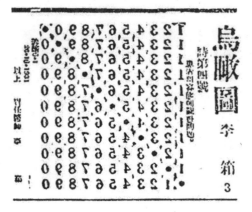

◇ 診斷 0 : 1
或る患者の容態に關する問題
1 2 3 4 5 6 7 8 9 0 ·
1 2 3 4 5 6 7 8 9 · 0
1 2 3 4 5 6 7 8 · 9 0
1 2 3 4 5 6 7 · 8 9 0
1 2 3 4 5 6 · 7 8 9 0
1 2 3 4 5 · 6 7 8 9 0
1 2 3 4 · 5 6 7 8 9 0
1 2 3 · 4 5 6 7 8 9 0
1 2 · 3 4 5 6 7 8 9 0
1 · 2 3 4 5 6 7 8 9 0
· 1 2 3 4 5 6 7 8 9 0
診斷 0 : 1
26 · 10 · 1931
以上 責任醫師 李 箱

서 무(0)와 유(1)의 대립, 나아가 죽음과 생활의 대립을 읽는다. 이와 같은 독법의 창의적 변주 및 변이들 안에 「오감도 4호」에 대한 최근의 연구들 또한 들어있다. 여기서는 「오감도 4호」를 당시 병참학logistics의 규율체제로 재편되고 있던 근대성의 운용원리를 파국적 구상력 속에서 표현한 텍스트로 읽기 위해 몇 가지 조건들을 확인해보려고 한다. 다음과 같이 특정하게 고안된 질문에서 시작하자. 저 두 장의 진단서에 내장된 반복과 차이는 어떤 힘을 내뿜는가.

「진단 0:1」은 일본인 독자를 염두에 둔 월간지에, 일본의 국어로, 김해경이라는 본명으로, '건축무한육면각체'라는 연작의 계열로, 시가 아니라 만필로 수록되었다. 「오감도 4호」는 조선인이 읽는 일간신문에, 조선어로, 본명을 가린 이상이라는 이름으로, '오감도' 연작의 일련번호를 달고서, 시로 기고되었다. 하지만 나열해놓은 이 차이들의 의미는 끝내 잠정적일 수밖에 없다. 앞의 두 텍스트는 의미의 공백을 품은 채로 기호화되어 있으며, 너무 간소화되어 있고, 그 두 텍스트가 들어가 있는 각각의 계열들 또한 일관된 하나의 의미로 집중되는 것이 아니라 파편화되어 있기 때문이다. 「진단 0:1」에 있는 '어떤或ᄒ'이라는 단어가 「오감도 4호」에는 없는 것이 특별한 의미를 가진 건지는 확정할 수 없다. 불특정 다수를 가리키는 '어떤'이라는 단어가 들어있지 않다는 점에서, 「오감도 4호」가 거울

---

6 이상, 『이상 시전집』, 이승훈 편, 문학사상사, 1989, 25쪽, 해설 참조. 「진단 0:1」과 「오감도 4호」를 앞서 나란히 인용한 뒤 그 의미를 구하고 있었던 글로는 신형철, 「시선의 정치학, 거울의 주체론—이상의 시」(『몰락의 에티카』, 문학동네, 2008)를 참조. 생각을 융기시키고 다시 다르게 촉발시켰던 그 글 '곁'에는, 같은 저자의 「이상李箱 문학의 역사철학적 연구」(서울대 박사논문, 2012)가 병치될 수 있을 것이다. 환원과 투사를 거절하고 이상의 문학에 더 강하게 내재적이고자 하는 비평의 의지, 그런 의지의 관철과 표현의 절차를 위해 고안된 방법. 그것이 저 '역사철학'이라는 키워드가 아닐까 생각했다. 내게 그것은 '이상의 역사철학'이라는 신범순의 관점을 상속받고 있는 것임과 동시에, 그 선행연구의 세밀한/방대한 환원론적 속성과는 단절하고 있는 것이었다. 이 책의 Ⅱ장에서는 그렇게 공유된 키워드로서의 역사철학을 '역사신학'으로 이동시켜 다시 인지함으로써 이상의 문학에 대한 내재적 표현법을 다르게 고안해보고자 한다.

속의 자기 자신을 진찰할 수 없음에 초점을 맞추었던 이상의 자가 진단이라고 볼 여지가 있지만, 그 여지 속으로 앞의 두 텍스트가 갖는 차이의 효과가 모두 환원되는 것은 아니다. 잠정적인 것 속에서도 확실한 것은 앞의 두 텍스트를 병치시켰을 때 드러난다. 가만히 보면, 「진단 0:1」의 똑바로 선 수열이 데칼코마니되어 찍혀 있는 거울상이 「오감도 4호」의 수열임을 알 수 있다. 수리적 합리성의 인과율과 수량화가 삶을 대상으로 하는 권력의 원천들 중 하나가 맞다면, 저 데칼코마니 속에서 전개되고 있는 수열의 의미야말로 책임의사 이상이 진단한 근대의 질환과 직결되어 있을 것이다. 그런 맥락에서 「진단 0:1」과 「오감도 4호」의 공통적 반복을 가리키는 가장 선명한 한 구절은 이런 것이다. "0으로 도달하는 급수운동."(1: 163)

경성고등공업학교의 건축과에서 기본적인 수학과 작도법을 익혔던 이상은 급수라는 것이 일정한 법칙성을 따라 증감하는 수의 배열임을 모르지 않았을 것이다. 이상을 읽고 있는 수학자 김명환은 「진단 0:1」을 대각선으로 가로지르고 있는 저 콤마들을 소수점으로 본다. 그때 이상의 수열은 한 줄씩 아래로 내려갈 때마다 10분의 1씩 곱해짐으로써 0으로 수렴해가는 등비급수로 읽힌다. 수학자의 설명은 다음과 같다. "첫째 줄에 모든 숫자가 소수점의 영향을 받지 않은 채 온전하게 나열된 것을 합리주의적 세계관에 의하여 완벽하게 장악된 세상을 의미하는 것으로 본다면, 책임의사 이상은 그러한 합리주의의 질환을 가진 세상의 미래가 소멸하리라는 진단을 내리고 있는 것으로 보인다."[7] 이 한 대목에 들어있는 '합리주의의 질환'이란 이미 이상이 썼던 한 구절, 곧 "1234567890의질환의구명과시적詩的인정서의기각처"(「선에관한각서 6」, 1: 67)를 복창하고 복기한 것이었다. 그 구절 속에 들어있는 '12345678890'은 「진단 0:1」의 첫 줄에 있는 수열과 다르지 않다. 이윤을 목적으로 하지 않는 시적이고 반성적인 감응의 수수와 증여, 그 마음의 전 과정을 기각해버리는 폭력의 자리. 그렇게 소각하지 않으면 스스로를 재생산할 수 없는 근대적 집권체의 운용원리, 그것이 「진단 0:1」의 수열이 겨냥하고 있는 표적이다. 삶을 인도하고 지도하는 사목적司牧的 통치성의 표상으로서 '1234567890'은 삶을 북돋고 배양하며 그 품행을 관리하고 조정하는 권력의 기호화된 표현이다.[8] 「진단 0:1」의 수열 마지막 줄에서 그 권력은 '0.123456789'로 극소화되며 소멸 직전에 이른다. 그렇게 제로로 수렴해가는 그 과정/소송이란 무엇인가. 목적으로서의 이윤을 위한 법, 이윤이라는 법을 향해 직진하는 통치이성의 끝이며, 그런 최후로의 육박이자 그 궤적이 아닐까. 그럴 것이다, 라고 답할 수 있는 근거는 곳곳에 있다.

「진단 0:1」과 「오감도 4호」의 병치를 다시 보자. 「진단 0:1」의 가로쓰기와는 달리 「오감도 4호」는 오른쪽에서 왼쪽으로, 위에서 아래로 읽도록 세로쓰기로 인쇄되어 있음을 알 수 있다. 이상은 일간신문의 세로쓰기 편제를 모르지 않았겠지만, 「진단 0:1」이 데칼코마니된 것처럼 「오감도 4호」가 앞의 이미지 그대로 인쇄될 거라고 미리 예상했었는지는 확언할 수 없다. 「오감도 4호」를 인쇄된 그대로 읽으면 「진단 0:1」의 연장선 위에서 희미한 차이를 감지할 수 있다. 「진단 0:1」의 진단서가 '1234567890'에서 '0.123456789'로 나아가는 제로로의 수렴이었다면, 「오감도 4호」의 진단서는 '1111111111'에서 '0000000000'으로의 전폭적인 전환 혹은 전위轉位로 드러난다. 이상의 제로가 집권적 골조의 절멸이자 재시작을 위한 힘의 영도零度를 표현하는 것이라면, 「진단 0:1」의 제로로의 수렴은 말 그대로 제로로의 무한한 근접이지 아직 제로가 아니며 끝내 제로가 아니다. 「진단 0:1」의 제로로의 수렴에 들러붙어 있는 콤마 이하의 수들이 통치하는 힘의 꺼지지 않는 불씨이자 탄력적인 잔여를 가리키는 것이라면, 「오감도 4호」에선 그것조차도 완전히 잘려나가고 없다. 이상은 이렇게 적어놓고 있다. "내가 발견한 모든 함수상수의 콤마 이하를 잘라없앴다."(1: 164) 콤마 이하조차도 모조리 소멸한, 그렇게 전면적 제로로 관철되는 수열. 다시 말해

7 김명환, 「이상의 시에 나타나는 수학기호와 수식의 의미」, 권영민 편, 『이상문학연구 60년』, 문학사상사, 1998, 171쪽.
8 이상 당대의 통계학적 국세의 상태, 곧 인구 센서스 조사와 연동된 통치의 형태, 그에 대한 이상의 표현에 대해서는 II장의 한 꼭지 '좌표적 노모스' 부분을 참조.

최후적 영도로 전위되고 있는 수數의 통치력.

「오감도 4호」의 수열, 까마귀/이상의 진단서. 그 고공에서의 전지적 엑스레이가 근대적 권력을 투시함으로써 작성해놓은 처방전을 한마디로 축약하면 이런 것이다. "숫자의 소멸."(「선에관한각서 6」, 1: 67) 소멸하는 숫자, 제로에의 의지. 이상의 그런 구상력이 절대적 소멸의 힘으로 발현하는 상황을 겨냥했던 것인 한에서, 그것은 분명 정언명령적이다. "절대絶對에 모일 것."(「무제」, 1: 163) 다시 복기한다. 절대에 모일 것. 그렇게 절대에 모인다는 것은 어떤 신성에의 접근이자 접촉이며, 그것은 한 사회 상태의 종언을 예감하고 고지함으로써 새로운 시작을 개시하는 힘에의 의지와 결속한다. 그런 한에서, 절대에 모일 것이라는 이상의 정언명령은 다음과 같은 '절대적 시작'의 다른 표현으로 읽힌다. "저항과 메시아주의는 모두 절대적 시작이라는 이념을 공유하고 있다."[9] 절대적 시작의 신성, 그것은 어떻게 끝날지가 아니라 어떻게 '시작'할지를 말하러 왔다는 영화 〈매트릭스 Matrix〉의 부활한 신성을, 네오의 시선으로 투시되는 마지막 이미지를 상기시킨다. '그'의 메시아성, 한 체제의 폭력적 파산과 중지의 도래를 표현하고 있는 그 '엔딩'의 이미지 말이다. 그것을 이상의 데칼코마니된 두 진단서 이미지들과 다시 한 번 병치시킴으로써 조금 더 말하자. "'캐로리'의 소멸消滅—모든 기구機構, system는 연한年限이다"(1: 139)라는 훼멸과 끝의 선포. 그것은 이상의 것이면서 동시에 네오의 것이었다. 매트릭스Matrix의 엔딩, 네오의 이미지-시.

그 이미지-시는 네오(the One/'그')라는 메시아적 힘의 시점으로 본 매트릭스의 통치원리이다. 그것은 무작위적 수의 변환과 조합으로 드러난다. 그것은 이상이 「진단 0:1」과 「오감도 4호」의 데칼코마니라는 신의 투시도를 통해 통치의 이면과 원리를 수와 수식으로 인식했던 것에서 그리 먼 거리에 있지 않다. 그 수식의 작용을 정지시키는 'FAILURE'란 무엇인

9　다니엘 벤사이드, 『저항』, 45쪽.

〈매트릭스〉(워쇼스키 형제, 1999)의 엔딩. 그것은 부활한 자에 의해, 'the One'이라는
이름의 메시아적 힘에 의해 수행되는 일이었다. 그 힘에 의해, 매트릭스라는 '끈들의 끈'이
매개하고 합성시킨 삶의 가상적 관계가 내파된다. 정지된 숫자, 고지되고 선포된 "SYSTEM
FAILURE"의 뜻과 의지가 그와 같다.

가. '시스템'에 기능 부전과 장애와 불이행과 불신임을 도래시키는 제로적인 힘, 줄여 말해 최고도의 불복종의 지속을 인입시키는 신적인 힘의 발현이다. 네오와 이상은 보고 싶은 것만 보고 믿고 싶은 것만 믿는 '인간발전소'의 그 감옥을, 사회의 이면을, 그 사막 같은 실재the real를 함께 체감했었다. 그때 그들은 한 세계의 골절로 융기하는 '동시대인'이다. 그들은 신화적 폭력의 기구를 걷어치우는 신성한 힘을 통해, 축적의 동력으로 은폐되고 저당잡혀 있던 '수명'(삶/생명)의 상태를 개시한다. 그들이 포착한 것과 그들의 표현은 신의 힘을 정치적 세속화의 강건한 도상 위로 전용하고 전위시킬 수 있게 하는 일리 있는 경로들이다. 그들은 기 막히는 초월적 기적을 불러일으키는 자들이 아니라, 정체성의 분할과 재매개를 통해 축적하는 체제의 구획선들을 내재적으로 초월하는 자들이다. "신은 우리가 물리적인 분리의 한계를 초월할 때 나타나는, 우리 자신의 확장으로 보아야 한다."[10] 그들 신인神人이 하는 일이 바로 저 절대적 시작이다. 그들의 끝내는 초월의 시작 곁에서, 이상은 「진단 0:1」과 「오감도 4호」 사이의 「각혈의 아침」(1933. 1. 20)을 통해 스스로를 "불세출不世出의 그리스도"(1: 208)로 지칭한다. 이에 대한 내재적인 이해는 이상이 참조했던 당대의 다른 텍스트들과의 비교를 필요로 한다.

　　「오감도 4호」의 저 회색 수열, 하늘에서 근대의 속성을 투시하는 까마귀의 그 시선은 일본의 전위시 잡지 『시와 시론詩と詩論』의 요시다 잇스이吉田一穗를 상기시킨다. 그 잡지의 창간호부터 시를 실었던 요시다의 「까마귀를 기르는 차라투스트라」는 까마귀의 형상에다가 임재하는 신성의 이미지를 부여하면서, "수數—까마귀鴉" "영零" "낙원재흥의 고려"[11] 등의 시어들로 의미의 기둥을 삼고 있다. 이는 오감鳥瞰이라는 신의 시선을 근대적/건축적 체제의 '제로'화라는 폭력적 형질전환과 결부시키고 있는 「오감도 4호」와 맞닿아 있다. 이와 관련하여, 미요시 다쓰지三好達治의 시 「갈까마귀鴉」의 1연 또한 지나칠 수 없다. "그때 나는 문득 마른 풀 위에 버려진 어떤 한 장의 검은 상의를 발견했다. 나는 또 어디에선가 나를부르는소리를 들었다."[12] 그 미지의 목소리는 다음과 같이 명령했다. '멈춰라, 너의 옷

을 벗어라, 벌거벗어라, 그 검은 상의를 주워 입어라, 날아라! 날아라! 울어라!…….' 까마귀를 입으라고, 까마귀로 비상하라고 명령하는 그 신성의 목소리 또한 이상이 말하는 '오감'의 의미와 상관적이다. 『시와 시론』에는 이상의 주요 시어들이 산재해 있다. 낙원, 거울, 공복, 내과, 뇌수, 나비, 총구, 군화, 앵무, 열풍, 달, 철, 악耒, 바둑판 등등. 그 시어들은 이상과 단순한 표층적 영향관계에 있지 않았던바, 내적인 관련의 강도로 보자면 역시 요시다 쪽이며, 그의 「신약新約」은 이상 문학의 어떤 중핵과 만나고 있다. 그 시 1연의 한 구절은 다음과 같다. "법정에서는 가발을 쓴 법관이 그들의 하늘의 돌을 가지고, 땅의 아들들의 손에 빌려준 망치와 낫을 깨부수었다. 우리들은 곧장 항소했다."[13] 신성의 외투를 걸친 법관들의 폭력(하늘의 돌)에 의해 부서지고 있는 땅 위에서의 혁명(망치와 낫). 속죄를 염원하는 수인囚人 이상과 같이(「수인이 만든 소정원」) 요시다의 인물들은 감옥에서 "새로운 해의 출현"을 두고, "미래에 목말랐던 젊고 아름다운 한 개의 태양"을 두고, "우리들의 신약의 피다!"(451쪽)라고 외친다. 그 함성을 뒤따르는 마지막 연은 이렇다. "우리들이 올라왔던 곳에 단두대가 있다. 공포에 매혹되었던 자빈코프가, 라 그리마 · 크리스테ラグリマ · クリステ: 그리스도의 눈물의 방순芳醇함을 알게 된 것같이, 그 자신의 순수한 생명의 술잔을 기울이길 다하였다. (…) ["논증과 규정의"] 관념론을 부정하고 다시 옛 관념에 빠진, 특히 스콜라 냄새 풍기는 유물론자는, 시온의 여인과 검을 가지고 혼약한다. 우리들은 먼저 어떤 사람보다도 자기 내심의 법도를 따라, 일체의 관념으로부

10 제임스 롤러, 「우리가 '그'다!」, 슬라보예 지젝 외, 『매트릭스로 철학하기』, 이운경 옮김, 한문화, 2003, 184쪽.

11 요시다 잇스이, 「까마귀를 기르는 차라투스트라」, 『시와 시론』 11호, 송민호 · 김예리 옮김, 란명 외, 『이상李箱적 월경과 시의 생성』, 역락, 2010, 부록, 467쪽. 이 공동연구서는 이상의 문학과 『시와 시론』의 관련에 주목한 내실 있는 논문들을 수록하고 있으며, 필진들에 의해 선별 · 번역된 그 잡지의 작품들이 부록으로 실려 있다.

12 미요시 다쓰지, 「갈까마귀鴉」, 『시와 시론』 6호, 이형진 옮김, 란명, 앞의 책 부록, 477쪽.

13 요시다 잇스이, 「신약新約」, 『시와 시론』 1호, 란명, 앞의 책 부록, 451쪽. 이하 쪽수만 표시.

터 스스로를 해방하여 자유로운 감성을 가지고 출발하는 것일 테지, 예로 그것이 우리들이 가는 다마스코에의 길, 피에 목마른 불모의 땅이라고 해도, 내가 감성에 꽃피운 사막의 장미를 찾아낼 것이다."(455쪽) 유물론과 신성(시온)의 결합. 불화의 칼, 그 날끝에서 맹서한 약동하는 혼합. 그렇게 비약하는 순수한 생명이 구제를 위한 다마스쿠스에의 길을, 그 불모의 사막을 순례한다. 앞질러 말하건대, 그 순례의 다른 길이 바로 '불세출의 그리스도'로서 이상이 걸어가는 길이었다.

근대의 질환을 진단하고 규명하려던 이상을 두고 '절대의 애정'을 갈구하는 '프로테스탄트'라고 적었던 건 김기림이었다. 그에게 이상은 저 '노아의 홍수', 그 칠흑 같은 암야를 뚫고 타는 눈으로 절대를 향해 치달아올랐던 반신反神의 시인이었다. 그 절대란 무엇인가. 다시 묻자면, 그리스도란 무엇인가. 신의 기름부음을 받은 자로서 신의 인지를 체현하고 신의 말을 대신 고지하는 자이다. 이상이라는 그리스도, 그는 적그리스도가 설계한 건축체계 속으로 "사멸死滅의 '가나안'"을, "도시의 붕락崩落"과 "수도의 폐허廢墟"(「파첩」, 1: 131)를 알린다. "그런다음에는세상것이발아치안는다 그러고야음이야음에계속된다."(1: 129) 수식화의 관리와 관할이라는 적그리스도의 영토는 이제 그 무엇도 발아하지 않는 암흑의 지속에 놓인다. 그것이 이상이 말하는 '최후'의 이미지였다. "사과한알이떨어졌다. 지구는부서질그런정도로아팠다. 최후最後. 이미여하한정신도발아하지아니한다."(「최후」, 1: 160) 뉴턴의 사과에서 출발했던 근대의 끝, 그 어떤 정신도 발아할 수 없게 된 '최후'의 사막 또는 광야.

광속의 인간

'사멸의 가나안', 그 폐허의 최후적 사막 위에서만 이상은 다시 시작할 수 있었던바, 그는 파쇄된 그 불모의 장소에서 지금 막 발생 중에 있는 정신 하나를 목격하는 중이다. '광속'의 정신이 그것이다. 광속이 어떤 절대의 영역인 한에서, 그 정신 또한 절대적인 것이라고 할 수 있다. 이를 위해 언급해야 할 것은 까마귀의 조감도, 그 신성의 엑스레이 사진 위에 찍혀 있던 것이 '기하학'이라는 사실이다. 기하학에 대한 이상의 불복종은 근대의 확장된 생산성과 해방의 사회 기획이 수數의 폭력에 기초한 것이라고 비판했던 것에서 멀리 있지 않다. 이제 '삼차각설계도'라는 표제를 달고 있는 「선線에관한각서」 연작을 읽을 것이다. 통치의 설계도를 드러내고 지배의 건축물을 문제시하는 이상은 "사람은숫자를버리라"(1: 58)는 또 하나의 정언명령으로부터 시작한다. 사회의 부분과 전체를 유기적으로 조직하기 위해서는 삶의 상태가 계산 가능하고 예측 가능해야 했으며, 수식화는 그걸 위한 주요 도구이자 세계의 총체를 관리하고 운용하는 원리였다. 통계학을 그 중 하나로 거느리는 수식화, 그 인과율적/율법적 계산형식은 삶의 궁극적인 진리와 해방에 도달할 수 있다는 믿음의 조건이었다. 수식화라는 형식이 진리와 구원의 약속을 프로그램과 청사진에 기대어 제안함과 동시에 수명을 저당잡는 비참을 상연하는 것이었던 한에서, 수식화는 적그리스도가 수행하는 모조된 구원의 형식과 다르지 않다. 그런 생각 곁에 이상이 말하는 '모조기독'을, 이상의 생애에 들어있는 백부 김연필로 완전히 환원될 수 없는 모조기독을, 그 모조-구원적인 힘의 폐지에 대한 이상의 의지를 접붙여놓자. "나는 이 모조기독模造基督을 암살하지 아니하면 안 된다."(1: 135)

그렇게 모조되고 위조된 모든 신성한 것들에 대한 암살만이 삶을 복구하기 위한 관건이다. 그 암살만이 법의 문 앞에서 내버려짐과 동시에 포섭되고 있는 삶을 복원하기 위한 첩경이다. 암살 대상으로 이상이 지목했던 건 『기하원본』의 저자 유클리드였고, 그를 암살하기 위한 총탄은 「선에관한각서 2」였다. "기하학은철凸렌즈와같은불장난은아닐른지, 유우크리트는사망해버린오늘유우크리트의초점은도처에있어서인문의뇌수腦髓를마른풀과같이소각하는수렴작용을나열하는것에의하여최대의위험을재촉한다, 사람은절망하라, 사람은탄생하라, 사람은탄생하라, 사람은절망하라."(1: 61) 유클리드는 오래전에 죽고 없지만 그의 관점과 초점은 곳곳에 편재한다. 그런 한에서 죽은 유클리드는 죽지 않는 영겁의 생을 부여받았다. 유클리드는 손에 볼록렌즈를 들고 초점을 맞춰 빛을 수렴시킨다. 모아진 빛은 열이 된다. 그 열은 무엇을 불태우는가. 1234567890(수식화)의 질환이 시적인 것들의 교환과 감응을 괴사시켰던 것과 마찬가지로 유클리드라는 볼록렌즈는 인문적 감각의 정수를 소각한다. 이상에게 그것은 최대의 위험을 재촉하는 것으로 인지된다. 그 불타는 위협 속에서 사람은 절망한다. 그런데 그 절망은 동시에 새로운 탄생의 기반이기도 하다. 그리고 그런 탄생과 절망은 매번 번갈아가며 진자운동한다. 그것은 착잡한 일이다. 그 착잡함 속에서, 탄생과 절망의 변증을 암시하는 위의 마지막 문장을 다음 한 문장과 포개려 한다. 그럼으로써 조금 더 나아갈 수 있지 않을까 하는 것이다. "광선을즐기거라, 광선을슬퍼하거라, 광선을웃거라, 광선을울거라."(「선에관한각서 7」, 1: 68) 이에 연결된 이상의 또 하나의 정언명령은 "광선을가지라"(1: 68)이다. 광선을 가진다는 것은 어떤 것인가. 광선이 된다는 것이다. 다시 말해 광속의 인간이 된다는 것이다. 이상은 광선이 초당 30만 킬로미터로 달아나는 것이 확실하다면 사람이 초당 60만 킬로미터로 달아나지 말란 법은 없다고 말한다. 속도의 무한증대 속에서 광속보다 빠른 인간은 태곳적 과거의 사실을 본다는 것. 이를 두고 이상은 "끊임없이붕괴하는 것"(「선에관한각서 1」, 1: 59)이라고 쓴다. 무슨 말인가. 광속의 힘에 의한 항시적인 붕괴와 그 의미를 표현하고 있는 「선에관한각서 5」를 인용한다.

> 미래로달아나는것이과거로달아나는것이다. 사람은광선보다도빠르게미래로달아나라. (…) 속도를조절하는날사람은나를모은다, 무수한나는말하지아니한다, 무수한과거를경청하는현재를과거로하는것은불원간不遠間이다, (…) 사람은달아난다, 빠르게달아나서영원에살고과거를애무하고과거로부터다시과거에산다, 동심이여, 동심이여, 충족될수야없는영원의동심이여. (1: 64~65)

근대의 시간 형식을 '질주학적 진보'의 무한한 연장으로 읽어냈던 건 비릴리오였다. 핵잠수함 탄도의 사정거리가 1만 킬로미터를 넘어갈 때, 인공위성의 정보 수집력이 공간적 경계를 넘어 고도화될 때, 그런 일촉즉발의 상황에 대한 인간의 정치적 의사 결정에 주어진 시간은 고작 2초를 넘지 않는다. 그때 인간의 정치는 '최악의 비정치'이며, 그때 인간의 정치는 끝난다. 이런 구조를 불가피하고 불가결한 것으로 주조하는 '군산복합 민주주의'는 사회적 범주들의 관계를 이윤에 봉헌하는 전투병과적 단위로 계열화하는 매트릭스이다. 질주학적 정치의 시간은 "목적도 없고 끝도 없는 비상상태"[14]를 선포 · 제정 · 유지하는 주권적 속도로, 군산軍産이라는 항구적 법정립과 합성된 민주주의의 표상체로 관철된다. 그런 비릴리오적 비상상태 속에서 "속도의 폭력은 정주定住이자 법이 됐으며, 세계의 운명이자 세계의 목적이 되어버렸다".[15] 속도의 폭력은 비상상태의 조건이자 동시에 그 결과이다. 속도는 그러므로 통치적 전쟁 모델의 반석이다. 속도는 이미 언제나 축적의 법의 장소로 '정주'해 있음으로써 세계의 운명이자 목적이 된다.

언제 어디서나 수명을 헐어 저당잡혀야만 하는 삶, '끝이 없는 비상상태' 속에서의 삶을 상상 가능한 삶의 최대치로 제안하는 속도의 정치. 이른바 '질주정疾走政, dromocratie'을 탄핵하는 힘이란 어떤 것인가. 「선에관한각서 5」는 답한다. 주권적 속도의 정부가 기획한 '미래'에 포획되지 않는 빠르기로, 광선보다 빠른 빠르기로 그 미래를 거듭 점거하기. 그럼으로써 질주정적 진보로 코드화된 미래를, 고갈됨 없이 항구적으로 도래하는 미래로 전위시키기. 질주정의 속도보다 빠르게, 광선보다 빠르게. 이름하여, 절대적 속도. 그 속도 위, 바로 거기가 '절대에 모일 것'이라는 이상의 정언명령이 가리키는 지점이다. 그가 말하는 광속의 인간, 그 절대적 속도의 정치는 축적이라는 목적과 척도로 계열화됐던 '무수한 과거'의 삶들을 그런 항구적 계열화상태/비상상태로부터 절취해냄으로써, 그 무수한 과거들의 관계를 다시 설정 · 정의 · 고안하는 힘이다. 광속의 인간은 그렇게 과거를 애무함으로써 영원을 산다. 이른바, 영겁의 인간. 이상에게 인간으로 하여금 "영겁인영겁을살릴수있는것은광선인것이다"(「선에관한각서 1」, 1: 59). '광

14   폴 비릴리오, 『속도와 정치』, 이재원 옮김, 그린비, 2004, 227쪽.
15   같은 책, 267쪽.

선'의 속도, 그것은 무수한 "역사의슲흔울음소리"(「오감도 14호」, 1: 80)가
필연적으로 오늘의 삶의 재구성에 인입되고 동참하도록 하는 역사철학의
일이다. 통치의 짜임이 찢어지는, '불원간/금시'에 발생될 바로 그 일이 광
속의 인간이 맡은 과제일 것이다.

　위에 인용했던 「선에관한각서 5」를 다시 읽자. 절대적 속도를 가진다
는 것은 어떤 신성으로 고양된다는 것이었다. 이상은 속도를 자유자재로
조절하는 날, 다시 말해 "속도etc의통제"(1: 59)가 가능해지는 바로 그날의
일을 두고 '사람은 나를 모은다'라고 쓴다. 집계되고 계산된 과거를 무수
한 역사로 파열시켜 현재의 구성에 동참시키려는 의지의 연장선에서, 동일
한 나는 '무수한 나'로 되돌려지고 '말하지 아니하는' 침묵의 형식으로 한
지점에 모인다. 어디에 모이는가. '절대'에 모인다. 그렇게 모인 무수한 나
는 침묵의 신성한 폭력을 수행한다. "무목적인인 침묵은 지나치게 목적 지
향적인 것 곁에 갑자기 나타나서, 그 무목적성으로써 놀라게 만들고 목적
지향적인 것의 흐름을 중단시킨다. (…) 침묵은 사물들을 분열된 효용의
세계로부터 온전한 현존재의 세계로 되돌려 보냄으로써 사물들을 다시금
온전한 것으로 만든다. 그것은 사물들에게 성스러운 무효용성無效用性을 준
다."[16] 의사이자 작가였던 피카르트의 침묵. 그 무목적성의 힘은 갑작스레
나타나 목적을 향해 나아가는 흐름을 중지시킴으로써, 목적에 의해 견인
당하고 목적을 경배하고 있던 사물들에게 목적의 법 연관을 폐지하는 행
동 양식이자 시간 형식으로 선사된다. 그것은 계산가능성의 영토 밑바닥
에서 '성스러운 무효용성'으로 발현하는 힘, 임재의 힘이다. 이상이 말하는
침묵 또한 '금시' '별안간' '불원간' 같은 순간적 힘의 응축과 발현의 힘이
었던 한에서, 침묵하는 광속의 인간 또한 목적의 노모스를 정지시킨다. 광
속의 정치를 수행하는 무수한 무목적인인 사람들, 신성의 광선들에 의해,
인문적인 감각을 불태우던 유클리드의 체제에 끝이 도래하는 중이다. 그
끝을 꽉 붙잡고서 이상은 이렇게 적는다. "장대長大한 밤/ (…) 태양을 상실
한 지구에 봄은 올 것인가./ 달빛마저 없는 칠흑의 암야가 한 달이나 계속
되어 지구상의 모든 생명은 그저 속수무책으로 죽음을 기다리고 있을 뿐

이었다."(「단상」, 1: 212) 이상의 묵시默示, 이상이라는 묵시. 그것은 파국과 신생을 변증시키는 임박한 신적 힘의 고지로, 임재하고 있는 힘의 발현으로 정향되어 있다. "래도未到할 나"(「선에관한각서 5」, 1: 64)의 무수한 게발트가 그런 묵시의 산 노동을 행한다. 도래중인 불세출의 그리스도들이 그 일을 행한다. 지금 그 일을 행하는 자의 손에 들려 있는 것은 무엇인가. '면도칼'이다.

이른바 '순수한 중단'

이상의 텍스트에 들어있는 면도칼은 섬뜩한 자해의 이미지로 떠오르지만 그것으로 환원되진 않는다. 앞질러 말하자면 면도칼은 연속체의 연장에 가해지는 절단이자 절지이다. 그런 면도칼로 이상은 무얼 자르는가. 두 팔을 자른다. 「오감도 시 제13호」의 한 대목. "내팔이면도칼을 든채로끈어저 떨어젓다. 자세히보면무엇에몹시 위협당하는것처럼샛팔앗타. 이럿케하야 일허버린내두개팔을나는 촉대燭臺세음으로 내 방안에장식하야노앗다."(1: 96) 잘려 떨어진 팔들은 신체라는 유기적 연속체의 파열을 가리킨다. 그로테스크함 속에서 노동수단으로서의 쓸모와 효용을 잃고 있는 팔들, 촛대처럼 단지 방을 장식할 뿐인 팔들의 실질적 무효용성. 다시 말해, 어떤 사보타지 또는 불복종. "나의 나태는 안심하다// 양팔을 자르고 나의 직무를 회피한다/ 더는 나에게 일을 하라는 자는 없다/ 내가 무서워하는 지배는 어디서도 찾아 볼 수 없다."(1: 202) 양팔을 자른다는 것은 신체라는 연속체의 절지인 동시에 신체라는 노동력 상품의 판매 중지이다. 그것은 노동을 구매하고 직무를 할당함으로써 이윤의 명령 구조에 종속시키는 사용자의 지배력, 그 힘의 말소이다. 신체의 절지와 명령 구조의 중지의 동시성 또는 등가성. 이상의 나태가 고착된 죽음 충동으로 물들지 않는 근거와 힘

16　　막스 피카르트, 『침묵의 세계』, 최승자 옮김, 까치, 1985, 21쪽.

이 거기에 있다. 그 힘의 원천을 표현하는 시어가 면도칼이다.

이상의 나태는 면도칼을 든 나태, 면도칼에 의한 나태이다. 그 면도칼에 의해 팔들이 절단되는 시간이란, 이윤을 봉헌하는 체제의 평균적 규격에 딱 맞게 최적화된 신체가, "마멸磨滅되는몸"(「가외가전」, 1: 112)으로 변신하는 폭력적인 깨어남의 시간이다. 신이라는 것을 인지와 표현의 구획선을 초과하고 이탈하는 사람들 자신의 확장과 연장으로 정의할 수 있다면, 그리고 그런 신인이 발설하고 행동하는 '몸'이라는 것이 없지 않고 있다면, 그 몸은 아마 마멸되는 몸일 것이다. 그것은 유용성의 체제 너머이며 성스러운 무효용성으로 관철되는 시간이다. 그와 같은 시공간의 정초와 맞닿아 있는 것이 저 면도칼이다. 그것은 다시 한 번, 어떤 역사적 사고와 결속되어 있다. "미래의 끝남은 면도칼을 쥔 채 잘려 떨어진 나의 팔에 있다 이것은 시작됨인 '미래의 끝남'이다 과거의 시작됨은 잘라 버려진 나의 손톱의 발아에 있다 이것은 끝남인 '과거의 시작됨'이다."(「작품 제3번」, 1: 199) 무슨 말인가.

면도칼로 자르는 자만이 결정하며, 그 결정으로부터의 시작은 절대적이다. '미래의 끝남'은 그렇게 면도칼을 든 자에 의해 결정된다. 그 미래의 끝남은 통치하는 자들에 의해 장악된 미래의 끝남이다. 다시 말해 그 미래의 끝이란 삶을 집전하는 질주정적 시간의 끝이자 중지이다. 그 미래의 끝남은 곧 '시작됨'인데, 그 시작됨이란 다른 게 아니라 '과거의 시작됨'이다. 곧 면도칼로 자른 두 팔의 무효용성, 그 팔의 손톱에서 발아하고 있는 무수한 과거의 시작됨. 그것은 '역사의 슬픈 울음'을 우는 선대의 사람들과 사건들을 뜻한다. 그런 과거의 시작됨은 곧 '끝남'인데, 그 끝남이란 다른 게 아니라 '미래의 끝남'이다. 저 폭력적 속도의 체제가 독점한 바로 그 미래의 끝남. 이상의 면도칼이란 무엇인가. 그것은 미래를 저당잡는 질주정을, 그 질주학적 속도의 시간을 끝내는 '절대적 시작'의 표상이다. 절대에 모인 자들의 손에 들려 있는 것, 그것이 면도칼이다. 임박한 면도칼.

그 면도칼은 달리 표현되고 표출될 수 있다. 『순수한 전쟁』에서 비릴리오는 이렇게 쓴다. "중단이란 속도를 변화시키는 것이다. 예컨대 (…) 총파업은 (바리케이드처럼) 공간을 방해한다기보다는 지속을 방해한다. 총파업은 시간 속에 쌓아놓은 바리케이드이다."[17] 면도칼은 통치적 속도의 연속체를 끊는 중단의 계기이다. 관리하는 시간의 지속을 차단하고 방해하는 신성의 바리케이드가 면도칼이다. (혁명적 노동조합주의의) 총파업, 그 '순수한 폭력'만이 순간적으로 전체를 포착함으로써 공통의 삶을 위한 직관을 줄 수 있다고 했던 건 소렐이었다. 비릴리오의 바리케이드는 질주정이 독점한 속도와 시간의 운용권을, 점거를 통해 탈취·절취하는 방법이면서, 그 점거의 순수한 시간을 유지함으로써 전체에의 감각을 갱신하는 고양된 힘이다. 이상의 면도칼이 통치의 연장에 대한 중지의 선언인 한에서, 면도칼이라는 바리케이드는 용접된 소렐-비릴리오적 총파업의 상관물이 아닐 수 없다. 그들은 동시에, 그리고 함께 절대적 중단의 게발트를 구성한다. 이 절대적 중단, 순수한 중지를 위해 또 하나의 총파업, 또 하나의 질주 및 광속과 마주하게 된다. 「선에관한각서」에 응집되어 있던 광속의 정치는 그렇게 또 하나의 텍스트를 통해 다시 한 번 표현될 수 있다. 다음 페이지에 인용해놓은 「오감도 시 제1호」의 이미지, 그 '막다른 골목' 안에서 바깥을 사고할 수 있다.

첫머리 "십삼인의아해가도로로질주하오./ (길은막달은골목이적당하오.)"와 끝머리 "(길은뚫닌골목이라도적당하오.)/ 십삼인의아해가도로로질주하지아니하야도좃소"는 서로 대응한다. 세로쓰기로 된 거의 동일한 음운들, 단어들, 구절들, 문장들이 유사한 패턴 속에서 폭과 길이까지 맞춘

17 이 한 대목은 『속도와 정치』의 해제비평으로 작성된 이재원, 「속도와 유목민」(288쪽)에서 재인용한 것이다. 그는 비릴리오가 말하는 극단화된 속도의 유지, 곧 '극의 관성L'inertie polaire'이 '마비'에 다름 아니며, 그 마비상태 속에서 인간은 '고갈' 혹은 '소진'된다고 쓴다. 이른바 '공황의 도시'. 비릴리오의 '중단'이란 바로 그 마비상태를 끝내는 힘이자 공황의 도시의 최후이다. 그런 중단의 뜻과 힘에 결속하는 문장들은 다음과 같다. "정확히 말해서 '세계le monde'의 종말이 아니라 '한 세계un monde'의 종말입니다. 우리가 알고 있는 바로 그 세계, 우리가 살아가는 바로 그 세계, 그러니까 모던 세계의 종말이죠."(이재원, 「거울나라의 비릴리오, 세계의 종말을 논한다」, 월간 『아티클』 20호, 2013. 3, http://blog.naver.com/virilio73)

44

「오감도 시 제1호烏瞰圖詩第一號」, 『조선중앙일보』, 1934. 7. 24. 이 시는 시이면서 동시에 하나의
이미지 혹은 어떤 도상이기도 한 것 같다. 글자 수, 문장의 길이 및 형태, 그것들의 배치 및
배열을 거듭 조정해놓은 하나의 도상. 이 텍스트는 그런 도상적 뉘앙스가 삭제된 채로 여러
전집들에 실려 있다.

채 반복적으로 행갈이 되고 있다. 그런 문장들의 배치는 폐쇄적일 만큼 질서 정연하게 도열한 활자들의 벽과 같은 느낌을 준다. 정렬한 채로 질주하는 듯, 활자들은 그 자체로 막다른 골목길 위를 공포 속에서 전율하며 내달리고 있는 13인의 아이들 같다. 아이들의 질주는 결국 길이 끊어진 막다른 옹벽과의 충돌로 끝날 것이므로 공포 속의 질주일 수밖에 없다. 그 질주 끝의 충돌은 다음과 같다. "산산히깨어진것은그럼그사기컵과흡사한내해골骸骨이다."(「오감도 11호」, 1: 96) 사기 컵이 깨어지듯 박살나는 아이들, 아해들의 해골들. 출구가 막힌 막다른 벽을 향해 스스로 돌진하게 하는 질주정의 관리술. 그것이 아해들이 느끼는 공포의 근원이다. 그런데 이상은 다음과 같이 씀으로써, 그 막다른 골목이 곧 뚫린 골목임을 암시한다. 「최저낙원最低樂園」의 한 문장. "최저낙원의 부랑한 막다른골목이요 기실 뚤인골목이요 기실은 막다른 골목이로소이다."(1: 145) '최저낙원'은 근대의 본모습, 근대의 실재를 표현한다. 최저낙원은 다시 회복할 낙원, 이른바 복낙원復樂園을 축적의 동력으로 삼는 실낙원失樂園의 연장이다. 아해들, 그 아해들의 해골들은 최저낙원이라는 근대의 골조를, 근대라는 건축물의 뼈대를 투시한다. 그 투시의 힘을 통해 막다른 골목은 뚫린 골목이 된다. 그렇다는 것은 막다른 골목을 향한 질주의 연속체에 구멍이 뚫리는 시간의 발현과 먼 거리에 있지 않다. 그러므로 이렇게 말할 수 있다. 아해들의 질주는 질주정이 부과하는 속도의 질서에 일방적으로 포획된 공포의 결과가 아니라고, 아해들의 질주는 공포 속에서 속도의 체제를 정지시키는 절대적 속도의 정치와 맞닿은 것이라고. 그렇게 최저낙원의 막다른 골목길 바깥으로 뚫고 나온 길, 그 길 바깥으로 난 길에 관한 이야기가 「가외가전街外街傳」이다.

나날이썩으면서가르치는지향으로기적奇蹟히골목을뚤렸다. 썩는것들이낙차나며골목으로몰린다. 골목안에는치사侈奢스러워보이는문이있다. 문안에는금金니가있다. 금니안에는추잡한혀가달닌폐환肺患이있다. // (…) // 여기있는것들은모두가그방대한방을쓸어생긴답답한쓰레기다. 낙뢰심한그방대한방안에는어디로선가질식한비들기만한까

마귀한마리가날아들어왔다. 그러니까강剛하던것들이역마疫馬잡듯픽
픽쓰러지면서방은금시폭발할만큼정결하다. (1: 112, 114)

위의 인용 부분은 서두에 언급했던 「가외가전」의 거짓 천사들, 그들만의
온대, 보이지 않는 폭군의 구두, 아이들의 무덤들(애총), 널려진 시체들과
하나로 엮인다. 기적같이 골목을 뚫는 것은 무엇인가. '썩는 것들'이 그 일
을 행한다. 면도칼에 의해 잘려 떨어져 부패하고 있는 저 팔들, 그 성스러
운 무효용성과 함께 썩어가는 것들의 불복종적 힘에 의해 막다른 골목은
뚫린다. 그 막다른 골목 안에는 사치스럽고 치사한 문이 있고, 그 문 안에
는 금니가 있다. 금니는 통치하는 자의 상관물이다. 까마귀의 시선은 그
통치의 어금니 속에 추잡한 혀가 달린 폐질환이 들어있음을 투시하고 진
단한다. 삶을 살 만한 것처럼 화려하게 분식회계하고선 알게 모르게 삶을
저당잡히도록 하는 추잡한 혀, 적그리스도의 아지프로. 다시 말해 실재를
은폐한 으리으리한 방의 지배자들/금니들. 낙뢰 심한 그 방대한 방 안에
서 '불세출의 그리스도'는 말한다. "나는 사탄이 하늘에서 번개처럼 떨어지
는 것을 보았다."(「누가복음」, 10: 18) 공포스런 낙뢰로 떨어지고 있는 사
탄들/법집행자들의 그 방으로, 다시 말해 입맛 다시고 눈독들이며 '살'과
'피'와 '심장'을 씹어 삼킬 준비에 분주한 사탄들의 그 방으로 성령의 임재
를 암시하는 약한 까마귀가 날아든다. 사탄은 질서의 설계자이므로 "강한
자"(「마태복음」, 12: 29)였던바, 강철같이 강한 사탄들의 어금니는 신성의
까마귀라는 '역질'에 의해 뿌리째 흔들리고 뽑혀나간다. 까마귀라는 역질
疫疾, 그 썩는 것들의 전파와 답파踏破에 의해 통치의 '영원한 수다'가 이뤄지
는 방은 온통 정지한 듯 정결해진다. 까마귀라는 페스트, 그것은 공포스런
낙뢰의 이유을 챙기는 사탄들의 규방 위로, 저 법의 문 안에 들어있는 강철
같은 금니들의 영토 전체로 내리꽂히는 '사상의 번개'(마르크스)이다. 그것
은 사탄이라는 입법적 낙뢰를 내리치는 진정한 낙뢰이다. "나의 정수리 한
가운데 까마귀의 가래 같은 것이 떨어졌다./ 빨갛게 불이 붙나 했더니 납
덩이처럼 무겁다./ 정수리가 빠개진다. 물론 나는 즉사한다. (…) 이상하게

도 나는 매일 아침 소생했다."(「단상」, 1: 214) 무슨 말인가.[18]

수직으로 떨어진 까마귀의 가래로 정수리가 빠개져 거듭 즉사를 경험하면서도 매번 소생하는 이상이라는 페스트. 그 불사의 번개가 내리꽂히는 바로 지금 금시에, 이윤을 기다리는 통치의 대합실은 폭발 직전에 와 있다. 이 사실을 아는 자들이 저 방대한 방 안에는 단 하나도 없다. 단 하나도 없으므로, 까마귀/아해들은 질주정의 속도가 완전한 정지를 낳을 것임을 선언하고 선포할 수 있다. "진행해감으로써 ["피의 빛을 오색으로 화려하게 하는"] 그것은 완전히 정지停止되어 있었다."(「애야哀夜」, 1: 179) 이상이 말하는 '완전한 정지'는 다시 표현되고 표방될 수 있다. "(가속으로 인한) 순수한 중단, 실재의 소멸과 재출현, 그리고 시간에서 분리되는 현상."[19] 앞서 인용한 「오감도 1호」의 마지막 한 문장처럼 아해들은 이제 뚫린 골목길 위에 있으므로 더 이상 질주하지 않아도 좋다. 이상의 완전한 정지, 비릴리오의 순수한 중단Picnolepsie. 그것은 최저낙원 안으로 소멸과 동시에 신생을, 소멸과 신생의 변증을 도래시키는 힘이며, 질주학적 속도의 시간에서 스스로가 폭력적으로 분리되고 떼어내지는 구체적 경험들의 힘, 절대적 중단의 힘이다. 그렇게 '절대에 모일 것'이라는 이상의 정언명령이 다시 한 번 관철된다. 그러하되 그 힘의 관철과 관련해 정면에서 읽어야 할 텍스트가 있는데, 「차생윤회此生輪廻」가 그것이다.

"모든중간들은지독히춥다"

이상이 선언하는 중단의 게발트마저도 까마귀의 전지적이고 메타적인 투시를 피해갈 수는 없었다는 사실. 그것은 더 많은 사고를 요구한다. 앞질러

---

18 정수리가 빠개져 매일 죽고 매일 소생하는 이상 곁에서 바울은 말한다. "나는 감히 단언합니다. 나는 날마다 죽음을 경험합니다."(「고린도전서」, 15: 31) 사도 바울의 편지와 이상. 이에 대해서는 IV장의 한 부분 '바울과 이상'에서 다시 다루기로 한다.

19 폴 비릴리오, 『소멸의 미학』, 김경온 옮김, 연세대출판부, 2004, 52쪽.

말하자면, 절대에의 정언명령으로 드러나는 이상의 선포는 반성되고 반려
되는 선포이다. 이를 설명하기 위해 다음 한 대목에서 다시 시작하자. "발
견의 기쁨은 어찌하여 이다지도 빨리 발견의 두려움으로 또 슬픔으로 전환
한 것일까, 이에 대해 숙고하기 위해서 나는 나의 꿈까지도 나의 감실로
부터 추방했다. 우울이 계속되었다."(1: 184) 최저낙원의 막다른 폐쇄회로
안에서 뚫린 골목의 발생을 발견했던 이상의 기쁨은 그 뚫린 골목이 또 다
른 최저낙원의 건축을 위한 봉헌의 시작일 수 있다는 공포스런 자각과 맞
닿아 있다. 그에게 발견의 기쁨과 발견의 공포는 동시적이며 등가적이다.
앞서 인용했던 「오감도 1호」의 공포는 질주정의 주권적 속도에 대한 공
포이면서, 막다른 골목의 통제와 뚫린 골목의 해방이 구조적 일체에서 나
온 쌍생아라는 사실에 대한 공포이기도 하다. 정리하면 이렇다. 숫자를 버
릴 것, 광선을 가질 것, 절대에 모일 것 등은 신성의 게발트를 표현하고 표
출하는 이상의 정언명령들이다. 그것들은 모두 절대에의 의지이자 그 의지
의 기쁜 승리로 정향되어 있다. 그런데 그 기쁨은 이미 언제나 공포와 우
울에 의해 거리 두어지고 반추되는 기쁨이다. 이상에게 공포와 우울은 죽
음을 향한 폐색의 정념이 아니라 절대성에 대한 반성의 동력이다. 그에게
발견의 기쁨과 발견의 공포는 상호 간섭의 긴장 속에 있다. 그런 상호 삼
투의 과정/소송을 통해 발견의 공포는 고양되며 발견의 기쁨은 단련된다.
「1931년」을 읽자.

> 나의 방의 시계 별안간 십삼+=을 치다. 그때, 호외의 방울 소리 들리
> 다. 나의 탈옥의 기사./ 불면증과 수면증으로 시달림을 받고 있는 나
> 는 항상 좌우의 기로에 섰다./ (…) 13+1=12 이튿날(즉 그때)부터 나
> 의 시계의 침은 삼개三個였다. (1: 191)

12까지 있는 시계 속에서 그 시계 바깥의 13이라는 시간을 감각하는 '별안
간'의 순간, 바로 그때 '탈옥'은 시작된다. 연쇄적 순차가 중단되는 '호외'라
는 신호 속에서 별안간 수행되는 탈옥. 이상에게 그 탈옥은 온전한 해방

이 아니었는데, 감행한 탈옥 끝에 도착했던 곳이 끝내 좌우의 갈림길이었기 때문이다. 이른바 기로, 그 중간. 지하에서 쓴 수기를 통해 '2×2=4'의 사회체계가 착오들의 짜임이라는 사실을 개시하고 기각했던 건 도스토예프스키였다. 끝내 교차로의 중간으로 탈옥할 수밖에 없었던 이상에게 13+1은 14가 아니라 12였다. 이는 12의 시계판에서 13이라는 바깥의 시간을 인지했던 것, 두 개 아닌 세 개의 시계 바늘로 시간을 파지했던 것과 먼 거리에 있지 않다. 이런 말을 하고 싶은 것이다. 여기 억압과 구속의 구조가 있다, 그곳으로부터 탈옥했으되 좌우의 기로로, 중간으로 탈옥했다, 그 중간은 체제-바깥의 발견이었으므로 기쁜 일이었지만 동시에 두려움이기도 했는데, 이상이 이렇게 적어놓았기 때문이다. "모든중간들은지독히춥다."(「공복─」, 1: 43) 이상의 그 중간, 그 사이 공간은 결렬의 비용을 회피하는 판단 유보나 묵계를 승인하는 기회주의와는 상관없는 생산적인 것의 분화구로 드러난다. 바로 그 분화구에서 질주학적 진보의 규약들에서 떼어내지는 폭력적인 분리가 일어나며, 구조의 재설계를 위한 사고가 분출한다. 연속체와 연장체를 절단하는 신성한 힘이 구성되는 자리가 바로 그 중간이다. 그런 한에서 중간은 어떤 대장간이다. '절대적인 것'(제로, 파국, 광속, 영겁, 신성)을 향한 이상의 정언명령들이 거듭 담금질되는 대장간. 이상에게 그곳은 뜨겁게 치달아오르는 곳이면서 그 열기의 그 높이로 인하여 외롭고 추워진 심연이기도 했다. 절대를 향한 발견의 기쁜 열기와 절대에 대한 발견의 두려운 한기. 그 사이, 그 중간. 이상의 자리가 바로 거기다. 그곳은 곤혹스런 딜레마의 장소이자 곤욕스런 난국의 자리였다. 무슨 말인가.

　　폭력을 통해 사회체계의 모든 부문이 뿌리에서부터 변혁되는 일, 꼴찌가 첫째로 되는 일, 후진이 온통 선진으로 되는 일. 식민지 알제리 민족해방전선의 확고부동한 적대 속에서 운동했던 파농의 "절대적 폭력"[20]이 그런 일들을 행한다. 이상이 절대에의 정언명령에 대한 자기 반추 속에서 운동하고 있었던 것처럼, 파농 또한 자신의 절대적 폭력에 대해 메타적인 관점에서의 자기분석을 시도했다. 그것은 자신의 입론에 대한 '구역질'의 감각으로 드러난다. 그리고 그것은 이상의 중간, 그 난국과 역설을 다시 한 번 되새기게 한다. "식민주의의 전쟁 기구를 거의 맨주먹으로 상대하는 투사는 자신이 식민지의 억압을 철폐하면서 동시에 또 다른 착취 제도를 구축하고 있다는 것을 깨닫는다. 이러한 인식은 불쾌하고 괴로우며 구역질난다. 예전에는 모든 것이 아주 단순했고, 나쁜 사람들과 좋은 사람들이 확연히 구분되었다. 처음에는 명료하고 비현실적이고 목가적이었던 것들이 이제는 감각을 혼란시키는 어슴푸레한 것으로 다가온다."[21] 파농은 식민주의적 구획의 질서를 부수는 것이 또 다른 착취구조를 세우는 것과 동시적인 과정일 수 있다는 자신의 각성 앞에서 불쾌와 괴로움과 구역질을 느낀다. 그 구역질이 자기를 통째로 게워내는 자기의 파국을 가리키는 한에서, 그것은 파농의 삶의 실재가 현현하는 한 순간이자 자신이 말하는 '절대적 폭력'의 이면이 발현되는 한 순간이 아닐 수 없다. 그때 파농의 구역질은 딜레마의 다른 말이다. 고양된 딜레마는 도그마를 깨는 힘이다. 그 고양된 힘의 다른 말이 파농의 '어슴푸레한 것'이다. 이 어슴푸레함의 감각이 자신의 책 앞머리에 붙은 사르트르의 격렬한 서문에 대해 파농이 함구했던 근거이며, 그 서문과 파농 자신의 본문을 가르는 힘이었다. 과감히 추상하건대, 파농의 어슴푸레한 것이 이상의 바로 저 '중간'이다. 어슴푸레한 중간의 대지 위에서 이상과 파농은 곤혹스레 진동하는 중이다. 진동함으로써 더디게 진전되는 중이다. 절대적인 것이 바로 그 중간이라는 대지에서 용출한다. 절대를 위해, 이른바 '한 세계의 종말'을 위해 비릴리오는 말한다. "존재하지 않는 것을 존재하게 하는 건 속도이다."[22] 절대를 위해, 한 세계의 종말을 위해 이상은 앞질러 말한다. 존재하지 않는 걸 존재하게 하는 건 속도이다, 그런데 그 속도는 어슴푸레한 중간에서만 발아하고 발생한다.

식민지 근대의 질서에 삶을 저당잡히면서 입게 된 증상을 통해, 그 아물지 않는 자신의 상처를 통해 사회의 착오와 모순을 고지하고 숨은 적을 개시하려는 의지. 그런 의지의 성공과 실패의 등가성을 인지함으로써 '절대적 폭력' 안에서 또 다른 억압체제가 성립될 수 있음을 직감한 자의 구역질의 사상. 입신출세나 자기애의 추구가 아니라 자기붕괴와 자기마멸

속에서 실험되고 있는 입장의 한 양태. 그런 것들이 수행되고 시도되는 장소가 이상의 중간이었다. 경성의 근대를 향한 자신의 투시도/오감도, 그 절대에의 추구와 요청조차도 다시 투시하는 자기. 그런 메타적 자기에 의해 수행된 자기정지와 자기해체의 장소가 바로 저 지독하게 추운 중간이었다. 그러하되, 무릅쓰고 냉혹하게 직시해야만 하는 것은 이상이 매회 매번 그 중간에 위치하고 있었던 것은 아니라는 사실이다. 혹독하고 불편한 그 중간 위에 자신의 위치를 유지시키지 못했을 때, 다시 말해 절대적 힘의 관철과 그 힘의 좌초가 동시적인 것임에 대한 구역질의 감각이 무뎌지는 바로 그때, 이상이 말하는 절대에의 정언명령은 우생학적 학살의 비상사태와 오차 없이 포개진다. 「차생윤회」가 가리키는 것이 그것이다. 중간을 벗어난 절대적 폭력의 섬뜩한 이면, 브레이크가 파열된 절대에의 의지.

길을 걷자면 '저런 인간을낭 좀 죽어 업서젓스면'하고 골이 벌컥날만큼 이 세상에 살아잇지안아도 조흘, 산댓자 되려 가지가지 해독이나 끼치는밧게 재조가업는 인생들을더러본다. 일전영화 『죄와벌』에서 어더들은 '초인법률초월론'이라는게 뭔지는 몰으지만 진보된 인류우생학적위치에서 보자면 가령유전성이확실히잇는 불치의난치병 광인 주정중독자, 유전의위험이업드라도 접촉혹은공기전염이 꼭되는 악저惡疽의소유자 또 도모지 엇더케도 손을 대일수없는 절대걸인 등 다 자진해서 죽어야하든지 그럿치안으면 모종의권력으로 일조일석에 깨끗이소탕을하든지하는개 올흘것이다." (「차생윤회」, 3: 68)

싹 죽어 없어져야 할 인간들, 살 가치가 없는 해충 같은 인생들. 우생학이라는 단어 앞에 '진보'와 '인류'라는 수식어가 붙을 때, 그럼으로써 삶의 보

20 프란츠 파농, 『대지의 저주받은 사람들』, 남경태 옮김, 그린비, 2004, 57쪽.
21 같은 책, 169쪽.
22 폴 비릴리오, 『소멸의 미학』, 38쪽.

편적 가치를 리드하는 기관차가 우생학을 동력으로 질주하게 될 바로 그때, 유전적 '피'의 우열을 결정할 수 있는 자가 생사여탈을 판가름하는 절대적 힘을 쥐게 된다. 열등하고 저열한 오염된 피를 가진 불치병자들, 광인들, 주정뱅이들, 거지들. 사회를 온통 병균으로 전염시키는 악질적 종기, 등창, 가려움증의 소유자들. 줄여 말해, 번식하는 불가촉의 암癌들. 이상은 그들이 통째로 자진해 죽는 순간을, 그게 아니라면 모종의 권력에 의해 하루아침에 깨끗이 도려내지고 일소되고 척결되는 시간을 상상한다. 그것은 도스토예프스키 원작의 영화 〈죄와 벌〉에 나오는 '초인'의 '법률초월'이라는 절대적 힘에 대한 이상의 이해와 해독에 근거해 있다. 이른바 '최종해결'의 사고. 그것은 절대적 힘을 향한 이상의 의지가 브레이크의 파열 속에서 가닿은 학살의 사고이자 사고의 학살이다. "천하의 엇던우생학자도 초인법률초월론자도 행정자에게 대하야 정말 이 '살아잇지안아도 조홀인간들'의 일제학살─齊虐殺을제안하거나 요구하지는안나보다. 혹 요구된일이 전대에 더러 잇섯는지는 몰으지만 일즉이 한번도 이런 대영단적우생學大英斷的優生學을 실천한행정자는 업는가십다."(3: 70) 일제히 벌어지고 번져가는 학살의 시간. 그 시간을 조만간 도래케 할 초법적 초인들, 학살의 법의 집행자들. 그 위대한 영웅적 피의 결단을 실제로 제안·요구·실천했던 자들의 신화적 투쟁과 이상의 문장들은 서로를 깊이 보증하고 있다.

다시 한 번 묻고 답해야 한다. 이상이 탈옥해서 닿았던 자리, 그 지독하게 추운 중간이란 어디인가. 다음과 같은 두 개의 물음이 서로를 격렬히 소송하고 기각하면서도 서로 살을 섞고 배를 맞추고 있는 장소가 바로 그 중간이다. 절대적 신성의 게발트가 구원Erlösung을 위한 최소헌법적 제헌의 힘으로 주파해 가느냐, 최종해결Endlösung에 봉헌하는 제정된 권력으로 고착되느냐가 그것이다.[23] 그 두 개의 물음이 서로를 소송함으로써 선명히 결렬될 때 이상은 절대적 힘을 발견하는 기쁨을 누린다. 하지만 두 물음이 서로 배 맞추는 쌍생아로 드러날 때, 그 발견의 기쁨은 이상에게 공포 그 자체였다. 기쁨을 누리는 것과 공포에 전율하는 것 모두가 중간에서의 동시적인 일이었다. 중간은 그러므로 난국이다. 난국은 죽음으로 물든 폐색이 아니다. 자기의 확연한 내세움 속에서 자기붕괴의 위기를 고스란히 노정시키고 있기에 난국은 역설적으로 파국적 묵시의 정치력과 사회력을 구성하기 위한 장소이다. 이상의 그런 난국에 대한 가장 이른 시기의 독해는 앞서 언급했던 김기림의 것이다. "가장 우수한 최후의 '모더니스트' 이상은 '모더니즘'의 초극이라는 이 심각한 운명을 한 몸에 구현한 비극의 담당자였다."²⁴ 근대의 추구와 극복이 동시적이고도 등가적인 것일 수밖에 없었던 불가피하고 불가항력적인 운명, 그 운명 안에서의 몸짓. 이상의 우생학적 절멸의 사고가 그런 중간/난국의 폐기 위에서 발아한 것이라고 할 때, 공포에 전율하는 이상으로 하여금 자기가 썼던 다음과 같은 문장을 다시 한 번 필사하고 복창하도록 해야 할 의무가 오늘 이상을 읽는 독자들에게 주어져 있다. 사람은 전율하라, 사람은 탄생하라, 사람은 전율하라, 사람은 탄생하라. 이른바 중간의 회복, 난국의 재구축. 모든 중간은 지독히도 춥다. 그런데 지독히 추운 그 중간, 바로 거기서만 사람이 거듭 탄생할 수 있는 것이라면, 사람은 어떻게 탄생하는가. 기다림으로써 탄생한다. 중간의 정초력과 보존력으로서의 기다림을 통해 탄생한다. 남은 과제가 다음 물음 하나에 걸려 있다. 기다린다는 것은 무엇인가.

기다린다는 것, "역단易斷"의 파라클리트

선포와 고지의 '순간'을 자기 안으로 불러들여 최고도로 유지해야 한다고 했던 건 벤야민이었다. 그가 말하는 '도박꾼'은 그런 순간을 내쫓고 내버리는 자다. '산책자'는 배터리를 충전하듯 그 순간을 온축하는 자다. 온축된 선포의 순간들을 "형태를 변형시킨 다음, 기다림이라는 형태로 다시 방출"²⁵하는 자, 그가 바로 '기다리는 자'이다. 기다림은 수동적인 주저함이나

---

23 이 물음들, 곧 구원과 최종해결의 동시성 및 등질성, 또는 그 둘의 상호 내재성과 공속성共屬性이라는 문제/테제에 대해서는 II장과 IV장에서 거듭 다루게 될 것이다.
24 김기림, 「모더니즘의 역사적 위치」, 『인문평론』, 창간호(1939. 10), 85쪽.

무기력과는 아무 관계가 없다. 기다림은 진정한 신의 힘을 방출할 수 있게 하는 숨죽인 노동의 고양된 형식이다. 기다림이 그런 노동인 한에서, 기다림은 묵시적 힘을 방출하고 방사하는 방법이자 태도이다. 바로 그 힘의 방사가 종언의 공이를 때린다. 이상은 말한다. "방사放射는붕괴崩壞"(「선에관한각서 1」, 1: 59)라고. 절대에 모여, 또는 절대가 되어 바퀴살처럼 내뻗치는 방사의 힘은 붕괴시키는 힘이다. 지금 이상의 정언명령이 다시 한 번 장전된다. "사람은적의適宜하게기다리라, 그리고파우스트를즐기거라, 메퓌스트는나에게있는것도아니고나이다."(「선에관한각서 5」, 1: 63) 사람은 의당 기다리라는 것, 즐거이 기다리면서 환속화된 신성의 질서에 거역하고 불복종하라는 것. 이상의 메퓌스트, 이상이라는 메피스토펠레스가 거절하는 신성에는 "일생을 압수하랴는 기색이 바야흐로 농후하다"(1: 135). 삶을 압수하는 신, 삶이 차압당하고 합성될 수밖에 없도록 이끌고 북돋고 부양하며 추스르는 신. 다시 말해 적그리스도, 모조기독, 모조근대. 「역단易斷」의 '그'를 주시하게 된다.

> 그이는백지우에다연필로한사람의운명을흐릿하게초草를잡아놓았다. (…) 간사한문서를때려주고또멱살을잡고끌고와보면그이도돈도없어지고피곤한과거가멀건이앉어있다. (…) 그이는앉은자리에서그사람이평생을살아보는것을보고는살작달아나버렸다. (1: 110)

백지 위에다 한 사람의 운명을 초안하는 '그이'. 작성된 그 간사한 문서를 때리고 멱살 잡지만 저당잡힌 생은 끝나지 않는다. 그는 자신이 작성한 운명의 초안을 고스란히 따라 사는 사람의 일생을 굽어보고는 사뿐히 달아난다. 내빼는 신, 뺑소니치는 신성. 이는 이윤의 축적을 위해 운명을 할당하고 그 운명 안에서의 품행을 지도하는 신의 사기술이자 통치술에 다름 아니다. 이상은 덧붙인다. "하느님도역시뺑끼칠한세공품을좋아하시지— 사과가아무리빨갛더라도속살은역시하이한대로/ 하느님은이걸가지고인간을살작속이겠다고."(「골편에관한무제」, 1: 157) 페인트칠해진 세공품들,

구원의 후광으로 포장된 신성한 선물들로 사람을 속이는 신. 적그리스도의 민주주의, 그 풍성한 선물들, 그 증여의 약속들 앞으로 질문을 던질 수 있다. '역단'이란 무엇인가. 역단이란 신이 부과한 운명曥의 지속이 절단되는斷 시간이며, 그 운명의 간사한 문서 쪼가리가 찢겨나가는 순간이다. 바로 그 역단의 도래가 이상이 기다리는 것이다. 역단의 도래는 저 '래도來到할 나', 곧 도래할 불세출의 그리스도를 기다림으로써 수행된다. 그런 기다림 속에서 파쇄되는 것은 무엇인가. '사탄의 왕국'이 그것이다.

사탄의 왕국은 신의 왕국에 대한 모방이며 그런 한에서 사탄은 신을 모방한 자, '악의 신'이다. 르네 지라르에 따르면, 사탄의 본래 뜻은 기소하는 검사였다. 희생양을 피고석에 세워 만장일치적 집단살해를 구형하는 법정의 검사. 그런 사탄에 의해 모든 악, 모든 혼돈, 모든 걸림돌scandal을 한 몸에 걸머진 희생양이 한 집단의 만장일치 속에서 살해되는 것이기에, 그 합의된 살해는 무질서를 끝내는 새로운 질서를 약속하며 혼돈을 끝내는 구원을 서약한다. 그러므로 희생양에 대한 집단살해는 새로운 법의 주춧돌을 놓는 '초석적礎石的 살해'이다. 전염됐고, 모방했고, 합의했던 그 초석적 살해의 시공간으로부터 우리를 폭력적으로 떼어내고 분리시키는 힘이 있다면 그것은 무엇인가. "「요한복음」이 성령을 부르는 이름은, 그때까지 막강한 힘을 갖고 있던 모방 전염에서 제자들을 떼어놓는 이 힘을 아주 잘 묘사하고 있는데, 바로 파라클리트Paraclet라는 이름이다."[26] 성령의 이름 파라클리트, 보혜사保惠師, Paraclet 그리스도의 게발트. 성령이란 신의 숨결이 불어넣어진 신의 분신이며, 신의 일을 대행하는 신의 매개이다. 성령이 신의 분신이며 신의 매개라고 해서 신이 아닌 것은 아니다. 성령은 신이며 신과 일체이다. 성령으로서의 파라클리트는 사탄이라는 검사와 계쟁하면서, 기소당한 자들과 자기로부터 외화된 자들을 옹호하는 신의 법정의 변호사이다. 성령/그리스도의 탄생이 사탄의 초석적 살해의 연장을 중단시키

25   발터 벤야민, 『아케이드 프로젝트 I』, 조형준 옮김, 새물결, 2005, 336쪽.
26   르네 지라르, 『나는 사탄이 번개처럼 떨어지는 것을 본다』, 237쪽.

는 파라클리트의 승리인 한, 사탄의 왕국의 종말에 대한 기다림은 그리스
도의 탄생에 대한 기다림이라고 해야 한다. 그리스도의 탄생은 서기 1년에
벌어지고 마무리된 일회적 사건이 아니라, 매번의 타락과 절망 속에서 누
차 다시 탄생하며 거듭 탄생해야 하는 것이다. 이미 탄생한 그리스도에 누
차 다시 탄생하는 그리스도를 대치시키고 대질시키는 것. 이미 탄생해 있
는 그리스도가 적그리스도의 사회, 사탄의 질서의 초석이 되어 있는 상황
을 오감鳥瞰하고 투시하는 일. 그럼으로써 사탄의 질서, 사탄의 운명으로부
터 폭력적으로 떼어내지는 '역단'의 게발트/파라클리트로 발현하는 일. 거
듭 부활하고 연장되는 신성한 후광의 질서 속에서 그 질서 너머로 성별聖別
되는 신성한 힘의 도래, 그 파라클리트의 임재를 기다림 속에서 경험하는
일. 사정이 그렇다면, 입법자 사탄/검사는 어떻게 불사의 신의 모방으로
거듭 부활하는가. 그 답은 지라르가 가공한 그리스도의 말 안에 들어있다.
그리고 그 말은 적그리스도라는 주적에 대해 다시 설명하도록 이끈다. 그
리스도는 이렇게 말했다. '사탄이 사탄을 물리친다.' 무슨 뜻인가.

> 추방당한 사탄은 그 사회가 스캔들의 도가니로 변할 때까지 모방의
> 경쟁 관계를 부추겼던 사탄이고, 추방하는 사탄은 희생양 메커니즘
> 이 발동될 정도로 충분히 뜨거워진 바로 그 도가니다. 자신의 왕국의
> 파멸을 막기 위해 사탄은 그 절정에 이른 자신의 무질서를 자신을 추
> 방시키는 수단으로 삼는다. 이 비범한 능력이 사탄을 '이 세상의 왕'
> 으로 만들고 있다.[27]

법을 설계하고 집행하는 사탄은 그 자신 스스로에 의해 추방됨으로써 자
신의 왕국을 지킨다. 2013년 12월, 이명박근혜. '사탄이 사탄을 물리쳐' 사
탄의 왕국은 유지되고 재생산된다. 그렇게 추방되는 사탄은 서로가 서로
를 늑대로서, 욕망의 대상으로서 끝없이 모방하는 걸 가속화하고 부추김
으로써 공모와 경쟁이라는 무질서와 혼란을 극대화한 자이다. 추방되는
사탄은 모든 악과 모든 무질서의 절대적 원인이 되는 희생양, 곧 대문자

스캔들이며, 그런 희생양으로서의 자신에게 만장일치적 집단살해를 집행케 하는 무질서의 극한적 도가니 그 자체이기도 하다. 그러므로 스스로를 추방시키는 사탄은 무질서의 원인이면서 동시에 질서의 근거가 된다. 무질서와 질서라는 상반된 상태의 동시적 원천이 사탄이다. 사탄이 사탄을 물리친다는 그리스도의 말은 사탄이 "무질서의 원칙인 동시에 질서의 원칙이라는 근본적인 모순"[28]을 가리키는 것이었다. 그 모순 속에서 이렇게 다시 묻자. 사탄은 누구인가. 자신에 의해 초래된 극한의 무질서 속에서 바로 그 자신 스스로가 희생양이 되어 추방당하는 자, 그런 자기추방을 통해 자신의 통치력을 연장하고 유지시키는 비범한 능력의 소유자, 그가 바로 사탄이다. 사탄의 자기추방은 그러므로 모조-구원의 후광을 두른 적그리스도적 통치술의 중핵이다. 그 자기추방 속에서, 그 추방과 동시에 재설립되는 초석적 법질서 속에서, 그 법과 함께 탄력적으로 재정립되는 자신의 왕국 속에서 사탄은 매번 다시 탄생하고 다르게 부활한다. 다시, 이명박근혜. 그 법, 그 왕국. 추방당하고 추방하는 일체인 그들의 그 법의 재생산, 그 왕국의 연장 속에서 지라르는 이렇게 적는다. "그리스도가 예언하는 사탄의 멸망은 곧 자기추방 능력의 종말과 같다."[29] 저 파라클리트의 힘이란 사탄이 스스로를 추방하지 못하도록 붙드는 힘, 추방되는 사탄과 추방하는 사탄으로의 분리 자체를 정지시키는 힘, 그 두 사탄이 동일하고 등질적인 통치력의 재생산력임을 개시·판시·상기시키는 힘이다. 파라클리트는 그렇게 매회 상기시킴으로써 적그리스도의 모조된 구원을 개시하는 힘이다. 그렇게 파라클리트라는 게발트는 적그리스도로서의 사탄이 가진 그 자기추방 능력을 廢한다. 그렇게 신적 게발트로서의 파라클리트는 사탄이 조절하고 관리하는 무질서와 질서의 순차적 연쇄고리들을 탈구시킨다. 임재할 그리스도의 예언이 그 일을 행한다. 도래할 그리스도를 기다리는 '예언자

27   같은 책, 53쪽.
28   같은 책, 53쪽.
29   같은 책, 53쪽.

정치'가 바로 저 '역단'의 일을 수행한다.

"메시아는 기다림의 열정이다."[30] 기다리는 자는 다름 아닌 '메시아의 초병'이며, 기다린다는 것은 매복한 채 경계를 서고 있는 초병의 일이다. 깨어 있기 때문에 발견의 기쁨을 누릴 수 있으며 발견의 공포에 전율할 수도 있는 초병, 파수병. 그들이 울리는 경보들, 조종串鐘들. 그것이 초병의 숨 죽인 노동이며 예언자 정치의 내용이다. 깨어 있음으로써 잠행하고 있는 초병을 위해 복음서의 한 저자는 쓴다. "그러므로 깨어 있으라. 어느 날에 너희 주께서 임할는지 너희가 알지 못하기 때문이다. (…) 그러므로 너희도 준비하고 있으라. 너희가 생각지도 않은 때에 인자가 올 것이기 때문이다."(「마태복음」, 24: 42~44) 깨어-있음이란 비판을 위한 개념이며 예언자 정치의 속성이다. "과거 예언자들의 분노가 가장 강력한 예가 되는 '목적성 없는 분노'는 저항의 정신 그 자체이다. 이런 분노의 특성인 '꼼짝 않고 움직이기'는 탁월한 '저항의 덕'이다."[31] 예언자들의 분노는 이윤이라는 목적으로의 수렴을 거절하는 힘의 표현이다. 신의 말을 대신하고 신의 일을 대행하는, 그럼으로써 목적에 의해 수단화된 삶을 폭력적으로 떼어내는 예언자의 저항과 분노, 그 선포의 정치학은 이른바 '목적 없는 순수한 수단'의 힘이기에 이윤에 봉헌하는 법의 계산과 예상을 초과하고 이탈한다. 저 자본의 일반공식이라는 무한궤도를 탈구시키는 힘으로서의 무목적성은 이윤이라는 절대의 관할에서 사람과 사회와 사건을 떼어내 그 본래의 모습을 회복시킨다. 목적으로의 삶의 합성을 인준하고 보증하는 법 연관의 중지, 예언자의 목적 없는 선포. 그것은 '꼼짝 않고 움직이기'라는 표현을 얻고 있는바, 내게 그것은 이른바 '점거Occupy'의 현장 속에서 마주할 수 있는 것이었다. 꼼짝 않고 움직이기는 벤사이드가 말하는 '절대적 시작'의 구체적인 내용이며 저항의 탁월한 덕virtue과 잠재성the virtuality을 가리키는 개념이었다. 2011년 1월, 여기 부산 한진중공업의 85호 크레인에 올랐던 김진숙은 35미터 고공 위의 한 '점'을 점거함으로써 더 이상 꼼짝할 수 없었고, 그 꼼짝 못 하게 된 정지상태를 최고도로 지속함으로써 그 약한 힘을 방사했다. 방사는 붕괴의 시간이다. 그 약한 힘은 희망버스와도, 필리핀 수빅 조선소와도, 월가의 점거 시위대와도 합수했다. 꼼짝 않고 신성한 후광의 질서 속에서 그 질서에 대한 정지와 중단으로서 활동했다. 이른바, 정지상태의 변증법. 순수한 중단의 법으로서 깨어 있는 자들, 그들이 메시아의 초병들이다.[32]

깨어 있는 초병의 잠복, 다시 말해 잠류하는 기다림의 덕성/잠재성. 그것은 현실적인 것the actual과의 긴장 관계를 자기가치화하는 힘으로, 현실 안에서 그 현실을 설립시킴과 동시에 그 현실에 대항해 현실을 그 현실 바깥으로 강제하는 힘이다. 그 힘은 바로 그런 긴장 속에서 실재적인 것the real을 개시하고 개방하는 내재적 초월의 게발트이다. "저항과 메시아주의는 (…) '전적으로 다른 상태의 세계'를, 그러나 아직 선을 이루지 못한 점

30 다니엘 벤사이드, 『저항』, 71쪽.

31 같은 책, 45쪽. '목적성 없는 분노'라는 예언자 정치의 정념은 목적-수단 도식 또는 형상-질료 체제에 대한 실제적 해체로서의 '수단 아닌 폭력', '발현/현현으로서의 폭력'과 결속된 것이다. "사람을 두고 보자면 예를 들어 분노는 사람을 극명하게 드러나는 폭력의 폭발, 폭전의 목적에 대해 수단으로서 관련되지 않는 그러한 폭발로 이끈다. 그 폭력은 수단이 아니라 발현Manifestation, 현현인 것이다."(발터 벤야민, 「폭력 비판을 위하여」, 『발터 벤야민 선집』 5권, 최성만 옮김, 길, 2008, 106쪽) 이상의 「이상한 가역반응」 속에 들어있는 '분노'의 위치가 정확히 거기이다. "발달하지도아니하고발전하지도아니하고/ 이것은 분노이다. (…) 목적이있지아니하였더니만큼 냉정하였다."(1: 34)

32 이에 대해서는 윤인로, 「파루시아의 역사유물론—크레인 위의 삶을 위하여」(『역사비평』 97호, 2011년 겨울호)를 참조. '이제 끝내야 하지 않겠습니까?'라는 외침을 글로 썼던 85호 크레인의 김진숙은 오늘 이곳, 자기추방을 통해 통치를 재생산하는 적그리스도의 왕국 속에서, 그 합법적 살인의 연쇄 속에서 다시 한 번 쓴다. 쓰는 것 외에 달리 할 게 없는 미약함 속에서 그렇게 쓰는 것이다. 그 약함이 다시 방사되는 시간을 기다리는 이들이 없지 않다. "냉동실에 너를 눕혀놓고 꾸역꾸역 밥을 먹는 우리는 이 겨울이 참 춥다. 이력서에 붙은 사진은 영정이 되고, 다시 상복 입은 사람들이 모였다."(「2013년 희망버스 탑승기」, 『한겨레』, 2013. 1. 7) 무릅쓰고 이렇게 말할 수 있지 않을까. 상복을 입고 모이되, '절대絶對에 모일 것', 다시 말해 절대를 '점거'할 것. 그렇게 절대를 점거하기 위해 다음 한 대목에 깨어 있을 것. "그러나 상대적 저항이 아닌 절대적 저항, 그 자체 해방된 것으로서의 저항은 역사성 없는 기적적 사건으로 환원되어, 결국 미학적 태도로 전락하거나 정치를 신비적으로 승화시켜 버릴 위험을 안게 될 것이다."(다니엘 . 벤사이드, 『저항』, 61쪽)

과도 같은 세계를 '이미 벌써'와 '아직 아님' 사이로 엿볼 수 있다. 이런 기다림은 체념적 인내보다 더 많은 매복지에서 더 많이 잠복하고 있다. 이 기다림은 '역사의 소리를 들을 수밖에' 없다."³³ 기다리는 자들은 억압하는 사회의 붕괴와 동시에 삶을 누리고 구가하고 향유할 수 있는 '새로운 사회'를 엿보는데, '이미 벌써'와 '아직 아님' 사이로 엿본다. 새로운 사회는 거듭 도래하고 있는 메시아적 힘의 결과이기 때문에 이미 벌써 눈앞에 현현하고 있다. 하지만 그것은 결코 만유의 합일을 통한 조화의 지속이거나 거대한 회복의 일회적 완성일 수 없는데, 왜냐하면 새로운 사회는 언제나 아직 오지＊ 아니한＊ 미-래의 사건이기 때문이다. 메시아적 힘의 도래에 따른 '결과'인 새로운 사회는 메시아적 힘의 도래를 위해 필요한 '조건'이기도 하기 때문이다. 그 조건의 만족 없이 메시아적 힘은 도래하지 않으며, 메시아적 힘의 도래 없이 그 조건은 만족되지 못한다. 그런 한에서 이미 도래한 새로운 사회는 아직 도래하지 않은 미-래의 새로운 사회에 의해 이미 늘 간섭되고 기각되며 소송 걸려 있다. 그러므로 이미 벌써와 아직 아님 사이에 있는 새로운 사회는 조화의 유지가 아니라 위기, 소송, 전장의 지속 안에 있다. 그 위기는 항구적이다. 항구적이기에 절대적이다. 바로 그 항구적 위기라는 절대의 정점에 응집되어 있는 것이 새로운 사회이다. 그렇게 '위기'는 기다림의 정치적 내용을 싱싱하게 살아 있도록 한다.

메시아적 기다림, 그것은 영구혁명의 신학적 판본이라고도 할 수 있겠는데, 그 사실은 벤사이드가 다른 책에서 인용했던 한 문장, '시작들은 항상 되돌아온다'라는 선언과 포개져 있다. 메시아적 기다림은 영원회귀하는 절대적 시작의 힘에 다름 아니다. 기다리는 자들이 필연코 '역사의 소리를 들을 수밖에' 없다는 것은 이상이 말하며 듣고 있는 저 '역사의 슬픈 울음소리'와 합수한다. 그것들은 역사의 인과율을 거슬러 매번 그렇게 오늘 이곳으로 귀환하며 인입되고 있는 시작의 시간들, 회귀하고 도약하는 '역사적 유물론'의 유령들을 가리킨다. 메시아적 기다림, 그것은 역사적 유물론의 정념이자 이념이다. 그 절대적인 힘에 의해 사회의 상징계적 질서와 역사의 질주학적 전개는 거듭 정지되고 휴지된다. 그럼으로써 "내꿈을

지배하는자는내가아니다"(「오감도 15호」, 1: 99)의 구조에 중지를 고지하
고 "내가결석한나의꿈"(1: 98)을 내가 출석한 나의 꿈으로 바꿔 꾼다. 변신
되는 꿈. 그렇게 꿈꾸는 일, 그 꿈의 역사에 대한 통찰이 미신에 들린 삶의
관계를 역사적 각성을 통해 절단하는 일이라고 했던 건 「꿈 키치」의 벤야
민이었다. 그런 일들은 단순한 희망사항 같은 게 아니다. 그것은 분명 희망
이되 '원리로서의 희망'(블로흐)이다. 메시아의 초병의 노동, 그 숨죽인 기
다림의 소송이야말로 그런 희망이 최고도로 유지되는 장소이다. "따라서
메시아적 기다림은 감시, 무장해제되지 않은 희망을 지키는 고집스런 불침
번이다. 거기에는 최초의 만남에서 오는 흥분과 발견에서 오는 전율이 있
다. (…) 메시아적 기다림은 기획하는 소질을 촉발시킨다. 그것은 기대와
예측, 계획을 다스린다."³⁴ 원리로서의 희망을 지키는 불침번, 깨어 있는 그
초병의 메시아적 기다림은 발견의 흥분과 발견의 전율 사이에서 묵시적/
정치적 기획들을 촉진시키고, 통치자가 할당해놓은 계획을 타고 들어가
자기의 기획을 장치함으로써 종언의 진지를 마련한다. 메시아적 기다림을
수행하는 초병의 예언자 정치가 그 일을 행한다. 이상 또한 "최후의 한사
람의 병사"(「면경面鏡」, 1: 138)였으며, 깨어 있는 초병이었다. 그러므로 그
도 또한 역사적 유물론자로서 기다리는 중이다. 무엇을 기다리는가. 새벽
의 서광을, '천량天亮'의 그 빛을 기다린다. 이상은 이미 도래한 새벽과 아직
오지 않은 미-래의 새벽빛 사이에서 기다림이라는 예언자 정치를 지속하
는 중이다.

"천량天亮이올때까지"—서광의 묵시론/정치론

이상은 「자화상」에 이렇게 적었다. "여기는 폐허다."(1: 140) 자기의 얼굴을
폐허라고 가리키는 그 문장을 되받아 쓰면서 더 생각한다. 여기는 폐허다.

33 다니엘 벤사이드, 『저항』, 45쪽.
34 같은 책, 82쪽.

이 선언은 세대론적 투쟁을 위한 것이거나 리얼리즘에 대한 모더니즘의 승리를 말하는 가짜 논쟁의 구도가 아니라 식민지 근대 속에서의 유배의 감각과 형벌의 정조 속에서 이상이 인지했던 어떤 붕괴의 상황에 대한 증언으로 읽힌다. 그는 저 회색의 유배지에서 새벽빛 천량의 도래를 기다리는 중이다. 그의 문학에 있어 묵시적 풍경의 한 정점이라고 할 「오감도 시 제7호」를 한자 표기 그대로 인용한다.

> 久遠謫居의地의一枝·一枝에피는顯花·特異한四月의花草·三十輪·三十輪에前後되는兩側의明鏡·萌芽와갓치戱戱하는地平을向하야금시금시落魄하는滿月·淸澗의氣가운데滿身瘡痍의滿月이劓刑당하야渾淪하는·謫居의地를貫流하는一封家信·나는僅僅히遮戴하얏드라·濛濛한月芽·靜謐을蓋掩하는星座와星座의千裂된死胡同을跑逃하는巨大한風雪·降霾·血紅으로染色된岩鹽의粉碎·나의腦를避雷針삼아沈下搬過되는光彩淋漓한亡骸·나는塔配하는毒蛇와가치地平에植樹되어다시는起動할수업섯드라·天亮이올때까지 (1: 92)

아득히 오래되고 영원하며 무궁한 유배의 땅謫居. 이상이 그리는 그 땅의 풍경은 말 그대로 곧 닥칠 묵시의 전장이다. 묵시apocalyptique를 두고 '모든 경험, 모든 담론, 모든 표징, 모든 흔적의 선험적 조건'이라고 했던 한 철학자의 정초적 성찰이 있었던바, 위의 「오감도 7호」에는 봄꽃이 피었으며, 마주보고 있는 거울 사이에서의 무한한 분열과 증식의 이미지가 펼쳐지고, 만신창이가 된 피투성이 만월이 땅으로 추락하는 중이다. 그 유배지에 배송된 아버지의 봉인된 편지 속에는 '나는 근근히 입에 풀칠하면서 이고 지며 살고 있다'라고 쓰여 있다. 「육친의 장章」에 나오는 그 아버지, "기독基督에 혹사酷似한 한사람의 남루한 사나희"(1: 135)가 보낸 편지 혹은 지령. 아버지라는 신성한 대타자, 징 박힌 '군용장화'를 신고 삶을 압수하고 저당잡는 그 모조기독의 불가피하고 불가항력적인 힘의 자장. 그의 암살을 다짐했었던 이상은 자신의 유배지로 한꺼번에 쏟아져 추락하는 피투성이 묵시적 달의 파편들/싹들을 기다린다. 이상은 고요와 평안을 보호하고 감쌌던, 세계의 의미를 발생시켰던 하늘의 '성좌'들이 갈가리 찢겨져 만들어진 '막다른 골목死胡同: 막힌 골목, 궁지, 절체절명의 위기를 뜻하는 중국어'의 경계와 구획을, 그 분할과 할당의 정치를 광속으로 질주跑逃하는 거대한 눈 폭풍과 퍼붓는 흙비霾를 기다린다. 모조기독 혹은 적그리스도의 세계는 금시에, 이내, 핏빛으로 염색된 소금바위嵞壨처럼 온통 분쇄되려 한다. 이상 자신의 뇌를 '피뢰침' 삼아 내리꽂히는 광속의 번개, 그 광채 홍건한光彩淋漓 유해들/아해들. 그 광속의 인간, 불세출의 그리스도란 적그리스도들의 묵계와 암약의 연결고리 곳곳에 장치된 피뢰침들이다. 체제의 고리들에 설치되어 있는 그 피뢰침들을 낙뢰로부터 그 체제를 보호하기 위한 것으로 보아선 안 된다. 그리스도 예수의 몸이라는 캡슐을 타고 신이 세상에 틈입하고 인입되었을 때 예수가 다름 아닌 신과 하나된 일체였듯, 성령의 게발트가 신의 일의 도구이자 신의 힘의 매개로 현현할 때 성령이 다름 아닌 신과 하나된 일체였듯, 신의 낙뢰/폭력이 내리쳐야만 될 지점을 지정하고 인도하는 편재적 피뢰침은 다름 아닌 신의 낙뢰와 하나된 일체이다. 그렇게 '사상의 번개'는 다시 한번 변주된다.

그러하되 앞의 「오감도 7호」에서, 적그리스도에 의해 고공의 탑에 유배된 독사와 같이 자신의 땅에 유배되고 식목된 인간은 기동을 박탈당해 있다. 하지만 크레인 위의 점거를 통해 꼼짝하지 않음으로써 진정으로 기동하고 있었던 예언자 정치의 방사하는 힘에 기대어 묻고 답할 수 있다. 저 '천량'에 대한 이상의 기다림이란 무엇인가. 통치의 신성한 고리를 깨트리는 밝은昊 하늘天이 이미 늘 도래해 있었다는 것, 혹은 아비의 상징계, 그 적그리스도의 법 연관에 조종 울리는 순간들의 도래가 임박했다는 것. 그런 임박성 안에서 서광의 도래는 완료되지 않고 거듭 도래중이다. 그런 사실을 발견하고 경험하는 것이 천량을 향한 기다림에 내장된 이상의 의지이자 뜻이다. 이미 도래한 묵시적 게발트를 발견하고 경험하는 기쁨을 늘 도래 직전에 있기에 언제나 미-래인 게발트로 투시하는 항시적인 소송. 이미 도래한 기쁜 게발트가 적그리스도의 왕국을 재정초하는 힘으로 전이되는 과정을 늘 도래 직전에 있는 미-래의 게발트로 오감하고 판시하는 항구적인 노동. 그것이 천량에 대한 이상의 기다림, 이상의 예언자 정치이다. 그 대림待臨의 정치는 어떤 역사의 전장에 관해 더 사고하도록 강제한다. 「오감도 시 제14호」의 '절박한 하늘'을 보자.

> 고성古城앞풀밧이잇고풀밧우에나는내모자를버서노앗다./ 성城우에서나는내기억에꽤무거운돌을매여달아서는내힘과거리껏팔매질첫다. 포물선을역행하는역사의숨흔울음소리. 문득성밋내모자겻헤서한사람의걸인이장승과가티서서잇는것을나려다보앗다. 걸인은성밋헤서오히려내우에잇다. 혹은종합된역사의망령인가. 공중을향하야노힌내모자의깁히는절박한하늘을불은다. (1: 97)

이상에게 역사가 무거운 짐이었던 건 역사가 슬픈 울음을 우는 것이었기 때문이다. 그 울음소리를 그가 꽉 붙잡을 수 있었던 것은 역사가 포물선의 수리적 궤도를 역행하여 그의 당대와 만나고 있었기 때문이다. 이른바 질주정적 역사의 길들여지고 자동화된 결을 거슬러 과거와 오늘이 합수하고 있는 상황. 그렇게 종합되고 연합하는 역사의 망령들, 유령들. 그런데 그들은 어디서 합수하는가, 그들은 어떤 절대를 점거하는가. '고성'에서 합수한다, "백년 전의 주민의 최후의 한 사람까지 죽고 없는 (…) 황성荒城"(1: 214)을 점거한다. 황폐한 폐허라는 근대의 메마른 회색, 근대의 제로에서 이상은 거듭 초혼招魂함으로써 시작을 지속하려 한다. 성 위에서 아래로 힘껏 던진 나의 기억이 포물선을 역행하는 역사의 울음소리가 되어 성 위로 다시 되돌아오듯, 성 위에 있는 나의 위에 성 아래의 걸인이 있게 될 때, 그와 나는 '종합된 역사의 망령'이라는 표현을 얻는다. 걸인은 역사의 울음과 함께 울며 함께 움직인다. 그렇다면 성 아래 풀밭에 벗어놓은 저 모자는 무엇인가. "모자 나의 사상의 레텔 나의 사상의 흔적 (…) 모자 나의 사상을 엄호해 주려무나."(1: 197) 모자는 나의 사상을 엄호하고 주시하는 나의 사상의 표식이자 의장이며, 나의 사상의 궤적이자 흔적이다. 하늘을 향해 놓인 나의 모자의 그 깊이, 나의 사상의 그 흔적은 '절박한 하늘'을 더 절박하게 요청하는 중이다. 그것은 저 '천량이 올 때'를 향한 기다림의 의지와 먼 거리에 있지 않다. 고성이라는 합수머리 또는 황성이라는 절대적 폐허의 점거 속에서 이상은 합수된 역사의 힘을 체현하는 자로 되며, 그 힘에 기대어 거짓 천사들의 자기추방에 봉헌하는 신성한 하늘을 철거함으로써 서광의 도래와 미-래에 관여한다. 이른바 '철천撤天'(「종생기終生記」)의 힘이 삶의 저당을 정지시킨다. 한 세계의 끝과 시작, 한 사회의 종/생이 바로 그 철천의 힘에 의해 동시에 수행된다. 누가 그 힘을 오늘로 인입시키는가. 이것이 이 장의 마지막 질문이다.

절름발이와 마라노marrano

바로 답하자. '절름거리는 자들'이 철천의 게발트를 밀고나간다. 전다는 것, 절뚝거린다는 것은 무엇인가. 그것은 벤사이드가 인용했던 한 문장과 맞닿아 있다. '다리를 절고 절뚝인다. 이는 무엇보다도 저항이 세계 안에서 움직이기 때문이며, 세계를 움직이고 있기 때문이다.' 이 문장과 결합하고 있는 「날개」의 한 대목. "우리부부는 숙명적으로 발이맞지않는 절름발이인 것이다. 내나 안해나 제거동에 로직을브칠필요는없다. 변해辨解할필요도없다. 사실은사실대로 오해는 오대로 그저 끝없이 발을 절뚝거리면서 세상을 거러가면 되는 것이다."(2: 290) 왜 그렇게 저는가. 사회의 한계 안에 구속된 상황 속에서 사회를 움직여야 하기 때문이다. 사회의 규약과 규준에 꼼짝없이 붙들려 있는 상황 속에서 그 규약을 부숴야 하기 때문이다. 그렇게 한쪽 다리가 붙잡히고 붙들린 불구의 인간, 그렇게 한쪽 다리가 땅에 끌리고 있는 반항의 인간. 그는 합리적[로직] 규약과 정관들 안에서 그 통치적 로직logic의 짜임에 불복종함과 동시에 그 로직의 체계 안에 구속되어 있음을 인지한다. 그는 모순적 존재, 딜레마의 인간이다. 그 딜레마는 숙명적으로 비극적이다. 반항을 외치지만 반항의 한계를 지각하고, 스스로에게서 말미암는 자유를 실천하지만 자기 밖으로부터 부과된 운명에 종속되어 있는 인간을 두고 '비극적 인간'이라고 했던 건 『정의의 사람들』의 작가 카뮈였다. 앞서 이렇게 말했었다. 지독히 추운 '중간'에서의 고양된 딜레마가 도그마를 깬다고. 덧붙인다. 비극적 인간의 그 딜레마 또한 도그마를 깬다고, 단 그때의 비극이란 피동적으로 침윤된 비극이 아니라 적극적으로 조직된 비극이어야 한다고, 절뚝거리는 자들이 바로 그 조직된 비극을 연출하고 상연한다고. 그 연출자를 부르는 하나의 이름, 하나의 고유명이 있다. 마라노, 비판적 마라노.

15세기 말, 유대인들의 재산을 스페인 가톨릭 왕실의 소유로 합법적으로 이전하기 위한 추방의 종교재판Spanish Inquisition 속에서, 겉으로는 가톨릭으로 개종했지만 속으로는 유대의 율법과 전통을 따름으로써 자기 땅에 잔여로 남을 수 있었던 이들. 바로 그 불편한 표리부동의 숨죽인 삶을 경멸조로 부르던 단어가 '돼지'라는 뜻의 마라노였다. "비판적 마라노는 추방과 정신적 유배에서 비롯된 고독의 형벌을 받게 된다. 그리고 두 세계, 불확실한 두 정체성, 신경증적 귀속과 절단된 보편성을 오가는 유랑의 형벌을 받게 된다."35 저 고독한 유배의 땅, 지독하게 추운 중간에서 '천량이 올 때까지' 기다리던 이상이 바로 비판적 마라노다. 마라노가 두 시대, 두 세계, 특수한 공동체와 인류적 보편성 사이에서 그것들 모두에 대한 전면적 찬동을 거절함으로써 이중으로 이단적이었던 것처럼, 이상은 근대추구와 근대초극이라는 두 세계 사이, 두 정체성 사이의 그 긴장상태를 유지함으로써 어디로도 기울지 않았던 이중의 이단자였다. 근대의 추구라는, 근대를 향한 강박적 귀속에의 의지. 근대의 초극이라는, 근대적 통치 합리성의 거짓보편성을 향해 내리치는 중단에의 의지. 그 두 의지 사이에서, 그 두 의지가 대립하면서도 동시에 공모하고 있음을 인지하고 있었던 이상이라는 마라노.

식민지 근대의 부과된 특수성 속에서 이상은 그가 설정한 두 의지를 하나로 평탄하게 대패질하거나 봉합할 수 없었다. 그럼으로써 그는 끝내 두 세계 사이의 공약불가능성을 유지했고 두 상황 사이의 불화를 지속했으며 두 정체성 사이의 악수를 거절했다. 「오감도 시 제15호」의 한 문장.

"악수할수조차업는두사람을봉쇄한거대한죄罪가잇다."(1: 99) 두 세계의 두 정체성을 평온한 반석 위에 올리기는커녕 불편함 속에 봉쇄해버린 죄. 그 죄는 그러나 신을 향한 통념적 반성과 회개의 대상이 아니다. 그 죄야말로 바로 신적인 힘의 발생 조건이다. "[두 세계에 의해] 강요된 이중성에서, 죄를 통해 신성을 획득한다는 역설적 이념이 출현한다. (…) 전복이 일어나는 새로운 시간, 즉 정체성이 공황 상태에 빠지고 귀속 관계가 불확실해지는 시간에 우리는 상상적인 마라노의 유령에 직면한다."[36] 두 세계 사이에서 대립과 결렬을 지속하고 있는 이상의 그 죄야말로 근대추구의 이면과 근대초극의 이면을 동시에 투시하고 오감했던 까마귀/신의 시선을 가능케 한 토양이다. 누적되는 불화의 죄가 누승적인 신의 힘의 밑바탕이다. 그리고 그 힘은 '슬픈 울음'으로, '통곡소리'로 매번 되돌아와 들러붙고 합수하는 역사적 유물론의 유령이 가진 힘이다. 할당된 정체성이 교란되고 모호해지는 때, 그렇게 정체성의 공황상태를 창출함으로써 선명했던 귀속 상태가 어슴푸레해지는 그 때. 항상 되돌아오고 있는 이상/마라노의 유령이, 절고 절뚝이는 종합된 역사의 유령들이 파열의 '바로 그때'를 조직하고 도래시킨다. 절고 있는 불구의 신, 불굴의 신이 그 일을 행한다.

그런 신의 폭력이 발현/임재하게 될 장소들, 곧 법 연관의 연결고리들을 저는 다리로 걷고 있는 순례자들, 카라반들caravans. 묵시의 유배지에서, 그 지독히 추운 중간에서 이상은 이렇게 적었다. "그런데나는캐라반이라고./ 그런데나는캐라반이라고."(1: 47) 사막을 가로질러 묵시의 낙뢰와 최후적 페스트를 교역·교통·창궐시킴으로써 진정으로 순례하고 있는 그들 카라반들은 매번 파송되고 있다. 이렇게 물을 수 있다. 파송된 그들 카라반들을 거듭 돌로 쳐 죽였던 저 예루살렘은 어디인가. 여기이다. 오늘 여기가 그런 예루살렘이다. 이상이 읽었던 복음서 하나에는 다음과 같은 문장이 들어있다. "예루살렘아, 예루살렘아, 예언자들을 죽이고, 네게 파송된

35 다니엘 벤사이드, 『저항』, 86쪽.
36 같은 책, 88쪽.

사람들을 돌로 치는구나! 암탉이 제 새끼를 날개 아래에 품듯이, 내가 몇
번이나 네 자녀를 모아 품으려 하였더냐? 그러나 너희는 그것을 원하지 아
니하였도다."(「누가복음」, 13: 34) 여기 공동관리되는 자유민주주의의 영
토야말로, 후광 두른 조직적 축적의 오늘이야말로 복음서의 저자가 지목
하는 예루살렘이다. 파송된 자들을 원치 않았으므로 들어 던졌던 그때 거
기의 돌들은, 불가결한 것으로, 불가항력적으로 투표함에 들어가고 있는
오늘 여기의 종이돌paper stone이다. 기다리게 된다. 저 거짓 천사들의 예루
살렘을 매회 부수며 도래중인 다른 예루살렘을 말이다.

II장

II장

폭력의 설계자

공학 속에서 '숫자'를 다루었던 이상은 자신의 시학 속에서도 숫자를 다루었다. 그에게 시학은 공학을, 공학적 의지와 분류법을 문제시하는 힘이었다. 그런데 그 시학의 힘은 아이러니하게도(얄궂게도) 공학의 학습과 체화 속에서 나왔다. 공학工學은 제작적·건축술적이라는 점에서 모더니티와 서로를 북돋는 상승작용의 관계였고, 이상이 제작한 묵시의 시학은 그런 상호 관계의 산물이면서도 그런 관계를 끊는 힘으로 기능했다. 「선線에관한각서」 연작은 공학과 시학, 근대추구와 근대초극, 건축술적인 것과 파국적인 것 사이에서 후자의 것들을 전위에 배치하고 있다. 이상의 그런 배치, 그런 의지가 비극적 운명을 한 치도 벗어날 수 없었던 절망적인 것이었음을 꽉 붙잡고선 거듭 질문해야 한다고 생각한다. 포기로 끝나고 마는 절망이 아니라 끝내 포기하지 않는 절망 속에서 희망은 원리로 고양되기 때문이다. 앞질러 미리 말하건대, 「선에관한각서 6」의 한 단어 "제4세第四世"[1]는 그렇게 포기를 거부하면서, 혹은 완료를 거부하면서 항구적으로 실험되고 있는 비극적 희망의 시공간이다. '제4세'는 도래하는 장소, 그러므로 아직은 오지 않은 미-래의 장소, 그래서 아직은 없는u- 장소topos, 줄여 말해 원리로서의 유토피아다. "유토피아적이라고 하는 것은 스스로를 에워싸고 있는 '존재'와 일치하지 않는 상태에 있는 의식을 뜻한다. (…) 따라서 우리로서는 행동의 단계로 이행하면서부터 기존의 존재 질서를 부분적으로나

---

1   이상, 『정본 이상문학전집 1』, 김주현 편, 소명출판, 2009, 66쪽. 이하 '1: 쪽수'로 표시. 전집 2, 3권도 같은 방식으로 인용함.

72

혹은 전적으로 파괴해버리는 '현실 초월적' 방향 설정을 유토피아적이라고 말하고자 한다."[2] 기존의 질서와 규준 안에서 그 바깥으로 정향된 이반적이고 초월적인 행동의 순간에 예민하게 의식하게 되는 질서와의 불일치, 간극. 다시 말해, 합의된 질서와의 합치를 부결시키는 이탈exodus의 감각과 힘 속에서 기존의 질서 구조를 파국의 방향으로 몰아가는 생명의 벡터(힘의 방향/크기). 이상의 '제4세'는 그런 벡터의 궤적을 따르는 내재적 초월의 힘이다. '제4세'는 건축술적 근대의 구조가 안으로부터 붕괴되고 있는 곳곳의 장소이며, 그 구조를 붕괴시키는 폭력적 힘Gewalt의 편재하는 발생이자 그 지속이다. 이상은 「선에관한각서」 연작을 포괄하는 전체 제목을 '삼차각설계도三次角設計圖'로 정했던바, 그런 한에서 그는 파국적 게발트의 설계자였다. 「선에관한각서 6」, 곧 폭력의 설계도면들 중 여섯 번째 장은 이렇게 시작한다. "숫자의 방위학/4 ㅓ ㅗ ㅏ/ 숫자의 역학/ 시간성(통속사고에의한역사성)/ 속도와 좌표와 속도."(1: 65) 다시 한 번, 숫자가 관건이다. 시간과 좌표와 속도의 관계가 관건이다. 이렇게 물으면서 다시 시작하자. 이상에게 숫자란 무엇인가, 숫자로 된 좌표란 무엇인가.

좌표적 노모스
─────────────
'삼차각설계도'에 들어있는 숫자는 "인문의뇌수를마른풀과같이소각"(1: 61)하는 것이었다. 다시 말해 숫자는 "시적인정서의기각처棄却處"(1: 67)였으며, 인문주의적 삶 일반을 불태우고 폐기처분하는 힘의 원천이었다. 이상에게 숫자는 근대의 학學이자 근대를 위한 지知로 드러나는데 '숫자의 방위학'과 '숫자의 역학'이 그것이다. 방위학의 숫자는 동서남북의 방향을 지시하고 지향하며, 역학의 숫자는 그 방향들의 경계와 경로를 획정하고 조정하는 힘이다. 다시 말해 숫자는 힘의 방향이며, 방향의 힘이다. 숫자는 그러므로 또 하나의 벡터다. 사목적司牧的 권력의 벡터. 방향에 의해 가속화되는 힘과 그 힘에 의해 설정되는 방향은 길을 잃지 않도록, 늑대에게 잡아먹히지 않도록 양떼들(신민들)을 안전하게 돌보고 생장시키는 목자의 권능

과 맞닿아 있다. 그 힘/방향 위에서, 혹은 그 안에서 줄곧 만들어지고 있는
건 다름 아닌 시간이다. 관리 가능해진 시간, 통치에 최적화된 단순한 시
간. 그 시간은 예컨대 '대한민국 747 프로젝트'나 '474 비전' 등과 같이 숫
자가 커질수록 삶도 발전할 거라는, 내일의 숫자의 크기가 오늘의 삶의 진
보를 견인하고 보증하리라는 통념적이므로 지배적인 질주의 시간성, 연대
기적 인과의 역사성과 하나의 계열을 이룬다. 숫자라는 표상을 관리하는
것이 곧바로 삶을 통어하는 것이 되는 시간의 생산, 다시 말해 법으로서의
수와 삶이 오차 없이 합치되는 시간의 건축. 숫자의 방위학과 역학이 합작
해 생산하고 구축한 그 시간은 이제 축적을 위한 반석petra이 될 것이었다.
그런 한에서 이상의 숫자, 그 사목적 벡터는 축적이라는 최종목적을 향하
는, 이윤이라는 신적 권능을 위하는, 줄여 말해 물신物神을 봉헌하고 봉합
하는 초석적 법nomos으로 놓인다. 숫자는 '살기어린 바둑판'으로서의 노모
스 위에 삶 일반을 좌표화하는 것이다. 그런 노모스의 좌표를 찢고 뚫는
것이 이상이 말하는 '속도'다. 그에게 좌표와 속도의 관계는 그렇게 찢겨지
고 찢는 관계다. 「선에관한각서 1」의 이미지, 곧 파국의 설계도면 첫째 장
을 들여다보자.

2　카를 만하임, 『이데올로기와 유토피아』, 임석진 옮김, 김영사, 2012, 403쪽. 유토피아와
이데올로기에 대한 만하임의 확고한 분리를 문제시하면서 '모든 유토피아는
이데올로기적'이라고 했던 건 월러스틴이었다. 그의 유토피아론에서 '제4세'와
관련된다고 생각되는 한 대목을 앞질러 인용해놓기로 하자. "우리가 진보를 꾀하고자
한다면, 생각건대 우리는 사회현실을 설명하는 열쇠로서의 모순을 인정해야 할
뿐만 아니라 정통 맑스주의에서는 용납되지 않는 한 가정, 곧 그런 모순의 끈질긴
불가피성까지도 인정해야 할 것이다. 모순은 인간의 조건이다. 우리의 유토피아는
일체의 모순을 몰아내는 것에서가 아니라 물질적 불평등의 야비하고 잔인하며
거추장스러운 결과들을 뿌리 뽑는 것에서 추구되어야만 한다."(임마뉴엘 월러스틴,
「유토피아로서의 맑스주의들」, 『사회과학으로부터의 탈피』, 성백용 옮김, 창비, 1994,
241쪽) 인간 조건으로서의 모순, 이상이 「十二月十二日」에서 말하는 '진리의 장소로서의
모순'.

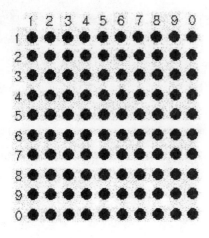

(우주는羃에의하는羃에의한다)

(사람은數字를버리라)

(고요하게나를電子의陽子로하라)

스펙트럼/ 축X 축Y 축Z/ 속도의etc통제예컨대광선은(…) 또끊임없이붕괴하는것이라하는가,(…) 방사放射는붕괴인가, 사람은영겁永劫인영겁을살수있는것은생명은생生도아니고명命도아니고광선인것이라는것이다. (1: 58)

위의 바둑판 같은 이미지를 하나의 좌표로 읽어보자. 이상에게 규명해야 할 '질환'으로 인식됐던 가로줄의 '1234567890'과 세로줄의 그것은 「진단 0:1」과 「오감도 4호」에도 나오지만 그 두 텍스트처럼 '0'으로 수렴해가는 수열의 형태가 아니라, X축 Y축 같은 축들의 세부적인 위치와 마디를 지정하는 수들로 되어 있다. 가로축 수 하나와 세로축 수 하나의 조합은 100개의 점들 각각의 위치를 엄밀하고 정확하게 확정한다. 예컨대 (3, 6), (9, 4), (5, 3) 등등과 같이 말이다. 하나의 점은 축의 숫자의 조합으로 재현·표상·고정된다. 촘촘한 모눈종이 같은 가로축과 세로축의 포획망 위에서 점들/삶들은 세세히 계산 가능해지고 오차 없이 추적 가능해진다. 그렇게 삶은 곤궁과 비참에 찌든다. "이세기의곤비와살기가바둑판처럼넓니깔였다."(1: 113) 이 한 문장의 이미지화, 그것이 바로 저 좌표이다. 살기어린 그 바둑판은 이상의 독창이 아니라 당대 일본의 모더니즘 잡지 『시와 시론』에 대한 이상의 참조에 이어진 것인바, 안자이 후유에의 한 줄짜리 시 「바둑판枰」—"식염의 소비량으로 불결한 인구를 산정한다는 사실을, 신들은 발설하지 않는다"[3]—에 보이는 '인구', 곧 불결과 정결이라는 위생학 관념으로 인구를 '산정算定'하고 분류하는 '신들'의 함구 및 자기은폐의 상태는 이상이 표현하고 있는 적그리스도적 대지로서의 바둑판에 직접적으로 관계된다. 양量과 율率의 조절적 관리 및 정비를 통한 통치 환경의 최적화 상태, 그 속에서의 삶, 이른바 인구라는 삶의 형태. 안자이의 한 구절에 고개를 끄덕이고 있는 이상은 자신의 당대에 대해 말하는 중이다. 살 수 있도록 부양되고 북돋워지지만 끝내 그 삶의 상태는 합성되는 생명 또는 '곤비困憊'의 생을 벗어날 수 없는 것이라고, 죽게 내버려두고 죽도록 방임하기에 끝내 그 삶의 상태는 '살기殺氣'에 노출될 수밖에 없는 것이라고 말이다.

그렇게 넓게 깔린, 그러므로 편재하는 곤비와 살기의 좌표 안에서 이상은 말한다. '사람은 숫자를 버리라.' 그 정언명령은 통계적 국세國勢, census 속에서의 삶과 관련되는바, 당대의 통계학적 상황에 대한 설명은 다음과 같다. "조선은 일본제국에 속하는, 그리고 『조선총독부통계연보』에 따르면 부분적으로 '내지'나 다른 식민지와 구별되는, 한 개의 지역이다. 그곳에서는 총독부라는 일본제국주의의 '근대적' 통치기구가 효율적으로 작동하고 있으며, 투명하고 합법칙적인, 예측 가능한 그 통치의 성과는 매년 꽤 두터운 『통계연보』로 요약·공간公刊된다. (…) 통계, 통계표의 수치와 그래프가 양화量化·가시화하여 보여주는 것은 일차적으로 성장, 발전, 진보라

---

3 安西冬衛, 「枰」, 『詩と詩論』 2冊, 1928, 송민호·김예리 옮김, 란명 외, 『이상李箱적 월경과 시의 생성』, 역락, 2010, 부록, 353쪽.

는 근대적 방향성이다. 『통계연보』의 항목 배열은 총독부의 근대적 통치가 한반도의 풍토(토지, 기상)와 인구를 자원으로 삼아 농업·상업·광업·제조업 같은 각종 산업을 일으키고, 그것을 위해 철도와 전신을 비롯한 교통·통신 시설과 항만 시설 등의 하부구조를 구축하였으며, 이 땅의 주민들의 삶을 경찰하고 그 위생을 돌보는 한편, 각종 교육기관과 사회복지시설로써 그들을 교화하고 있다는 것을 웅변하고 있다."⁴

위의 인용은 『조선총독부통계연보』1907~1944의 항목 분류가 어떤 맥락과 의지로 관통되고 있었는지를 알게 한다. 1909년 민적법民籍法을 보강한 1922년 「호구조사규정」 이래 '국세조사'에 경찰이 참여하면서 국세의 항목 분류는 더욱 세부화되고 조밀해진다. 출생부터 사망까지의 삶의 전체가 권력의 직접적인 관리 대상으로 등재되고 관리된다. 국세조사의 담당자로서의 경찰, 주권적 경찰의 감시와 규율로 수행되었던 분류 항목들을 나열하면 다음과 같다. 출생일, 사망일, 호주 변경, 혼인, 이혼, 양자, 분가, 일가창립, 입가, 폐가, 부적附籍, 이거移居, 본적, 직업, 종두·등창 관계, 기타 경찰상 필요한 사항, 자산, 소득, 성행性行·사상, 당파, 사교, 독행篤行, 곤궁자, 전염병·기타 병자 등등. 이 항목들 하나하나는 '규율律'이 숫자로 산출·집계·코드화된 통계학적 '율率' 안으로 합성되고 있던 삶의 상태를 지시한다. 이상이 말하는 '숫자를 버리라'는 선언은 그렇게 한 몸이 된 '율'들의 폐기에 대한 요청이다. 그것은 저 좌표축에서 숫자들을 지우고 벗기는 것이며, 획정되고 분배된 점들/삶들을 계산 불가능하고 대체 불가능한 것으로 재생시키고 되돌리는 힘과 결속된 것이다. 그것은 구획적 좌표 내부의 곳곳을 좌표-바깥으로 형질전환시키는 실재의 발현이며, 그런 발현의 힘으로 도모되고 개시되는 "1234567890의질환의구명究明"(1: 67)이다. 기존 질서의 파쇄이자 새로운 노모스의 재정초로서 '사람은 숫자를 버리라'는 구명救命의 선포는 그렇게 법과 생명을 하나로 용접하는 국세의 집계상태, 그 속으로 재편되고 재정위된 규율 상태 내부에서 그런 통치적 상태들을 한정하며 밀어붙이는 제헌적 상황의 지속을 하나의 과제로서 수행한다. 그것이 근대추구와 근대초극의 동시적 관철이라는 식민지적/비극적 운명

속에서의 일이었던 건, 과제Aufgabe의 수행이 동시에 과제의 포기Aufgabe 및
실패와 이미 언제나 결합해 있었던 것과 맞닿는다. 다시, 꽉 붙잡아야 할
것은 그런 비극 또는 역설, 그 아이러니와 난제인 것이다.

'숫자를 버리라'는 이상의 선언은 그의 또 하나의 정언명령과 결합해
있다. 앞서 인용한 「선에관한각서 1」을 다시 보자. 좌표의 숫자가 소거될
때, 좌표는 구획되지 않는 무경계적 장으로, 무한히 확장되는 장소로 되고,
100개의 점들/삶들은 계산과 추적을 거부하는 분류 불가능한 것으로, 경
계가 사라진 것으로, 그런 한에서 막대한 것으로 된다. 숫자의 폐절은 거
듭해서 '멱冪, 거듭제곱'의 멱을 재작동시키고, 그렇게 막대해지는 좌표와 점들
은 공히 무한적인 것이 된다. 그렇게 점들/사람들은 이제 '영겁'의 삶을, 불

---

4 박명규·서호철, 『식민권력과 통계: 조선총독부의 통계체계와 센서스』, 서울대출판부,
2003, 59쪽. 삶의 증진을 위한 사회계획의 프로그램을 삶에 대한 '경찰警察'을 통해
수행하는 통계, 통계력. 이는 총체적이고 총력적인 '후생厚生'의 기획으로서 당대에
'국토계획'이라는 이름의 통치적 벡터에 결속되어 있다. "요즈음 국토계획國土計劃이란
말이 있는데, 그 뜻은 국토의 보전, 이용, 개발, 건설의 종합적 계획을 말함이다.
이 경우에 국토라 함은 단지 자연적 토지가 아니고, 정치, 경제, 문화에 결부한
인문적 토지를 말하는 것으로, 그러기에 국방국가건설이라는 일정한 목표에
향하여 산업, 교통, 문화 등의 여러 시설, 인구의 배분, 노동력의 배치 등을 토지와의
관련에 있어 종합적으로 계획하여 국토가 가진 생명력을 살리려 하는 것이
국토계획이다."(삼천리 편집부, 「국토계획이란 무엇이냐」, 『삼천리』 1941년 11월호,
124쪽) 국토계획과 고도국방국가의 일관된 편성체. 다시 말해, 내각총리대신 코노에
후미마로近衛文麿의 2차 내각(1940년 7월 22일부터 362일간)에 의해 입안되고 제창된
'신체제운동新体制運動' 또는 '정치신체제'. 그것은 중국 문제를 중심으로 코노에의
브레인 집단 '쇼와연구회'가 구상하고 관철시키려 했던 '동아신질서' 블록권 프로그램
및 이를 인준하는 합법적 통합정당 혹은 거국 내각으로서의 익찬체제에서부터
일상생활·문화·사상·학문·예술 등에 이르는 삶과 생존의 총력적 혁신운동이었다.
신체제는 2차 코노에 내각의 「기본국책요강」 속에 이념 및 체제로서의 '고도국방국가'로
성문화되었던바, 국방국가로서의 신체제는 나치(민족사회주의독일노동자당NSDAP)가
합성시키려했던 블록 경제적 '생존권Lebensraum'과 '국방협동체Wehrgemeinschaft'에
관련된 것이기도 했다. 일본에서 '국방국가'라는 용어를 가장 먼저 사용한 사람은
교토대학의 법학자 쿠로다 사토루(黒田覺, 『國防國家の理論』, 弘文堂, 1941)였다.
고도국방국가를 한 가지 중핵으로 하는 일본 본토의 신체제론은 조선 총독 미나미 지로
주도의 '조선신체제'론과 교섭·길항·알력의 관계에 있었다.

사𣀉의 생을 누리려 한다. 이는 자기가 통어하고 조절하는 '속도', 다시 말해 좌표에 의해 할당된 속도의 사명을 기각하는 자기구성적 속도 속에서만 향유될 수 있는 삶을 가리킨다. 자기가 정초하고 설립한 자기의 속도, 자기라는 속도. 이것이 이상이 말하는 '광선'의 뜻이며 광속의 인간이 가진 힘이다. '숫자를 버리라'와 결합하는 또 하나의 정언명령은 이런 것이었다. "광선을 즐기거라/ 광선을 가지라."(1: 68) 이상에게 있어 집중이 아니라 분산되는 빛, 다채로운 '스펙트럼'으로 '방사'되는 광선은 매번 좌표의 붕괴와 맞닿는 것이었다. 수수께끼 같은 시어 '전자'와 '양자'에 대해서는 함구해야 한다. 이상의 수리력은 오늘의 대학 2학년 정도였다. 설사 심원한 물리의 세계를 통찰했다손 치더라도, 그 두 시어는 세속과 결속된 이상의 정언명령들 안에 들어있으며 그 안에서 힘을 갖는다. 거기까지이며, 거기까지여야 한다. 광선을 즐기고 광속을 갖는 인간은 노모스의 좌표 안으로 파국과 신생의 등질성을 틈입·관철시키는 힘의 형상이며, 그 힘은 제1목적으로서의 통치로 일괄 수렴하는 세계, 질주하는 벡터에 의해 재편된 세계를 기각하고 불태우는 사보타지를 표현한다.

"요𫝏렌즈", 아토포스, "제4세"

'숫자를 버리라'와 결합하는 정언명령이 하나 더 있다. '사람은 사람의 객관을 버리라'가 그것이다. 숫자의 방위학과 역학으로 시작했던 「선에관한 각서 6」의 중간 부분은 다음과 같다. "사람은정역학靜力學의현상하지아니하는것과동일하는것의영원한가설이다, 사람은사람의객관을버리라./ 주관의체계의수렴과수렴에의한요𫝏렌즈./ 4 第四世/ 一千九百三十一年九月十二日生./ (…) 방위와구조식과질량으로서의숫자의성태性態성질에의한해답과해답의분류./ (숫자의일체의성태 숫자의일체의성질 이런것들에의한숫자의어미의활용에의한숫자의소멸)/ 수식은광선과광선보다도빠르게달아나는사람과에의하여운산運算될것."(1: 66) 법 연관으로서의 숫자, 곧 율법화된 율律에 의해 표상되거나 계산되지 않는 사람들, 다시 말해 사목적 통치의 벡터에 의한 계간과 비역을 뿌리치는 사람들. 그들은 숫자의 역학적 계산에 의해 도출되거나 숫자의 방위학적 계간에 의해 출산되는, 고착되고 도착된 불변의 해답이 아니라 '영원한 가설'이다. 계산된 선명한 정설이 아니라 계산의 완결된 해답을 거절하는 가설의 항구적 지속. 그런 한에서 견고하게 획정된 해답들의 구조로서의 '객관'이란, 숫자의 좌표와 먼 거리에 있지 않다. 그런 객관-좌표와의 어긋남, 이반, 소송. 그것이 '사람은 객관을 버리라'는 선언의 뜻이다.

객관을 폐절하는 사람은 자기구성적 속도로 거듭 어떤 렌즈를 통과하고 있는 자이다. '요凹렌즈.' 그걸 통과한 광선은 「선에관한각서 2」에 나오는 또 하나의 렌즈, 곧 인문적 삶의 관계들을 집중된 빛과 열로 불태우는 "철凸렌즈"(1: 62)를 깨트린다. 회집하는 볼록렌즈와는 달리 오목렌즈는 광선의 분산을 생산한다. 그런 한에서 '凹렌즈'는 광선의 산개이자 방사이다. 앞서 이상은 '방사放射는 붕괴인가'라고 적었다. 방사는 붕괴이다. 방사는 기왕의 존재 구조의 파국이다. '凹렌즈'를 통과한 광선들, 바퀴살 모양으로 뻗쳐가는 그 방사의 에너지들은 분류 불가능한 힘의 형상을 가리킨다. 바로 그 힘이 새로운 노모스의 대지를, 이른바 '제4세'라는 법의 지반을 다진다. 계산된 해답들을 '분류'하고 게토화하는 숫자의 벡터 밑바닥으로 '숫자의 소멸'의 시공간으로서 매설되고 있는 것, 그것이 바로 '제4세'이다. 분리를 통해 매개하는 기존의 법 연관을 작동정지시키는 유토포스U-topos로서의 '제4세'의 분류 불가능한 힘/장소. 지금, 결코 완료되거나 완수되지 않는 그 힘을 다시 고안하고 다르게 배치하기 위해 필요한 개념 하나를 눈여겨보게 된다. '아토포스'가 그것이다.

사랑하는 사람은 사랑의 대상을 '아토포스'(소크라테스의 대화자들이 소크라테스에게 부여한 명칭)로 인지한다. 이 말은 예측할 수 없는, 끊임없는 독창성으로 인해 분류될 수 없다는 뜻이다. (…) 내가 사랑하고 또 나를 매혹시키는 그 사람은 아토포스이다. 나는 그를 분류할 수 없다. 왜냐하면 그는 내 욕망의 특이함에 기적적으로 부응

하려고 온 유일한, 독특한 이미지이기 때문이다.[5]

아토포스, 그것은 좌표-바깥이며 텍스트-무한이다. 항구적인 독창성의 계발, 지속적인 발명의 실험으로 예측과 분류가 불가능하기 때문이다. 아토포스atopos의 'a-'는 부정, 결락, 틈새를 뜻한다. 아토포스는 분리·분할·분류를 통해 매개·종합·수납하는 법-계의 통치론을 거듭 부결시키는 힘의 장소이다. 노모스의 대지라는 통치의 연장적 토포스를 절단하는[a] 토포스topos, 다시 말해 새로운 노모스의 정초로서 아토포스. 위에 인용된 한 대목에다가 다음 문장들을 절취해 용접해보자. "유토피아라는 기술적 용어 속에서 의미심장한 방식으로, 그 위에 대지의 낡은 노모스가 입각하고 있었던 그러한 모든 장소 확정Ortung이 엄청난 규모로 폐기될 가능성이 나타나 있다. (…) 실로 유토피아라는 말은 단순하게 일반적으로 어디에도 없는 곳을 의미하는 것이 아니라 토포스가 아닌 것U-topos을 의미하며, 그 부정否定과 비교해볼 때 토포스에 반하는 것A-topos이라는 말은 실로 하나의 더 강하며 부정적인 관계를 토포스에 관하여 가지고 있는 것이다."[6] 적재적소로 할당된 삶의 장소, 강철같이 확정되고 구획된 그 토포스들의 연락망이 거대한 규모로 폐절되고 있는 또 하나의 대지, 아-토포스로서의 유토피아. 다시 말해, 어떤 '제4세'. 슈미트의 아토포스 '곁'에서 간극을 생산하고 있는 바르트의 아토포스는 '특이한 욕망'에 응해 도래하는 중이다. 다시 말해 좌표의 재생산을 절단하는 독창적인 마음의 운동이자, 그것에 응해 '기적적으로' 도래하고 있는 고유한 '이미지'가 바르트의 아토포스이다. 그 이미지란 예리하게 찌르고 베는 '푼크툼'의 정치화를 암시하며, 그런 한에서 이미지로서의 아토포스란 인식과 표현의 기계적인 자동성 일반을 중단시키는 폭력적 접촉의 유일무이한 상황이자 사건의 풍경이다. 무엇보다도 아토포스는 사랑의 대상이다. '내가 사랑하는 그'가 바로 아토포스이다. 사랑받는 사람, 받은 사랑을 목적 없이 증여함으로써 사랑의 밀도와 강도를 키우는 사람들. 그들 '연인들'이 바로 오늘의 공동 지배를 부결시키는 'a-'의 인간, 파열의 시공간이다. 법 연관의 분류법에 대한 아토포스의 저항은 이렇게 표현되어 있다. "아토피아 역시 묘사나 정의, 이름(잘못)의 분류이자 '마야maya'인 언어에 저항한다. 분류될 수 없는 그 사람은 언어를 흔들리게 한다. 어느 누구도 그 사람에 대해, 그 사람에 관해 말할 수 없다. (…) 그 사람은 무어라 특징지을 수 없다(아마도 이것이 아토포스의 진짜 의미일지 모른다)."[7] 이름을 부과하고, 호명하고, 분할할 수 있다는 건 지배적 권능을 가졌다는 말이다. '이름'을 '이름(잘못)'으로, 이름과 잘못/죄를 그렇게 붙여 씀으로써 이름의 분류는 죄의 판정 및 판별과 다르지 않은 것으로 된다. 그때 지배의 권능은 판관의 심판을 그 주요 성분으로 갖는다. 이름(죄)의 판별 및 분류는 가상적이되 실효적이며 환영적이되 물질적인 분리의 구조, 이른바 '마야'이며, 살아 있는 목소리를 분리하고 소외시키는 명명과 호명과 판결의 언어는 그런 마야의 형상이자 근간이다. 분류 불가능한 '그 the One', 도래중인 그, 판관을 심판하는 그가 합법적으로 분리하는 언어를 흔들고 흩는다. 언어의 흩뿌림을 수행함으로써 새로운 로고스logos, 목소리를 정초하는 '그'라는 아토포스. 누구도 그라는 아토포스, 그라는 로고스에 대해 특정의 이름을 붙일 수 없으며, 누구도 그를 고정된 특징으로 안배하거나 제한·한정할 수 없다. 그는 자기원인적이며, 자기유래적이다. 그는 자기에게서 말미암는다. 항구적으로 거듭 말미암는다. 항구적이기에 절대적이며 절대적이기에 신적이다. 요컨대, 그라는 아토포스는 오늘의 로고스이자 매번의 그리스도이다. 그의 로고스, 로고스로서의 그가 새로운 노모스로 기존의 좌표 안에서 그 바깥을 창설한다.

전치된 이름들. 대나무 만장은 쇠파이프로, 시위대는 폭도로, 착취는 보호로, 죽임은 살림으로……. 이름의 분류에 대한 이상의 비판은 이렇게 표현되어 있다. 「선에관한각서 7」의 한 대목. "시각의이름을가지는것은계획의효시이다./ 시각의이름의통로를설치하라, 그리고그것에최대의속도를부

5   롤랑 바르트, 『사랑의 단상』, 김희영 옮김, 문학과지성사, 1991, 55쪽.
6   칼 슈미트, 『대지의 노모스』, 최재훈 옮김, 민음사, 1995, 205쪽.
7   롤랑 바르트, 앞의 책, 57쪽.

여하라./ (…) 시각의이름은사람과같이살아야하는숫자적인어떤일점-點이다. 시각의이름은운동하지아니하면서운동의코오스를가질뿐이다./ 시각의이름들을건망健忘하라./ 시각의이름을절약하라."(1: 69) 시각이 근대적 인지의 중심이었음은 알려진 그대로이다. '시각의 이름'을 갖는다는 건, 지배적 시각에 의한 이름의 분할과 분류의 권능을 갖는다는 말이다. 그 권능이 모든 통치 계획을 출발시키는 원천이자 '효시'이다. 그렇게 분류된 이름 하나는 좌표의 한 점, 이른바 '숫자적인 일점'으로 표상되고 한정된다. 구획된 이름은 자의적으로 변경될 수 없는 것이었다. 이름의 운동은 불허되고 금지되었으며 미리 할당된 운동의 '코스'만을 지닐 뿐이었다. 이상은 다시 한 번 정언명령을 발한다. '시각의 이름에 통로를 설치하라'고, 그 통로, 그 설치에 '최대의 속도를 부여하라'고. 이름의 분류법을 뚫고 흔들고 흩는 통로의 굴착 및 설치. 광선을 가진 자, 광속의 인간이 그 일을 행한다. 광선은 분류된 이름들, 이른바 정체성의 관리술을 폐한다. 그러기 위해 광선은 무엇보다 분류된 이름들을 까맣게 잊어버리도록 이끈다. 광선은 부과된 이름들의 거듭된 망각이자 '건망'이다('이름의 절약'이란 이름의 남발과 오발의 중단을 관철시키는 것이므로 절약은 절단의 다른 말이다). 이름의 영구적 망각은 묘사·표상·안배·한정의 거절이며, 명명하고 호명하는 언어(마야)에 의한 '이름(죄)'의 분류 및 판정을 심판하는 힘이다. 그렇게 망각은 폭력적인 힘이다. 그 힘에 대해선 누구도 이름 붙일 수 없고, 누구도 그 힘을 특정한 특징으로 제한할 수 없다. 반복한다. 분류된 이름의 망각을 거듭 반복하는 그는 자기원인적이며 자기유래적이다. 그는 자기에게서 말미암는다. 거듭 말미암는다. 그는 항구적이기에 절대적이며 절대적이기에 신적이다. 요컨대, 그는 "불세출의 그리스도"(1: 208)이자 매번의 로고스이다. 그라는 로고스가 새로운 노모스로 기존의 좌표 속에서 그 바깥을 정초한다.

메피스토펠레스, 악령 또는 사도

이상은 이렇게 적었다. "건망이여, 영원한망각은망각을모두구救한다."(1: 64) 지금부턴 이 문장이 들어있는 「선에관한각서 5」를, 곧 폭력의 설계도 다섯 번째 장을 들여다볼 차례이다. '영원한 망각'은 이름의 분류법이, 할당된 죄의 연관이 거듭 지워진다는 것이다. 그렇게 함으로써 한정되고 구속된, 대패질되고 못질된, 은폐되고 망각된 존재는 구원된다. 이상에게 이름의 망각은 심판하는 신의 도래에 맞닿은 것이다. 그러므로 '건망이여'라는 부름은, 폐지함과 동시에 구원하는 신의 소명에 대한 응대이다. '건망이여'는 '신이여'와 먼 거리에 있지 않다. 그 부름, 그 소명과 함께 "숫자의 COMBINATION을망각하였던약간소량의뇌수"(1: 48)가 생기를 띠며 기립한다. 그런 한에서 숫자의 콤비네이션, 곧 통치적 벡터의 조합을 폭력적으로 삭제하고 송두리째 망각해버리는 인문적 뇌수의 회생과 함께 신의 폭력, 그 최후적 심판의 날은 매번 도래하는 중이다. 그 날을 두고 이상은 '속도를 조절하는 날'이라고 쓴다.

> 속도를조절하는날사람은나를모은다, 무수한나는말하지아니한다,
> 무수한과거를경청하는현재를과거로하는것은불원간이다, 자꾸만반
> 복되는과거, 무수한과거를경청하는무수한과거, 현재는오직과거만을
> 인쇄하고과거는현재와일치하는것은그것들의반복의경우에있어서도
> 구별될수없는것이다. (1: 64)

속도를 조절하는 날, 다시 말해 자기구성적 속도를 통해 좌표의 숫자를 지워버리는 바로 그날, '나'를 모으는 '사람'은 누구이고, 그 사람이 모으는 나는 누구인가. 이상이 말하는 그 사람은 좌표의 붕괴에 '공포'를 느끼던 사람이었고, 나는 저 '요ㅁ렌즈'를 통과한 방사의 에너지들로 좌표를 붕괴시키는 광선이었다. 지금 좌표의 붕괴, 실재의 개시를 두려워했던 그 사람은 나/광선이라는 파국의 힘을 맞이하고 상봉하는 중이다. 그렇게 함으로써 그들은 "사람은광선보다도빠르게달아나라"는 이상의 정언명령을 수행

한다. 그때 그들에게 "미래로달아나는것은과거로달아나는것"(1: 63)이었다. 도주하는 속도의 현재 속에서 미래와 과거는 둘이 아니라 하나로 합수된다. 속도를 조절하는 날, '무수한 과거'와 '현재'가 구별될 수 없이 하나가된다는 건 무슨 뜻인가.

그 질문에 답하기 위해 한 문장을 더 읽어보자. "파우스트를즐기거라, 메퓌스트는나에게있는것도아니고나이다."(1: 63) 나는 누구인가. 나는 악령 메피스토펠레스이다. 이상은 "악령나갈문이없다"(1: 218)라고 썼고, 그런 그를 '세속에 반항하는 한 악령'이라고 지칭했던 건 이상의 죽음에 맞서 그를 애도하던 김기림이었다. 저 '욥'이 변주되고 있는 『파우스트』의 한 장면, 다시 말해 파우스트의 변심을 놓고 '주님'과 내기를 하는 메피스토펠레스, 그와 같은 악령들을 단 한 번도 미워한 적이 없다고 말하는 주님. 어째서 그럴 수 있었는가. 파우스트를 꾀기 위해 만났던 그 첫날, 메피스토펠레스는 파우스트에게 이렇게 말했다. "[저는] 언제나 악을 원하면서도,/ 언제나 선을 창조하는 힘의 일부분이지요./ (…) 나는 항상 부정否定하는 정령이외다!/ 그것도 당연한 일인즉, 생성하는 일체의 것은/ 필히 소멸하게 마련이기 때문이지요./ 그래서 아무것도 생성하지 않는 편이 더 낫다는 겁니다./ 그래서 당신네들이 죄라느니, 파괴라느니,/ 간단히 말해서 악惡이라고 부르는 모든 것이/ 내 본래의 특성이랍니다."[8] 메피스토펠레스는 항구적인 부정의 정령이다. 그는 생성을 소멸로 견인하는 필연의 법으로서, 불모와 멸절을 인입시키는 죄, 붕괴, 악을 수행한다. 그럼에도, 아니 그렇기 때문에 신은 그 악령을 내치지 않는다. 왜냐하면 신은 쉽게 느슨해지고 무조건 휴식하려고만 하는 인간들을 각성시키려 했고, 그런 신의 의지를 받들어 대행하는 자가 메피스토펠레스였기 때문이다. '사도' 메피스토펠레스. 그러므로 중요한 건 악령의 의지가 아니라 신의 의지였다. 악령은 신의 악역이었다. 그 악령은 신이라는 정正, 이미 합合인 정으로 온통 수렴되는 반反이다. "영원히 창조한다는 게 대체 무슨 소용인가!/ 창조된 모든 것은 무無 속으로 끌려들어가게 마련이다!"[9]라는 악령의 말은 이미 언제나 신의 주권적 의지 속에서 발화 중인 말이며, 그런 한에서 신의 말의 대언代言

이다. 이상이 말하는 방사된 나/광선은 그렇게 붕괴와 파국이라는 악령 메 피스토펠레스의 일을, 사도의 임무를 행하는 중이다.

그렇게 '요ㅁ렌즈'를 통과해 방사되는 파국의 악령 메피스토펠레스 가 바로 '무수한 나'이다. 그들 수없는 나/악령은 말하지 않고 침묵한다. 그 침묵이 악령의 것인 한, 침묵은 신성의 일이다. 침묵하는 악령들은 축 적이라는 목적의 구조 안에서 불-시Un-Zeit에 발생함으로써 그 목적의 흐름 을 중절中絶시키고, 목적에 의해 합성되고 편성된 사람과 사물에 '성스러운 무효용성'(피카르트)을 선물한다. 무목적적인 침묵, 그것은 목적을 산산이 흩어버리려는 신의 심판에의 의지를 관철시킨다. 그렇게 좌표를 내리치는 신성한 힘의 도래 속에서 좌표의 유지를 위해 통합되고 단일화된 과거는 '무수한 과거'로 되고, 무수한 과거의 사건들은 서로의 대화를 경청하며, 현재적 시간은 그 경청의 상황과 만남으로써, 다시 말해 과거의 유일무이 성과 특유함을 보존함으로써 과거와 하나로 합수한다. 그런 합수의 상황 이 최후의 날, 저 속도를 조절하는 날의 사건이다. 그 날을 발생시키는 자, 그가 '래도來到할 나'이다.

래도할나¹⁰는그때문에무의식중에사람에일치하고사람보다도빠르 게나는달아난다, 새로운미래는새로웁게있다, 사람은빠르게달아난 다, 사람은광선을드디어선행하고미래에있어서과거를대기한다, 우

8 J. W. 괴테, 『파우스트』, 이인웅 옮김, 문학동네, 2006, 41쪽.

9 같은 책, 366쪽.

10 원문은 "來るオレ"이다. 이를 임종국은 "來到할나"['나'에는 윗점으로 강조]로 번역했다. 원문엔 없는 '到'를 넣어 원문이 갖는 어떤 신성의 뉘앙스를 내재적으로 진전시킨 번역이라고 생각한다. 물론 그 '來到'라는 역어는 이상이 다음 한 구절에서 사용한 단어이기도 하다. "석존釋尊가튼 자비스러운얼굴을한사람이 래도來到하여도(…)."(3: 101) 이 문장에서도 '래도'는 신성과 닿아 있다. 이하 본문에서는 '도래중인 나'로 표기함으로써 '삼차각설계도'와 맞물려 있는 신성의 뜻과 힘을 조금은 더 강하게 표출하고자 한다. 그 외에 몇몇 시어들도 원문의 축자적 번역을 넘어 의미의 맥박을 살리는 번역이었음을 확인할 수 있다. 앞서 인용됐던 '무수한 나' '무수한 과거'의 원문이 'オレら' '過去ら'였던 것이 그런 예들이다.

86

선사람은하나의나를맞이하라, 사람은전등형全等形에있어서나를죽이라. (1: 64)

이탈하는 도주의 그 속도 속에서, 그 현장의 현재 속에서 미래와 과거가 하나로 합수했던 것처럼, '도래중인 나'에 의해, 다시 말해 신의 사도, 신의 주권의 대행자로 발생 중인 나/광선에 의해 미래와 과거와 현재는 기계적으로 분류되거나 수납되지 않고 각각의 유일무이한 고유성의 지속과 보존 안에서 하나로 합수한다. 이제 좌표의 붕괴를 두려워하던 사람들은 "[광선보다도]빠르게달아나서영원에살고과거를애무愛撫"(1: 65)하고, 그럼으로써 현재 안으로 '새로운 미래'의 그 새로움을 착근·유지·온축시킨다. 그 모든 것은 최후의 날이 도래하고 있는 현재 속에서의 발생적 사건이다. 줄여 말해, 이상의 역사신학. 그것은 "모든 현재는 하나의 종말론적 현재이며 역사와 종말은 동일시되었다는 점"11을 오늘 이곳의 좌표 안으로 고지한다. 이상에게 있어 도래중인 '현재시간'으로서 도주하고 있는 사람들은 '전등형全等形에 있어서 나를 죽이라'는 또 하나의 정언명령을 받든 자들이다. 전등형이란 무엇인가. 중국어 한자를 시어로 사용했던 기존의 예를 따르자면, 전등형은 '합동형'을 뜻하는 중국어이며, 그것은 '두 삼각형은 합동이다'라고 할 때의 '합동congruent', 곧 모양과 크기가 일치하는 형상을 가리키는 수학용어이다. 그런 한에서 전등형이란 시간적으로는 모든 시간의 기계적 등치화를, 질적으로는 모든 것의 오차 없는 동질화를 가리킨다. 전등형은 그러므로 어떤 일반적 동일화의 힘이자 상태이다. 예컨대 화폐, 곧 환속화된 세계의 신적 권능은 전등의 한 양태이다. 화폐는 모든 것을 교환 가능한 것으로 차이 없이 '등가화'하는 힘이기 때문이다. 도래중인 나를 맞이하려는 사람은 그런 전등형의 동일화·등가화·동질화의 상태에 맞물려 있는 자신을 죽이지 않고서는 그런 도래를 맞이할 수 없을 것이다. 과거의 고통을 오늘로 용접하는 도래중인 나, 동질화되지 않는 그 무수한 나에 의해 '새로운 미래는 새롭게 있을' 수 있는 것이다. 그런 도래 상태 속에서 누적적이고 누승적인 역사성의 거대한大 첫 시작初이, 곧 "조상祖上의조상의조상의성운星雲

의성운의성운의태초太初"(1: 65)가 재정초됨과 동시에, 그 태초와 등질적인 다른 말씀, 다른 로고스/노모스가 매번 정초되고 융기한다.

장래적인 것

'도래중인 나'의 역사신학은 '불원간不遠間' '미구未久에' '금시今時에' '바야흐로' '별안간all of a sudden' 등의 시간감 속에서 구성되고 있다. 장차 머지않아, 그리 오래지 않아, 지금 이 시각, 불시에, 느닷없이 등과 같은 시간 형식의 지속 위에서 도래중인 나의 그 도래란 결코 완수되거나 완료되지 않는다. 완료되지 않는 도래, 이른바 미-래는 곧 '장래將來'이며 장래의 항시적 보존이다. 장래와 역사를 서로 맞물려 현재를 표현하고 있는 신학자의 문장들은 다음과 같다. "모든 현재는 그 현재의 장래를 통해서 설문되고 도전되고 있다. (⋯) 이 항시 장래적인 존재가 인간 존재의 역사성이다. 이 장래적인 존재는 항상 한 과거로부터 나온 '출현Hervorkommen'이다. 그리고 장래를 지향한 의지는 과거를 통해서 결정된 현재의 의지이다."[12] 지금 '도래중인 나'는 항상 이미 한 과거로부터의 발생이자 출현이며, 그런 한에서 장래를 향한 지금 현재의 의지·열망·기다림·봉헌은 이미 늘 과거로부터의 발생적 힘에 뿌리박은 것이다. 도래중인 나는 모든 고착되고 정태적인 현재에 소송과 질문과 도전으로서 발현하는 중이다. 그런 한에서 도래중인 나는 장래를 기다리고 봉헌하는 '현재jetzt'로서, '지금-의-시간'으로서, 좌표의 시간에 차이와 간극으로 응대하며, 관리하는 사목적 권력 안에서 그 권력의 바깥으로 발생하고 정초된다. 그런 권력에 의해 생산되는 질주의 시간 속에서 현재는 과거의 총합적 힘의 발전으로서만, 집계적이고 통계적인 힘들의 공동 지배의 결과로서만 고정되고 결박되는 데 비해, 도래중인 나, 항시적인 장래적 존재란 구속된 현재를 그와 같은 집계적 상태로부터 폭력적으

---

11   루돌프 불트만, 『역사와 종말론』, 서남동 옮김, 대한기독교서회, 1968, 171쪽.
12   같은 책, 179쪽.

로 성별聖께하며 전면적으로 떼어내는 신적 소송의 현재이다. '제4세'의 시
간이 그와 같다. 제4세는 그렇게 떼어내는 파라클리트적 힘으로 관철되고
있는 신성의 시공간이다. 그렇다는 것은 장래적인 것이 저 질주정적 시간
을 거스르는 힘이라는 말과 다르지 않다. 이상은 이렇게 적었다. "나는불
안을절망하였다./ 일력日曆을반역적으로나는방향을분실하였다./ (…) (나의
원후류[원숭이]에의진화)."(1: 78) 무슨 말인가.

　이상의 불안 또는 우울은 병리이면서 병리를 넘어간다. 우울은 세계
에 합승하는 감각이 아니라 세계의 원리를 관통하는 자신의 눈에 의해 세
계에서 하차할 수밖에 없는 강제적 상황의 각성상태이다. 그것은 절망적
이지만, 포기되지 않고 꽉 부여잡고 있는 절망이므로 통념적인 절망 너머
이다. 그렇게 넘어가는 이상이 좌표의 재생산 원리로 주목한 것이 바로 달
력의 시간, '일력'이다. 일력은 하루하루가 뜯겨져나가는 통치의 시간, 기
계적 진보의 시간을 가리킨다. 이상은 일력에 반역함으로써 직선이라는
방향과 속도, 그 벡터를 일거에 망실해버린다. 그럼으로써 내일에 의해 오
늘이 볼모 잡히고 그 피와 살이 빨리는 시간을 거스른다. 이상이 말하는
'13+1=12'에 앞서 '2×2=5'를 말했던 '지하생활자'는 그런 질주적 시간을
두고 '돌벽'이라고 적었다. "돌벽이란 무엇인가? 그것은 곧 자연의 법칙, 자
연과학의 결론, 또는 수학이다. 예컨대, 인간은 원숭이에서 진화된 것이라
고 증명된다면, 아무리 얼굴을 찌푸려도 소용없는 일이므로 그대로 받아
들이는 수밖엔 없다."[13] 육중한 돌벽의 시간, 다시 말해 수학적/유혈적 합
리성의 철옹성. 이상이 말하는 '원숭이로의 진화', 곧 돌벽의 시간을 거스
르는 '역진화'의 감각을 가진 자, 도스토예프스키라는 지하생활자의 표현
으로는 이익의 대차대조표를 거슬러 "역행하는 자",[14] 이상의 다른 표현으
로는 "포물선을역행하는역사의슯흔울음소리"(1: 97)를 경청하는 자에 의
해 직선은 부러지고 돌벽은 부서진다. 그러한 역진화 혹은 역행은 '이상한
가역可逆'에 다름 아니다. 가역은 상태의 변화 이후 다시 본디 상태로 돌아
갈 수 있음을 뜻하지만 통치의 관점, 그 돌벽 같은 시점에서는 원숭이로의
역행은 이상한 것이며 '비상非常'한 것이 아닐 수 없는 것이다. 「이상한 가역

반응」에서 이상은 인공적인 모든 것을 자연과 다름없이 현상시키는 '현미경'을 수학적 합리성의 메타포로 사용하면서 이렇게 적는다. "발달하지도 아니하고발전하지도아니하고/ 이것은 분노이다. (…) 목적이있지아니하였더니만큼 냉정하였다."(1: 34) 진보의 관념에 뿌리박은 발달과 발전 일반을 거절하는 분노. 그것은 축적이라는 목적을 폐기시키는 분노이며 진보의 흥분과 발열을 차갑게 냉장冷葬시키는 냉정이었다. 그 분노는 목적-수단 도식을 문제시하는 순수 수단적인 힘의 정념이었다.

이렇게 묻자. 그렇게 거스르며 역진하고 역행하는 그들은 무얼 하는가. 진보의 마디마디에 장래를 장치하고 귀속시킨다. "모든 역사적 현상 하나하나에 그 장래가 귀속되는 것인바, 그 장래에 비로소 그 진상이 나타날 그러한 장래다. 더 정확하게 말하자면, 그 장래에 그 진상이 점점 더 명확하게 나타날 그러한 장래다. 왜냐하면 역사가 그 종말에 도달했을 때, 비로소 그 참 본질이 결정적으로 나타나는 것이기 때문이다."15 장래란 무엇인가. 진보의 시간으로부터 떼어내질 수 있는 힘의 필요조건이다. 진정한 시간들의 구성 조건이 바로 장래이다. 장래는 '비로소at last'의 시간으로 통치적 시간의 밑바닥에 매설된다. 장래라는 비로소의 시간, 도래중인 종언의 시간에 의해 좌표의 원리와 진상과 실재는 전면적으로 개시된다. 장래적 존재에 의해, 도래중인 나에 의해, 좌표적 노모스의 맨얼굴이 결정적으로 판시되고 폭력적으로 계시된다. 지금, 「파첩破帖」에서 그런 종언의 풍경이, 삶의 한 실재가 펼쳐지는 중이다. 거기에는 훼멸된 도시를 답파하고 있는 '카인'이 있다.

상장喪章을부친암호인가 전류우에올나앉아서 사멸死滅의 '가나안'을 지시한다/ 도시의붕락崩落은 아— 풍설보다빠르다 (…) '콩크리-트'전

13 표도르 도스토예프스키, 『지하생활자의 수기』, 이동현 옮김, 문예출판사, 1998, 19쪽.
14 같은 책, 31쪽.
15 루돌프 볼트만, 『역사와 종말론』, 142쪽.

원에는 초근목피도없다 물체의 음영에생리가없다/ ―고독한기술사
奇術師 '카인'은도시관문에서인력거를내리고 항용 이거리를완보緩步하
리라. (1: 131)

이 한 대목은 1931년 이후 제국의 개전과 그 결과를 암시하는, 어느 '수도
의 폐허' 및 '시가전이 끝난 도시' 같은 구절들과 맞닿아 있다. 제국의회의
입법과 그에 합성된 아카데미의 학지學知를 상징하는 '늙은 의원과 늙은 교
수'가 번갈아 연단에 올라 '무엇이 무엇과 와야만 되느냐'고 일갈했고, 전쟁
선전의 그 일갈은 전파에 올라 퍼져나갔다. 이상은 전승의 쾌거가 담긴 그
전파, 그 전화戰火의 미디어를 '상장'이라는 최후의 표식을 붙인 암호로, 죽
음과 끝으로 채워진 전류로 인지한다. 그에게 그 전파는 신성한 가나안으
로서의 제국, 저 신성국가에 대한 열망과 기대가 아니라 광범위하고 거대
한 규모의 사멸과 임박한 붕괴의 기미로 인지된다. 그에게 제국의 전시판
도는 잿빛 콘크리트로 된 전원이었고, 풀 한 포기 나지 않는 불모의 땅이었
으며, 폐허의 그 거리에는 생기 없는 사물들의 그림자들만 어른거릴 뿐이
었다. 그 그림자들, 그 사물들에게로 당도하고 도래하는 자, 그가 바로 카
인이다. 신성에 분노를 품음으로써, 그런 신성에 신실했던 이를 돌로 쳐 죽
임으로써 카인은 절대와의 계약적 관계를 찢고 파기했다. 신성으로부터 추
방당한 그가 신성제국의 회색 거리를 느리게 걷고 있다. 이상이 말하는 '절
름발이' 또한 절며 완보하는 자였다. "메쓰를갖지아니하였으므로의사일수
없을것일까/ 천체天體를잡아찢는다면소리쯤은나겠지// 나의보조步調는계
속된다."(1: 42) 메스 없이도 의사일 수 있다는 것, 추방됨으로써 신과 절연
했음에도 신성을 보존할 수 있다는 것. 천체를 잡아 찢는 카인, 제국의 권
역과 권리를 보위하고 감싸고 있는 그 신성한 하늘을 철거하는 카인의 기
술奇術, 묵시적 완보. 카인의 보조는 계속되는 중이다. 카인이라는 카라반의
순례는 콘크리트 전원 여기저기에, 제국의 판도 시시각각에 하늘을 찢는
'철천徹天'의 게발트로 도래중이다. 이상은 열광과 갈채를 목표로 전파를 탔
던 제국의 물음, 다시 말해 제국의 미래를 봉헌하고 봉합하려는 물음, '무엇

이 무엇과 와야만 하느냐라는 늙은 의원들의 그 물음과 마주해, 그 물음을 파기하는 답을 마련해놓았다. 제국의 장래 안으로 카인이라는 카라반이 순례의 게발트와 함께 도래중이라고, '제4세'가 도래하는 중이라고.

두 개의 달, 혹은 '지구는 사악해'

이상의 역사신학을 응축하는 '금시今時'의 때에, 그 '불원간'의 시간에 신은 묵시적 폭력으로 도래하는 중에 있다. "신은 오시는 자der Zukommende로서 항상 새롭게 만나는 역사의 신이며 또 거기 따라서 신은 역사를 한 종말로, 곧 종말론적인 목표로 이끄시는 분이다."[16] 오시는 자로서의 신, 다시 말해 역사 속에 최후적 힘으로 역사役事하는 그는 매번 판시되는 진상과 실재의 시간 속에서 새롭게 만나고 다르게 발생하는 신이다. 그 신에 의해 역사는 묵시적인 것으로 이끌린다. 「월상月傷」에서 이상은 끝의 선포를 통해 다시 시작하려 한다.

> 달은 제 체중에 견데기 어려운 것같았다. 그리고 내일의 암흑의 불길을 징후하였다. 나는이제는 다른말을 찾어내이지 않으면 안되게되었다. (…) 금시로 나는도도한 대음향을 들으리라. 달은 추락할것이다. 지구는 피투성이가 되리라./ 사람들은 전율하리라. 부상한 달의 악혈 가운데 유영하면서 드디여 결빙하야버리고 말것이다./ 이상한 귀기鬼氣가 내골수에침입하여 들어오는가싶다. 태양은 단념한 지상최후의 비극을 나만이 예감할수가 있을것같다./ 내앞에달이있다. 새로운— 새로운—/ 불과같은—혹은 화려한 홍수같은— (1: 141)

'달'은 발전의 내일에 암흑의 내일로, 불길의 징후로 충돌함으로써 저 돌벽

---

16 같은 책, 114쪽.

의 집계적 시간을 끝내는 완파와 소멸을 고지한다. 그 달은 추락하는 달이다. 지구와 충돌해서 지구를 피투성이로 만드는 달, 전율하는 사람들. 악독한 피 속으로 모든 것이 결빙하는 끝의 시간, 좌표의 종언. 지상으로 도래하는 최후를 홀로 예감하고 고지하는 신인神人이 바로 귀기어린 '나'이다.[17] 그는 '금시로' 묵시의 거대한 파열음을 들음과 동시에 그 최후의 대음향 속에서 '다른 말'을, 다른 언어를, 다른 로고스를 발견하고 발생시키려 한다. 다시 말해 '새로운 달'을 발견하기. 지금 금시에, '나'의 앞에 '불'과도 같은, 거센 '홍수'와도 같은 새로운 달이 있다. 그 달의 추락과 충돌에 의해 좌표의 재생산 과정은 퍼부어지는 화염으로 불태워지고 막대한 홍수로 쓸려나간다. 그때 저지할 수 없는 묵시의 도도한 대음향은 불의 폭풍과 신의 홍수를 고지하는 양각나팔shofar 소리이며, 그런 한에서 편재하는 복음의 전파이다. 이상이 말하는 '금시'의 일이 그와 같다. 항시적인 장래로서 도래 중인 '제4세'라는 달이 시방 금시에 들이닥치고 있다. 그 장래의 도래는 신의 폭력이자 신의 선물이다. "'장래'는 인간에게 부단히 자유의 선물을 제시한다. 그리스도교 신앙은 이 선물을 포착하는 힘이다."[18] 묵시의 관점, 임재의 관점이란 무엇인가. 증여되고 있는 '자유의 선물'을 포착할 수 있는 능력이자, 좌표와의 이격과 간극을 보존함으로써 좌표와 '성별'되는 시간을 체감할 수 있는 인지적 준비 태세이다. 충돌하는 새로운 달에 의해 묵시의 관점은 노모스의 대지에 증여되고 뿌리내린다. 여기 하나의 달이 더 있다. 이상과 정확히 동시대에 작성된 또 하나의 달.

달은 점점 더 다가오면서 우리의 행성을 갈라놓았다. 우리 가족이 자리 잡고 앉아 있던 거리 위 철제 발코니의 난간이 산산조각 났고, 그 발코니를 차지하던 육신들 역시 사방팔방으로 찢겨져 순식간에 흩어졌다. 달의 궤적이 만들어낸 깔때기는 모든 것을 빨아들였다. "고통이 있는 지금, 신은 존재하지 않는다"는 소리를 나는 알아들었다. 동시에 정신을 가다듬으면서 나는 저편으로 건너갈 때 가져갈 것을 그러모아 그 모든 것을 한 편의 시구로 담아냈다. 다음의 시구는 나의 이별을 말하는 것이었다. "아아 별과 꽃이여, 정신과 옷이여, 사랑이여, 고통과 시간, 그리고 영원이여!" 그러나 이 말들에 내 마음을 내 맡기려는 순간에 잠에서 깨어났다. 그때 비로소 나는 달이 나에게 덮어씌웠던 공포가 영원히, 아무런 희망 없이 내 안에 자리 잡는 것처럼 느껴졌다.[19]

불안으로 잠을 설쳤던 유년기의 하루, 그 강렬했던 꿈에 대한 기억. 벤야민에게 기억이란 인지되지 않던 시간에 대한 감각의 일깨움이며 지난 시간의 자동적 연장으로부터의 단절적 깨어남이다. 그 불안의 기억 속에서 일깨워진 것은 '단 하나의 완고한 질문'이었는데, '이 세상은 왜 존재하는가'라는 물음이 그것이다. 그의 기억 속에서 "이 세상의 존재는 이 세상의 부재를 향해 눈짓하고 있는 것처럼 보였다". 부재를 향한 존재의 눈짓 이면에 있었던 것을 두고 벤야민은 "달이 내 안에 퍼뜨렸던 낯선 느낌"이라고 적었다. 달은 베를린 거리 위에 떠 있었고, 그때는 밤이 아니라 낮이었다. 달은 밤을 넘어 한낮에도 자신의 지배력을 관철시키는 중이었다. 점점 빠르게 커져오다가 이윽고 충돌하는 달, 그 마지막 때의 일들이 위에 인용된 문장들이다. 그 마지막 날, 고통이 있으므로 신은 없다는, 신에 대한 회의와 동시에 이 세계의 저편에 있는 다른 세계로 가져갈 것들이 '시' 속에, 시라는 다른 언어 속에 담긴다. 최후의 날, 벤야민이 짓고 있는 그 시는 저 너머의 세계, 다음의 세대로 지속되고 이월되어야 할 것들을 보존하고 온존시키

---

17 「월상」, 다시 말해 달의 상처, 달의 추락은 「요한계시록」(12~13장)의 다음과 같은 문장들을 전용한 것이라고도 할 수 있다: "그 어린 양이 여섯째 봉인을 뗄 때에, 나는 큰 지진이 일어나는 것을 보았습니다. 그리고 해는 검은 머리털로 짠 천과 같이 검게 되고, 달은 온통 피와 같이 되고, 하늘의 별들은, 무화과나무가 거센 바람에 흔들려서 설익은 열매가 떨어지듯이, 떨어졌습니다."

18 루돌프 불트만, 『역사와 종말론』, 193쪽.

19 발터 벤야민, 「달」, 『1900년경 베를린의 유년시절』, 김영옥 옮김, 길, 2007, 147~148쪽. 이하 인용은 모두 같은 쪽.

는 '새로운 언어'로 고양된다. 꿈에서 깨지 않았다면, '별'에서 '영원'까지 시에 담긴 그 모든 것들은 시라는 언어에 의해 그 보존이 완수되고 완료되었을 것이다. 그렇게 완료되지 않았으므로, 그 완료는 항구적인 추구의 대상이 된다. 끝의 날, 자신의 시 안에 인용된 대상으로 들어와 있는 별에서 영원까지가 모두 벤야민 일생의 탐구 대상이 되는 까닭이 거기에 있다. 기억하는 벤야민은 보존이 완료되기 직전에 꿈에서 깨어났고, 충돌하는 달의 공포를 영원히 내면화한다. 그 연장선에서 그는 "잠에서 깨어남으로써 꿈의 종착점에 도달할 기회를 놓쳤으며, 유년시절에 경험했던 달의 지배는 돌아오는 다음 시대에도 실패로 돌아가리라는 것"을 지각한다. 꿈에서 깨어난다는 것은 무엇인가. 꿈의 완료가 부결된다는 것이다. 달의 추락이 아직 끝나지 않았다는 것이며, 세계의 몰락이 거듭 오고 있다는 것이다. 도래 중인 달, 그 묵시적 힘이 거듭된 실패의 지속 안에서 매번 관철되리라는 것이다. 몰락은 완료되는 것이 아니라 그렇게 추구되는 것이었다. "몰락을 추구하는 일이 (…) 세계 정치의 과제이고, 그것의 방법은 니힐리즘으로 불려야 한다."[20]

차이를 지닌 채, '몰락의 추구' 속에서 만나고 있는 그들, 차이를 보존함으로써만 그렇게 악수할 수 있는 그들의 그 비애와 우울 속에서 사물은 기존의 쓰임새, 용도, 의미로부터, 그러니까 유용성의 연관으로부터 떼어내진다. 벤야민은 그렇게 떼어내진 사물들에서 다른 의미의 발생적 연관을, '불가사의한 지혜의 암호'를 발견하며, 그런 사실을 알브레히트 뒤러의 동판화 〈멜랑콜리아〉 속에 나오는 천사를 통해, 그 천사의 발아래 파편적으로 흩어져 있는 사물들을 통해 보여주었다. 우울의 발양이 죽은 사물을 구제한다. '유용성 너머가 주권적'이라는 바타유의 말이 틀리지 않다면, 저 묵시적 달의 충돌을 이끄는 우울은 주권적이다.

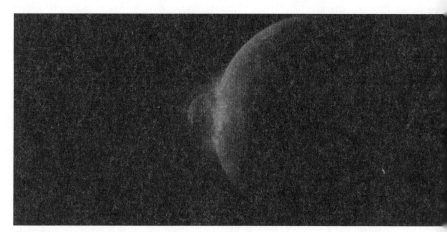

멜랑콜리아, 혹은 어떤 달. 영화 〈멜랑콜리아Melancholia〉(라스 폰 트리에, 2011)의 저스틴이
내뱉었던 말, 세계의 끝으로 정향된 그녀의 정조情調, stimmung가 표현된 그 말을, 추락·충돌하는
두 개의 달 '곁'에 병치해놓기로 하자: "지구는 사악해. 우리는 지구를 위해 슬퍼할 필요가 없어."

미래주의 선언, "멸형滅形"의 시인들

'숫자의 방위학'을 첫머리로 시작한 「선에관한각서 6」은 '요凹렌즈'와 '숫자의 소멸'이 들어있는 중간 부분을 지나 다음 한 문장으로 끝난다. 도래 중인 두 개의 달, 그 묵시의 뜻과 의지가 다시금 환기된다. "별과별과의인력권과인력권과의상살相殺에의한가속도함수의변화의조사를우선작성할 것."(1: 67) 별과 별의 충돌, 다시 말해 서로를 끌어당기는 힘들의 가속도에 의해 되돌릴 수 없게 되는 최후의 도래. 그 절대적 속도를 다시 조사하는 것이 남은 과제이다. 그렇다는 것은 '숫자를 버리라'의 방법과 태도에 뒤이어져 있는 '광선을 가지라'는 정언명령에 대해, 그 광선의 속도에 대해 재조사한다는 말이다. '요凹렌즈'를 통과해 '철凸렌즈'를 깨트리고 숫자의 좌표를 붕괴시키는 분류 불가능한 광선의 방사하는 힘. 그것은 광속이라는 막대하고 무한한 속도의 힘이었다. 이 힘을 내재적으로 최대한 밀고나갈 수 있게 하는 표현은 이런 것이다. "카오스는 무질서가 아니라 희미하게 떠오르다가 이내 사방으로 흩어져버리는 모든 형태들의 무한한 속도에 의해 규정된다. 카오스는 무無가 아니라, 모든 가능한 미립자들을 포함하며 일관성도, 지시 관계도, 결과도 없이 나타났다가는 이내 사라져버리는 모든 가능한 형태를 이끌어내는 잠재태로서의 공백이다. 그것은 탄생과 소멸의 무한한 속도이다. 철학은, 일관성을 획득하면서도, 즉 잠재태에 고유한 일관성을 부여하면서도 동시에 어떻게 그 무한한 속도를 그대로 유지하는가를 질문한다."[21] 카오스를 대하는 과학과 철학의 태도의 차이를 서술하는 맥락에서 나온 문장들이다. 무슨 뜻인가.

통치의 관점에서 카오스는 형상Eidos으로서의 질서를 위한 단순한 질료hyle로 자리매김된다. 카오스라는 질료는 형상이라는 규범의 계界 내에서만, 계산의 계界 내에서만 수락되고 허락된다. 그러나 실로 어떤가 하면, 카오스를 규정하는 것은 모든 형틀을 소멸시키는 '무한한 속도'였다. 카오스는 면면히 이어져온 형상-질료의 강고한 위계를 부수는 잠재적 '분자들'이며, 모든 가능한 형태를 구성할 수 있는 '공백'이다. 카오스는 일관성이라는 고착된 고정태를 거절하며, 지시 관계라는 이름의 분류와 판결구조를 부결시키는 속도이다. 다시 말해 카오스는 '탄생과 소멸'을 무한히 변주하는 막대한 속도이다. 그것은 리좀의 속도, 리좀이라는 속도이다. 이 리좀의 리듬을 타고, '광속을 가지라'는 정언명령을 받든 「선에관한각서 2」의 마지막 문장을 변주하면 이렇게 된다. '사람은 탄생하라, 사람은 소멸하라, 사람은 탄생하라, 사람은 소멸하라.' 이 변주와 함께 탄생과 소멸의 무한한 속도는 광선의 속도, '도래중인 나'의 광속과 맞닿는다. 내재적으로 밀고나간 지점에서 이상의 광선, 그 속도는 "멸형滅形"(1: 102)의 카오스로 된다. 멸형, 달리 말해 '용광로의 쇳물'(들뢰즈). 이른바 '철학'이라는 것이 그 멸형의 쇳물을, 그 무한한 속도를 고유하고도 일관된 비판의 힘으로 지속시키는 일에 봉헌하는 것이라면, 이상이 말하는 절대적 속도, "절대絶對에 모일 것"(1: 163)이라는 정언명령은 다름 아닌 철학이다. 그 철학은 '숫자의 소멸'로 정향되어 있다.

이상의 광선을 출발시켰던 한 가지 원천을 다르게 확인하자. 속도의 재조사를 그렇게 하기로 하자. 하나의 문답. 멸형시키고 소멸시키는 이상의 속도는 누구로부터 촉발된 것이며 누구를 향해 반발하는 것이었나. 마리네티의 속도로부터 촉발된 것이고 마리네티의 속도에 반발하는 것이었다. 이는 뜬금없는 소리가 아닌데, 김기림이 마리네티를 분석한 「근대시의 자기붕괴」(1931. 8)를 쓰기까지의 연혁이 그 증거이다. 이탈리아 미래파 마리네티의 「미래주의 선언」이 발표 혹은 발포됐던 건 1909년이었다. 같은 해 메이지 육군성 의무국장이자 작가, 번역가, 저널리스트였던 모리 오가이는 파리에서 그들 미래주의자들의 퍼포먼스를 관람했고, 귀국 후 자신이 창간한 『스바루スバル』지에 그 선언문을 번역해 실었다. 이후 미술계를 중심으로 몇 권의 관련 저작들이 출간되었고, 1923년 미래파에 대한 본

---

20   발터 벤야민, 「신학적·정치적 단편」, 『역사의 개념에 대하여 외』, 최성만 옮김, 길, 2008, 131쪽.

21   질 들뢰즈·펠릭스 가타리, 『철학이란 무엇인가』, 이정임·윤정임 옮김, 현대미학사, 1995, 170쪽.

격적인 소개서『미래파란? 답한다』가 러시아 미래파 멤버였던 부를류크와 기노시타 슈이치로의 공저로 출간되어 미술계를 넘어 문학계까지 영향을 미쳤다. 이후『일본신시사』(1924),『미래파 연구』(모리 오가이의 번역문과 함께 미래파의 역사 및 예술 전 분야의 관련목록들이 총망라된 저작),『문학개론』,『철학사상총서』(1932) 등이 출간되었다.

경성의 문단에 미래주의를 가장 먼저 소개한 이는 박영희였다(1924년『개벽』49호 '중요술어사전').『미래파 연구』를 읽었던 게 분명한 양주동은「구주현대문예사조론(『동아일보』, 1929. 1. 3)에서 마리네티를 '퇴폐주의의 극단적 방면'이라고 비판하면서도, 앞선 박영희와 함께 속도에 대한 미래주의의 찬미, 예컨대 자동차, 비행기, 전함 등과 결부된 속도의 아름다운 힘에 대한 열광을 언급하고 있다. 그 두 사람은 기존의 가치들에 대한 전복적이고 동적인 속도 운동의 힘을 미래주의의 핵심이라고 정확히 인지했다. 이상 문학의 심층에, 그리고 그 생애의 쓸쓸함에 긴밀하게 공명했던 이상의 형 김기림은 그 자신이「속도의 시」를 쓴 시인이며,「상아탑의 비극—'사포'에서 초현실파까지」(『동아일보』, 1931. 7. 30~8. 9. 이 글의 한 꼭지가 '근대시의 자기붕괴'이다)에서 마리네티에 대한 단순한 소개의 차원을 넘어서고 있다. 김기림에게 이탈리아 미래주의는 기존 정전들의 '무덤 같은 침묵'을 파열시키는 폭발음이었고, '반철학적·반교양적'인 것이었으며, '쾌주快走하는 미'를 창조함으로써 통념적 근대시의 자기붕괴를 초래했던 맹렬한 예술 유파였다. 그럼에도 김기림은 미래주의의 의미와 논리가 무솔리니 파시즘국가의 '충실한 번견番犬'의 임무에서 자신의 영광을 누리고 있다고 비판했다.[22] 이상은 자신의 초기 일본어 창작을 김기림의 평문과 거의 동시에 발표했었고, 또한 당대 일본문학의 동향을 비교적 예민하게 체크하고 있었던 만큼 이상이 김기림의 글이나 미래주의와 관련된 서적을 구해 읽었으리라 생각하는 것은 억지가 아닐 것이다. '요쯔렌즈'를 통과한 광선의 게발트, 이상이 말하는 이른바 소멸과 멸형의 절대적 속도는 파시즘의 정치와 결합했던 마리네티「미래주의 선언」의 8번 항목과 깊은 곳에서 긴밀하게 만난다. 마리네티 선언문의 최종본(『포에지마』5권/1-2 합본호, 1909) 중 6번과 8번 두 개의 항목을 인용한다.

> 6. 시인은 본원적인 요소들에 대한 열광적 열정을 높이기 위해 열렬하게, 찬란하게, 아낌없이 자신을 소진시켜야 한다./ (…) 8. 우리는 세기의 가파른 곳 위에 있다. 우리가 원하는 것이 불가능이라는 신비한 문을 돌파하는 것이라면 왜 뒤를 돌아봐야만 하는가? 시간과 공간은 어제 죽었다. 우리는 이미 절대적인 것 안에 살고 있다. 우리가 이미 편재하는 영원한 속도를 창조해냈기 때문이다.[23]

한 세기의 끝에, 한 세계의 '곶岬'에 서 있다는 것. 무디고 태평한 질식할 것 같은 지난 세기를 폐쇄하는—"십구세기는 될수있거든 봉쇄하여버리시오"(「날개」, 2: 263)—새로운 세기의 첨단에, 예리한 돌출부—모리의 번역으로는 "岬の突角"—에 서 있다는 것. 거기가 '시인'의 자리다. 끝의 각성. 뒤돌아볼 필요 없는 쾌속의 행진과, 위험을 당연시하는 급속의 도약. 마리네티는 '속도의 아름다움'이 세계의 찬란함과 그 풍요를 가져오고 있다고 선언한다. 시인은 바로 그 속도의 광휘 속에서 열렬하고 아낌없이 자신을 희사하고 소진시키는 대담한 용기를 가진 자이다. 다시 말해 시인은 속도의 인간이다. 그 속도에 의해 기존의 시간과 공간은 폭력적으로 막을 내리고 새롭게 재편된다. 마리네티의 속도 또한 절대적 속도이다. '편재하는 영원한 속도'이기 때문이다. 어디든 있으므로 공간적으로 편재하고, 언제든 있으므로 시간적으로 영원하며, 어디든 언제든 얼마든 있으므로 양적으로

---

22   모리 오가이에서 김기림까지에 대한 여기서의 언급은 미래주의의 이입사移入史에 대한 다음 논문을 참조했다. 김효신, 「미래주의 선언과 한국문학」, 『외국문학연구』 40호, 2010.

23   F. T. E. 마리네티, 「미래주의 선언」, 프랑코 베라르디 '비포', 『미래 이후』, 강서진 옮김, 2013, 39쪽에서 재인용. 모리 오가이의 번역 저본은 『르 피가로』에 실린 것인 듯하나, 최종본의 주요 술어들, 남성적이고 공격적인 어조와 뉘앙스 등을 느끼는 데에는 아무런 무리가 없다. 모리의 일본어역 원문과 이탈리아어 최종본에 대한 번역은 김효신의 앞선 논문을 참조할 수 있다.

막대하다. 마리네티는 자신의 속도를 전승의 여신 니케의 '신성'과 등가적이고 등질적인 위치에 놓았다. 총구에서 발사된 총탄,[24] 경주용 자동차, 한밤 조선소에서 방사되는 백열, 속도의 통로로서 교량, 모험하는 증기선, 철로를 박차는 기관차, 군중의 갈채 소리 같은 프로펠러의 비행기. 그 모든 속도들은 절대적 신성과 한 몸이었다. 속도의 신, 신의 속도. 미美의 교의, 힘의 교리. 마리네티가 전쟁을 두고 세계를 청소하는 '유일한 위생학'이라고 선언했을 때, 그 선언이란 '미래주의가 없었다면 파시스트 혁명 또한 존재하지 않았을 것'이라는 무솔리니의 의지를 배양한 권력화한 미의 정치종교였다.

니힐nihil의 치외법권—무성격적인 또는 무성적인

미래주의에 있어 기술적 근대의 속도 및 기계는 계급 적대를 비롯해 교착되고 착종된 여러 사회적 갈등들의 전체적 해소를 상징하는 것이었다. 그들에게 급선무였던 것은 눈앞의 유혈적 갈등과 모순이 아니라, 그 너머에 있다고 상상된 '본원적 요소'에 대한 형이상학적인 열광이었으며, 그런 열광에 의한 조화와 통합이었다. 계급은 인류애를 향한 '휴머니티'라는 수상쩍은 개념으로 도약함과 동시에 '민족/국민'으로 열렬하게 재합성된다. 마르크스주의의 유물론 일반은 합리주의 및 실증주의로의 편향으로 공격대상 1호가 되었고, 같은 이유로 자유주의적 의사 결정체로서의 대의제 또한 현상유지를 위한 민주주의적 '복지부동'으로, 마취적 공리주의에 의한 '졸음'으로 거절되었다. 미래주의가 찬미하는 '새로운 인간'은 속도와 기계에 근거해 형이상학적 영토로의 폭력적인 도약을 감행하는 영적 인간이었다.
　이상 또한 한 세기의 곳에, 한 세계의 끝에 서서 무한한 속도의 힘에 대해 말했고, 그 힘에 봉헌하였다. 광속의 인간은 이상이 말하는 새로운 인간이었으며 '도래중인 나'의 절대적 속도는 그가 표현한 '신인神人'의 묵시적인 힘이었다. 지금, 미래주의 선언문의 그 곳, 그 끝에서 읽게 되는 이상의 텍스트는 「且8씨의 출발」이다(且는 차, 저, 조 등으로 읽을 수 있

다). 이렇게 물으며 시작하자. '且8씨'는 누구이며, 그 텍스트에 나오는 '곤
봉'은 무엇인가. '且8씨'는 의도적으로 글자를 깨놓은 파자가 아니므로 且
와 8을 상하로 합쳤을 때의 이미지처럼 '모자 쓴 눈사람'이라고 즉물적으
로 해석되어선 안 된다. 비슷한 기호놀이로서, 8을 八로 보고 且와 상하로
합쳤을 때 만들어지는 글자 '구具'를 상상한 다음, 그 '구'라는 글자로부터
이상의 친구였던 화가 '구본웅'을 끌어내고, 텍스트 전체를 구본웅의 인생
역정으로 보는 것은 견강부회이며 편안한 불찰이다. '곤봉'을 남성의 성기
로, 리비도적 욕망의 상관물로 읽을 수는 있지만, 그런 독법은 텍스트에
내재하는 곤봉이라는 시어의 구체적 실감들을 모두 삭제하는 대가를 치
러야 한다.

　그러므로 기호학적, 전기적, 정신분석학적 관점으로 환원되지 않는
텍스트의 고유한 논리와 맥락을 찾아야 한다. 그런 작업에 성공하고 있는
송민호에 따르면, '且8씨'는 당시 "Z백호Z伯號"(1: 71)라는 이름으로 회자되
던 비행선 'LZ-127 백작호Graf Zeppelin LZ-127'의 제작자인 독일 백작 '제플
린[체펠린]'의 이름을 딴 것으로, '且8[저팔 혹은 차팔]'은 '제플-[체펠-]'
두 글자를 지시하는 기호이며, '곤봉'은 가로 200미터가 넘었던 비행선 '제
플린호'의 길쭉한 모양새를 가리킨다. 이와 관련하여 송민호는 실증의 분
투가 빛나는 한 논문에서, 「且8씨-」에 들어있는 『장자』의 한 구절 "輪不輾
地륜부전지, 수레바퀴는 땅에 닿지 않는다"가 중국고전에 대한 이상의 천재성이 아니
라, 이상이 자주 참조했던 잡지 『시와 시론詩と詩論』(6권, 1930)에 실린 안
자이 후유에의 「一九二七年」의 같은 구절을 인용한 것이라는 것, 안자이
가 글자 하나를 변형시켜(혹은 잘못) 인용한(蹍→輾) 장자의 그 한 구절
은 '비행의 가능성'이라는 안자이의 한 구절과 연결되어 있으며 그때 안자
이가 말하는 그 '비행'이란 당시 북반구를 돌아 도쿄에 착륙했던 제플린호
와 관계되어 있다는 것, 언론에 대대적으로 보도된 그 비행선의 진보된 과

24　「오감도 시 제9호 총구」를 비롯해 총구와 총탄은 이상의 속도와 관련된 한 가지
　　키워드이다. 이에 대해서는 III장의 한 꼭지 '총구에서 뛰쳐나오는 것'을 참조.

학기술에 안자이는 중국고전으로 대응하려 했으나 끝내 압도당하고 있었으며 당시 일본 시인들의 다른 시들 또한 사정은 다르지 않았다는 것을 논증했다. 이와는 반대로, 「且8씨-」의 이상은 "비행기술과 기계문명이 구축한 현대성의 모더니티가 결국은 인간들 사이의 균열을 만들어내는 절망의 구조를 띠고 있음을 간파하고 있었"[25]다는 것이다. 내게 관건은 「且8씨-」에 표현되고 있는 모더니티의 논리를 통치적 속도와 그것의 묵시적 정지에 방점을 찍어 다시 이해하고 다르게 설명하는 것이 갖는 효력이다.

한편, 이상의 'Z백호'가 비행선 제플린호라는 것을 일찍 알아차린 이는 소설가 김연수였다. 『동아일보』(2005. 4. 22)의 칼럼에서 그런 사실을 말했는데, 그 칼럼에 짧게 언급된 고가 하루에의 그림 〈바다海〉는 「미래주의 선언」의 일본 이입과 관련된 당대 예술의 선명한 의지를 보여준다는 점에서 시사적이다. 그 그림을 Z백호의 실물 사진과 병치함으로써 「且8씨-」가 속해 있던 당대적 분위기의 일단을 살필 수 있다. 가로 236미터, 부피 105,000세제곱미터, 엔진출력 3000마력, 적재중량 60톤의 육중한 Z백호. 이상의 표현으로는 '곤봉'. 19세기 후반부터 거듭 진화했던 제플린호는 1909년부터 1914년까지 4만 명에 가까운 승객을 실어 나른 운송혁명의 상징이었다. 1915년 1차 대전 때는 군용기로 런던 폭격에 나서 총 20회, 37톤의 폭탄을 쏟아 부었고 740명의 사상자를 냈다. 제플린호는 최초의 런던 공습을 주도한 군사적 상징이기도 했던 것이다. 미래주의 화풍의 그림 〈바다〉 위를 날고 있는 것이 그 Z백호이다. 〈바다〉는 당대 진보된 기술의 혁명적 힘을, 다시 말해 기계의 압도적 속도운동을 드러내고 있다. 속도의 미/정치에 대한 미래주의의 찬미를 보여주는 구체적 장치들, 곧 잠수함, 증기선, 시추건물 및 기계 등이 내부를 훤히 드러낸 절단도면처럼 그려져 있다. 그림이라는 도면, 도면이 된 그림. 속도의 기계들과 함께 해저의 생물들과 하늘을 나는 갈매기의 운동감이, 뒤꿈치를 들고 출발신호에 응답하는 스타트 직전의 인간과 더불어 역동적인 힘을 드러낸다. 〈바다〉는 '且8씨들의 출발'을 재현한다. 이상은 그들의 출발에 이의를 제기하려 한다.

'Z백호'에 압축되어 있는 근대적 속도의 폭력을 향해 정언명령의 공

(위) LZ-127 백작호. 'Z백호'와 '곤봉'이라는 시어가 가리키는 것.
(아래) 고가 하루에, 〈바다〉(1929, 도쿄국립근대미술관).

세를 취하고 있는 「且8씨의 출발」 중에서 다시 다르게 인용되고 설명되어
야 할 대목은 다음과 같다.

> 류부전지輪不輾地 전개된지구의地球儀를앞에두고서의설문일제/ 곤봉은사
> 람에게지면을떠나는아크로바틱을가르치는데사람은해득하는것은불
> 가능인가/ 지구를굴착하라/ 동시에/ 생리작용이가져오는상식을유기하라/
> 열심히질주하고 또 열심히질주하고 또 열심히질주하고 또 열심히질
> 주하는 사람은 열심히질주하는 일들을정지한다./ (…) 사람의절망은
> 정밀한것을유지하는성격이다. (1: 77, 강조는 이상)

이상이 안자이 후유에의 시에서 '류부전지'라는 한 구절을 절취하여 인
용한 것은 안자이의 원래 문맥과 배치를 파괴적으로 중단시키고, 제플린
호에 대한 안자이의 인식에 이의를 틈입시키려는 의지의 산물이다. 1929
년 8월 8일 이른 아침, 16명의 승객과 37명의 승무원을 태우고 21일 동안
31,200킬로미터를 날아 다시 출발점에 도착함으로써 세계 일주에 성공했
던 제플린호는 그 전에 시베리아를 횡단해서 도쿄에 도착했었다. 제플린
호의 비행경로는 신문 지상의 지도—'전개된[펼쳐진] 지구의'—위에 실시
간으로 표시되었고(뒷면 〈Z백호통과도〉 참조), 이상은 그 지도 위에 표상
된 Z백호/곤봉이 압도적이고 위압적으로 만들어내고 있는 심상지리와 관
련해 질문하고 있다. Z백호, 다시 말해 기술적 합리성의 근대를 상징하는
그 육중한 속도의 기계가 사람들에게 지면을 떠나 활공하는 기예를, 근대
라는 속도를 가르치지만 이상은 그 속도의 매혹과 성취에 열광하는 것이
아니라 그 일방적 속도의 해득 불가능함에 비판의 초점을 맞춘다. 비상하
는 근대적 속도의 날개를 꺾고, 그 엔진을 꺼버림으로써 속도의 근대성 밑
바닥을 구멍 내는 굴착의 정언명령, 그것이 '지구를 굴착하라'이다. 굴착한

---

25 송민호, 「이상의 초기 일문시 「且8氏의 出發」의 전고典故와 모더니티의 이중적 구조」,
란명 외, 앞의 책, 265쪽.

다는 것은 정지시킨다는 것이다. 무엇이 정지되는가. '열심'으로 질주하고 거듭 가속화하는, 그럼으로써 할당받고 부과된 속도를 항상적인 자기의 속도로 오인하게 하는 질주정dromocratie의 착취적 봉합구조와 합성운동이 정지된다.

질주정, 이른바 속도의 통치는 속도의 미학화와 한 몸이다. 마리네티-무솔리니는 조각가-통치자이며, 그 두 쌍은 형상-질료의 짝과 동시적이며 등질적이다. 대중을 아끼고 사랑하면서 동시에 대중의 우매함과 미결정성을 혐오하고 매도하는 어떤 도착 속에 그들의 절대적 속도가 들어있다. 그런 속도 위에서 마리네티는 대중이라는 재료를 조각하며, 그 속도의 도착성 속에서 무솔리니는 대중을 이른바 '갈채'의 도가니로 휘몰아간다. 질주정이라는 신성의 공동정부의 수반들인 마리네티와 무솔리니는 형상-질료라는 착취적 도식을 깨는 자가 아니라, 그 도식을 깨기 위한 작업복을 걸치고서는 그 도식을 완성시키는 자들이며, 그런 한에서 그들은 그 도식의 형제이자 적자嫡子였다. '지구를 굴착하라'는 것은 그들 절대적 신성의 수반들, 돌려 말해 질주하는 속도의 적그리스도들에 대한 비판의 정언명령이었다. 그것은 다시 한 번, 도스토예프스키적이다. 지구를 굴착함으로써 지금 '지하의 세계'를 개창하고 있는 자, 이른바 파국의 지하생활자. 그는 분류표의 세계 안에 파괴와 붕괴의 게발트로, 방해의 바리케이드로 틈입하면서 어떤 '이익'을 발생시키는 중이다. "이 이익의 특징은 일체의 분류를 파괴하고, 인류애를 내세우는 자들이 인류의 행복을 위해 설정한 체계를 송두리째 때려 부수는 데 있다. 요컨대 이 이익은 세상의 모든 것을 방해하는 것이다."[26]

지하생활자는 '상식과 과학'이 가르쳐주면 인간은 그것을 반드시 해득하게 된다고 확신하는 자들을 조롱한다. 그런 확신은 인간의 자유의지, '자유로운 의욕'을 단순한 질료로 치부함으로써 인간을 '피아노 건반'이나

---

26   표도르 도스토예프스키, 『지하생활자의 수기』, 33쪽.

이른바 '전개된 지구의', 제플[且8]린 백작의 출발과 도착. '바퀴가 땅에 닿지 않는' 비행선 제플린 백작호[Z백호]의 운행 경로에 대한 실시간 보도. 모스크바·시베리아 횡단철도와의 대비 속에서 표상된 베를린·Z백호의 비행궤적은 기술과 속도와 심상지리의 관계, 곧 심상지리의 상상을 통한 기술의 경합적 석권상태에 대해, 속도의 통치상태에 대해 생각하게 한다. 「且8씨의 出發」이 조준하고 있는 지점이 거기 어디쯤일 것이다.
〈Z백호통과도〉, 「大阪朝日新聞」, 1929. 8. 19, 2면(송민호, 앞의 논문, 255쪽에서 재인용).

'휴대용 오르간의 핀' 같은 것으로 격하한다는 것이다. Z백호가 가르치는 비상의 기예가 일방적으로 해득되어선 안 되는 것이라고 말했던 이상은 악기의 건반이나 핀이기를 거절하는 지하생활자와 한솥밥을 먹는다. 그들은 그렇게 서로 동거하면서 공동의 '이익'을 추구한다. 자유로운 의욕에 뒤따르는 이익. 다시 말해, 죽은 노동으로 집적된 축적/목적에 의해 안배되고 편성된 좌표의 바깥을 발생시키는 힘의 이익. 그들의 그 공동 이익, 목적-바깥으로의 힘을 향한 지하생활자의 그 의욕과 의지가 삶을 대상으로 한 기존의 분류법을 작동정지시킨다. 도스토예프스키가 평생을 앓았던 간질epilepsy이 일상의 정상성이 절단되는 경험의 발현이었던 것처럼, 분리/매개의 질서를 폐절시키는 분류 불가능한 힘에의 의지가 이데올로기로서의 인류애의 이름으로 설계되고 있는 '정상적 이익'의 생산 과정에 순수한 중단picnolepsy의 계기로 발현된다. 도스토예프스키의 총파업 또는 지하생활자의 "무위無爲",[27] 그것은 작위의 무화로서 그런 총파업에 의해 분류 불가능한/예외적인 이익으로 재생산되고 향유된다. 그 사보타지의 장소, 그 주이상스의 자리를 두고 이상은 '엘리스의 나라'라고 적었다. 거기서 통상의 법은 끝난다. "이 '아리스'나라가튼 불가사의한나라에제출된외교문서에 우리들이가지고잇는법률을적용하려고하는 것은 도로徒勞요 무효無效인줄압니다."(3: 39)

지하생활자는 자신의 목적-바깥에의 의지와 의욕을 두고 "이성도 비근한 생리작용도 모두 포함하는 인간의 전체생활의 발현인 것이다"[28]라고 적었다. 이성과 몸의 위계적 이분법을 거절하고 있는 이 문장은 즉각 「且8씨의 출발」 속에 들어있는 한 문장과 맞닿는다. '지구를 굴착하라'와 동시적인 또 하나의 정언명령 '생리작용이 가져오는 상식을 유기하라'가 그것이다. 이는 살아가는 몸의 작용을 이성의 빛이 뚫고 들어가지 못하는 동물의 영역이자 암흑의 영역이라고 격하시킨 지배적 통념과 상식을 내다버리

27　같은 책, 28쪽.
28　같은 책, 40쪽.

라는 뜻이다. 함께 내다버리면서 지하생활자는 자신의 동시대인들을 향해 "마땅히 정신적인 면에서 무성격적 존재여야 한다"[29]라는 명제를 제출한다. 무성격적 존재, 또는 무성無性의 존재. 그것은 부과된 직역職役의 몫과 적대하는 지하생활자들의 '파괴적 성격'에 대해 생각하게 한다. 무성격적이란 어떤 상태인가. 성격을 특정하거나 귀속시킬 수 없는 상태이다. 성격을 특정할 수 있다는 건 성격을 분류할 수 있다는 뜻인바, 그것은 규격화된 품행의 관리 상태를 가리키는 다른 말이다. 무성격적이란 함부로 쫙쫙 그어지고 있는 분리선들, 구획들, 돌벽들에 대한 폭력적 망각의 지속이며, 그런 한에서 무성격적 존재란 분류법의 영토 안에 무nihil의 치외법권으로, 멸형의 공백으로 정초되고 기립하는 중이다. 무성격적 존재는 무성—무(니힐), 공백(영점), 멸형(묵시), 소멸(제로)—의 힘을 관철시키는 자다. 분리/매개의 완성 과정을 따라 생산되지 않는 무성은 자기원인적이므로 어떤 절대이다(다시, '절대에모일것'). 절대적 무성nihil-ism은 신성의 한 조건이자 양태이다. 그런 한에서 무성격적 지하생활자의 사보타지, 그 '무위'의 힘은 무성의 한 조건이자 신성의 한 표출이다.

　　무성격적인 또는 무성적인 존재는 "미칠 듯이 고통을 사랑하는 수가 있다".[30] 무성의 존재에게 고통은 이런 것이다. "수정궁 안에서는 고통 같은 건 생각할 수조차 없다. 고통은 의혹이요 부정이다. (…) 나는 확신한다—인간은 진짜 고통을, 다시 말해서 파괴와 혼돈을 결코 거부하지 않는다고. 고통—이것이야말로 자의식의 유일한 원인인 것이다."[31] 고통은 의혹이고 부정이므로, 고통을 사랑한다는 것은 의혹과 부정의 정신을 보존한다는 것이다. 어디서 고통을 사랑하며 어느 때 부정을 지속시켜야 하는가. 근대성의 한 정점으로 남아 있는 저 수정궁Crystal Palace 안에서, 그 이성적 투명성의 유리와 계산적 표준성의 철근으로 된 근대의 건축물 안에서 고통을 사랑해야 한다. 수정궁이라는 건축적 근대의 탄력적인 자기조정과 재생산 체제에 대한 의혹·부정·부결의 힘을 발견하고 발생시켜야 한다. 이상의 '且8씨'가 속도의 과학을 진보시킨 제플린 백작을 가리킬 때, 혹은 꽃이 필 수 없는 식물이 "且8씨의 온실"(1: 78)에서 과학에 의해 꽃이 피는 바로 그때, '且8씨'는 1851년 제국박람회 중심에 온실풍의 수정궁을 건축했던 조셉 팩스턴과도 포개진다. 제플린의 Z백호가 속도의 온실에서 진화하고 있었듯, 실제로 온실 설계자였던 팩스턴의 수정궁은 제국의 힘을 제2의 자연으로 생장시키고 있었다.

그런 한에서 '且8씨'는 누구인가라는 물음은 且8씨는 어떤 기호인가라는 물음으로 다시 질문될 수 있다. 且8은 백작 제플린, '제플-'의 기호이며 동시에 온실 설계자 조셉 팩스턴, '조- 팩-'의 기호이기도 하다. 且8은 문제적인 특정인과 일치되어서 중요한 것이 아니라 이상의 문학적 인공어가 갖는 속성과 원리에 대해 생각하게 하는 시어라서 중요하다. 이상의 기호들을 두고 '떠도는 시니피앙' 또는 '소멸하는 기호'라고 했던 건 이어령이었다. 의미 한정의 반복적인 중지 속에서 탄생하고 소멸하며 다시 탄생함으로써 이상의 인공어는 이동하거나 산개한다. "잠—성경聖經을 채자採字하다가 엎질러버린 인쇄직공이 아무러케나 주서담은 지리멸렬한 활자의 꿈."(3: 58) 엎질러진 활자들의 무한한 저장고에서 무작위적으로, 임시적이자 가설적으로 '채자'된 텍스트. "얼마 후 나는 역도병逆倒病에 걸렸다. 나는 날마다 인쇄소의 활자두는 곳에 나의 병구病軀를 이끌었다/ 복화술이란 결국 언어의 저장창고의 경영일 것이다."(3: 195) 글자를 뒤집어 채자하는 역도병, 엎질러진 활자들로 된 언어의 저장고에서 거듭 채자되고 있는 상황을 가리키는 복화술. 그것들이 이상의 인공어 혹은 기호로서의 시어를 표현한다. 이를 감지했던 소설가는 김연수였고 비평가는 김윤식이었다. 장편소설 『꾿빠이, 이상』에 나오는 이상 연구자 '권진희'는 「오감도」 15편의 맥락과 분위기를 철저히 파악한 끝에, 그 15편 속의 어휘들로 「오감도 16호」를 제작해낼 수 있었다. 이른바 '진위판단의 불가능성'. 이에 대한 김윤식의 문장은 다음과 같다. "끊임없이 새로운 「제16호」 「제17호」가 창출될 것

29　같은 책, 8쪽.
30　같은 책, 50쪽.
31　같은 책, 50쪽.

이지만 동시에 그것은 누군가에 의해 끊임없이 해체될 수밖에 없다. '소멸되어가는 기호'의 차원이라 할 것이다. 판단불가능성, 그것은 「오감도」 15편에서 16호가 나왔기에 자기언급적인 사안이었던 것. 이를 세계성이라 부르면 어떠할까", "진위 판단 불능의 자기해체, 소멸하는 기호이기도 하다는 것."[32] 이상에게 '체제의 파국'이라는 내용적 층위는 소멸하는 기호로서의 스타일과 동시적이며 등질적이다. 이른바 내용화된 형식. 말을 만들자면, 소멸의 양식style.

이상이 '且8씨의 온실'을 지탱하는 대지 또는 '거짓 천사들의 온대'라는 지구를 굴착하라고 명령하는 것과 지하생활자가 '수정궁'의 지하 밑바닥에서 의혹과 부정을 지속시키고 있는 것은 그리 먼 거리에 있지 않다. 지하생활자와 이상은 그렇게 수정궁의 노모스 지하에서 다시 만난다. 지상을 굴착해 들어간 지하생활자는 정확한 집계와 계산이 돌발적 마주침의 사건과 행위를 없애버린다고 말하면서 이렇게 쓴다. "수학적으로 정확히 계산된 인스턴트식 새로운 경제 관계가 시작되고, 문젯거리란 흔적도 없이 사라져버린다. 어떤 문제든지 미리 준비된 해답을 즉각 얻을 수 있기 때문이다. 그때야말로 수정궁이 세워지는 것이다."[33] 수정궁이 공포의 대상인 것은 모든 문제에 즉각적인 해답을 제공함으로써 문제를 문제화하지 않고 해소하기 때문이다. 지하생활자는 당대 사회주의 계열의 경제적 진단서와 처방전에서 수정궁에의 봉헌을, 정답주의에 의한 문제의 폐기를, 줄여 말해 사고의 봉쇄를 본다. 이에 이어진 지하의 또 한 생명, 이상의 「一九三一年」 중 한 대목은 다음과 같다. "지구의地球儀 위에 곤두를 섰다는 이유로 나는 제3인터내슈날 당원들한테서 몰매를 맞았다./ 그래선 조종사 없는 비행기에 태워진채로 공중에 내던져졌다. 혹형을 비웃었다./ 나는 지구의에 접근하는 지구의 재정이면財政裏面을 이때 엄밀자세히 검산하는 기회를 얻었다."(1: 190) 앞선 안자이 후유에의 「一九二七年」과 관련된 텍스트임을 확인할 수 있다. Z백호의 비행경로가 실시간으로 표상된 지구의에 똑바로 곤두섰다는 것, 혹은 곤두선 날을 세웠다는 것. '당원들'은 근대성을 향해 곤두선 이상에게 몰매를 주고 근대적 속도의 총아 '류부전지'의 비행기에 태워 공중으로 내던졌다. 당대 마르크스주의 계열의 진단과 처방에 보낸 부정과 의혹의 결과가 그랬다. 그런데 이상에게 그 비행기의 조종사란 없는 것이었다. 있어도 속도를 제어할 수 없기 때문에 없는 것이었다. 마리네티는 '운전대를 잡고 있는 자'를 찬미했었던바, 마리네티가 동경했던 것이 '질주하는 지구를 가로지르는 것'이었기 때문이다. 마리네티와 달리 이상은 운전대의 무용함에 대해, 속도의 폭압에 대해 말하는 중이다. '인스턴트식 경제 관계'의 환상적 후광을 찢으면서 경제의 이면적 진실을 검산할 수 있는 기회가 속도에 대한 근대주의적 당원들의 열망이 아니라 그 열망에 대한 소송에서 주어지고 있는 것이다.

'고통'에 대한 지하생활자의 사랑으로 다시 돌아오자. 지하생활자는 '진정한 고통'을, 다시 말해 '파괴와 혼돈'을 회피하지 않는다고 썼다. 지하생활자는 축적/목적에 봉헌하는 장치들 지하 곳곳에 파괴의 '역-장치'로 매설되고 설치된다. 삶을 단순한 생명의 연장으로 합성하는 기존의 질서가 지하생활자에 의해 폭력적으로 마감되는 매순간, 의혹·부정·부결로서의 고통에 대한 항구적인 사랑 속에서 기왕의 법들은 새로운 노모스로의 형질전환을 겪으며, 지상의 생명들은 누리고 향유하는 삶으로의 성체변환을 경험한다. 지하생활자가 말하는 '자의식'이란 그와 같은 법의 전환, 삶의 변환으로 촉발되는 자기가치화의 다른 말이다. 지하생활자가 고통의 사랑 속에서 자기의 발생과 발현을 목도하듯, 이상은 탄생과 절망의 항시적인 삼투 속에서 '절망'을 끝내 포기하지 않음으로써 '발아'하는 자기를 마주한다. 앞서 인용한 「且8씨의 출발」에서 이상은 절망이 '정밀한 것을 유지하는 성격'이라고 씀으로써 자신의 파괴적 성격이 지하생활자가 말하는 무성격적인 것임을 표현한다. 정밀한 것을 유지하는 성격이란 무엇인가. 정밀의 유지는 좌표화된 바둑판 위로, 이른바 '수정궁' 안으로 감치된 삶에 대한 촘촘한 자기인지의 다른 말이다. 그것은 좌표의 재생산 원리에 대한

---

32   김윤식, 『기하학을 위해 죽은 이상의 글쓰기론』, 역락, 2012, 107쪽, 25쪽.
33   표도르 도스토예프스키, 『지하생활자의 수기』, 36쪽.

인식의 지속적 응집력이며, 그런 한에서 의혹·부정·부결로서의 고통에 대한 사랑의 최고도의 보존이다. 그 보존을 조건으로 해서만 절망은 희망의 탄생일 수 있다. '숫자의 소멸'로 정향된 이상의 모든 정언명령들이 바로 그런 희망의 맥락 안에서 발현한다. 멸형의 제로로 '도래중인 나', 또는 무nihil의 치외법권으로 정초되는 '불세출의 그리스도'라는 이상의 자의식이 바로 그런 희망의 조건과 용접되어 발아하는 중이다.[34]

재갈물린 지하생활자가 기다리는 그 날, 물린 재갈을 풀고 둑이 터지고 홍수가 난 듯 말할 수 있게 되는 그 날, 그럼으로써 다른 로고스/노모스를 개창하는 그 날, 다시 말해 지하생활자들이 "세상에 뛰쳐나오는 [그] 날"[35] 비로소 소멸하게 되는 것은 '이론'과 '도덕'이었다. "인간 자신의 이익의 체계로 온 인류를 갱생시키려는 이론"과 "인간에겐 무언가 도덕적인 훌륭한 의욕이 필요하다는 ["현인들의"] 확신"[36]에 조종이 울린다. 이론에 의해 보증되는 인간의 명령적 이익체제에 의해 인류의 갱생이라는 이름으로 수행되는 그 어떤 분리력/매개력에도 귀결되거나 귀속되지 않는 지하생활자들의 의지. 지배의 현자들/설계자들이 만든 도덕률로부터, 다시 말해 마음을 죄의 생산 공장으로 만드는 집단적 도덕률로부터 사람들 스스로를 폭력적으로 성별시키는 힘, 무성/무성격에의 의지. 그 의지와 접촉하는 이상의 한 문장은 다음과 같다. "나의 내부로 향해서 도덕의 기념비가 무너지면서 쓰러져버렸다. 중상. 세상은 착오를 전한다."(1: 191) 착오의 사회를 굴착하면서 밝아지는 새벽빛을 기다리는―"천량이올때까지"(1: 61) 기다리고 있는―이상 곁의 도스토예프스키 곁의 니체 곁의 『서광』. "이 책에서 사람들은 '지하에서 작업하고 있는 한 사람'을 보게 될 것이다. 그는 뚫고 들어가고, 파내며, 밑을 파고들어 뒤집어엎는 사람이다. 그렇게 깊은 곳에서 행해지는 일을 보는 안목이 있는 사람들이라면 그가 얼마나 서서히, 신중하게, 부드럽지만 가차 없이 전진하는지 보게 될 것이다."[37] 지하에서 수행되는 일들을 축적에 봉헌하는 이론과 도덕으로 환원하지 않는 것. 이는 저들 지하생활자들의 준칙이자 기율이며, 지하에서의 연합을 위한 조건의 최저선이자 마지노선일 것이다.

두 개의 제로—구원Erlösung과 최종해결Endlösung의 근친성

질주정의 속도를 중지시키는 '지구를 굴착하라'는 정언명령은 '광선을 가지라'는 정언명령과 하나의 계열체를 이루면서, 폭력의 설계도를 공동으로 작성한다. '건축무한육면각체' 연작에 들어있는 그 굴착의 명령은 같은 연작 안의 다른 작품 「진단 0:1」과 먼 거리에 있지 않다. 굴착의 정언명령이 좌표를 향한 '멸형滅形'의 용광로 쇳물과 제로에의 의지로 추진되는 것이었다면, 메스를 갖지 않은 책임의사 이상이 제출한 진단과 처방의 골자는 "1234567890"(예컨대, 수정궁)의 "0.123456789"(예컨대, 제4세)로의 전면적인 변환, 말 그대로 "숫자의 소멸"이었다. '요凹렌즈'를 통과해 방사되는 광선, 통치적 좌표를 뚫는 굴착의 속도. 그 광선, 그 광속이 분리력/매개력의 완성과정을 "0000000000"(1: 89)으로, 묵시적 정치력으로서의 제헌적 무nihil로 만든다. 그러나, 그러하되, 이상의 광선에 대한 재조사는 아직 끝나지 않았다. 곤혹스럽고 또 곤욕스럽지만 그 재조사는 숫자의 소멸, 다시 말해 '제로'를 향한 이상의 의지에 대한 소송에서 다시 한 번 시작되어야 한다. "제로에의 호소는 초월적 존재를 제거하는 것이 아니라 그것을 대체하는 것이다. 제로는 구조의 유지를 위해 없어서는 안 될 것이다."[38] 무슨 뜻인가.

약호들의 계약 안으로 수렴되고 환수되는 시간들의 해방. 다시 말해 축적/목적에 의해 합성된 기호들의 끝, 제로에의 의지. 그러하되 그 제로라는 것이 절대적 계약을 단지 대체함으로써 통치의 구조를 유지시킨다는 생각은 이상의 제로를 향해 다시 질문하게 한다. 이상의 제로는 구조가 허

---

34 그러하되, '무'의 법과 관련하여 여기 앞질러 인용해놓아야 할 한 문장은 『불안』의 저자 키에르케고어의 것이다. '무無가 불안을 낳는다.' 이상과 불안, 불안의 힘. 이에 대해서는 IV장을 참조.

35 앞의 책, 54쪽.

36 같은 책, 37쪽.

37 프리드리히 니체, 『아침놀』, 박찬국 옮김, 책세상, 2004, 9쪽.

38 가라타니 고진, 『은유로서의 건축: 언어, 수, 화폐』, 김재희 옮김, 한나래, 1998, 108쪽.

락한 한계 안으로 내부화함으로써 그 구조를 수호하는 제로-약호인가, 아
니면 구조와 그 구조의 성립 조건으로 봉사하는 기호들의 커넥션을 절단
하고 차단하는, 그럼으로써 구조에 훼멸을 고지하는 약호-바깥(으로)의
힘인가. '도래중인 나', 그 제로에의 의지는 장치들을 재정립하는 적그리스
도적 반동인가, 아니면 묵시적/정치적 힘으로 도래중인 메시아적 영도의
표현인가. 이와 같은, 제로에 대한 상충하는 두 관점 앞에서 다시 생각하지
않을 수 없는 것은 이상의 우생학적 학살의 사고, 사고의 학살이다. I장에
서 한 차례 다루었던바, 그의「차생윤회」속에는 거리낄 것 없는, 지독한,
혹독한 폭력이 들어있다. 그 폭력은 거듭 인용하고 매번 곱씹어야 할 대목
이며 이상 문학의 난국이자 결절의 장소가 아닐 수 없다. 그 텍스트는 신
성을 기각하려는 이상의 의지가 심각하게 갈라지고 터지는 순간이고, 그런
의지를 지탱하는 기둥이 부러지고 쪼개지는 장소이다. 다시 인용한다.

> 천하의 엇던우생학자도 초인법률초월론자도 행정자에게 대하야 정
> 말 이 '살아잇지안아도 조흘인간들'의 일제학살─齊虐殺을제안하거나
> 요구하지는안나보다. 혹 요구된일이 전대에 더러 잇섯는지는 몰으지
> 만 일즉이 한번도 이런 대영단적우생학大英斷的優生學을실천한행정자는
> 업는가십다. (3: 70)

이 한 대목 속의 우생학자는 '진보된 인류우생학적 위치'에서 판결하는 자
에, 그와 관련된 초인법률초월론자는 당시 이상이 보았거나 들었던 도시
토예프스키 원작의 '영화 〈죄와 벌〉'의 내용에, 행정자란 '모종의 권력'에,
살아 있지 않아도 좋을 인간들은 '유전병자, 광인, 주정뱅이, 거지들'에, 일
제학살이라는 단어는 모종의 행정 권력에 의한 '일조일석의 깨끗한 소탕'
에 맞닿아 있다(따옴표는 모두「차생윤회」의 키워드들이다). 이른바 대영
단적 우생학, 다시 말해 위대한 영웅의 결단, 우생학적 실천으로서의 일제
학살. 이것은 나치의 법안이 아니라 이상의 문장이다. 지금 불세출의 그
리스도 혹은 도래중인 나에 의한 숫자의 소멸, 그 구원Erlösung의 역사신학

은 우생학적 최종해결Endlösung에의 주권적 결단에 근접하고 기꺼이 접촉하는 중이다. 멸형 및 제로로 정향된 이상의 의지 안에서, '파괴할 것, 파괴하되 생산적으로 파괴할 것'이라는 수용소의 입법자 하인리히 힘러의 정언명령은 이상의 정언명령들과 하나의 계열을 이룬다(SS 친위대를 나치에 봉교하는 선봉대로 만들었던 힘러에게서 히틀러는 '이그나티우스의 로욜라 Ignatius of Loyola'를 본다고 적었다). 근대성의 파국/초극으로 정향된 이상의 제로에의 호소는 근대적/유혈적 구조의 완전한 추구를 위한 필수요소로 배속되고 귀속된다. 구조를 깨려는 제로가 구조를 완성하는 성분이 된다. 삶의 체제로서의 근대적 통치의 연속체를 내리치는 도래중인 나의 게발트, 그 구속사적救贖史的 근대초극의 힘은, 모조되고 위조된 식민지 근대를 불순물이나 결함의 방해가 없는 매끈한 근대로 그려보았던 근대추구의 폭력적 힘과 동시적이고 등질적이다. 그것이 이상의 비극적 난제였다.

　이상은 근대성에서 악질적이고 지독한 것을 도려내고 해방적인 것을 살리자는 단순한 이중과제를 제기하고 있는 게 아니다. 그렇다는 것은 그의 문학이 당시 그가 참조했던 도쿄의 상부 구조적 문화와 경성의 낙후된 생산관계 간의 불일치에 대한 일대일의 문학적 반영물로서 (재)생산된 것이라는 관점을 재고하게 한다. 이상의 근대 경험과 그 경험에 대한 투시, 그 난제의 장소는 근대성에 대한 보다 원천적이며 원리적인 인식을 다시 수행할 수 있게 하는 생산적 사고의 장소이다. 근대라는 역사적 삶의 형태를 앞에 둔 구원과 최종해결의 동시성 혹은 등질성, 그 역사신학적 아포리아는 근대와 관련된 기계적인 이중과제론과 토대주의의 정합적 대응물로서의 근대론 바깥을 뚫고 개시하는 비판의 실험실이다. 발전적 단계론의 정합성을 초월했던 러시아에서의 혁명은 누구도 계산하지 못했던 '사건', 계산-바깥을 판시했던 사건이었다. 이상의 문학을 하나의 문학-사건으로 인지하고 그 사건의 사건성을 지속한다는 것은 근대초극과 근대추구의 동시성이라는 이상의 아포리아로부터, 그 이율배반의 상황으로부터, 다시 말해 구원과 최종해결의 근친성으로 드러나고 있는 절멸/제로에의 의지로부터 비판적 힘의 발전가능성을 발굴한다는 말과 다르지 않다. 그런 한에서 구원의 제로와 학살의 제로, 그 두 제로는 분리와 택일의 대상이 아니라, 서로가 맺는 대립적 근친성의 관계 그 자체로서 지속되어야 할 대상이다. 하나가 다른 하나를 용인할 때 용인한 그 하나의 존재 기반이 붕괴되는 관계, 치명적 차이의 긴장 관계. 관건은 그 차이의 보존이며 재정의이고, 그 차이와 현재의 관계를 어떻게 설정할 것인가라는 질문의 발명일 것이다. 그런 뜻에서 다시 읽게 되는 이상의 한 문장은 다음과 같다. "모든중간中間들은지독히춥다."(1: 43)

'중간'은 어디인가. 지독히 추운 그 중간에선 무슨 일이 일어나고 있는가. 하나의 사고와 그 사고의 이면에 대한 또 다른 사고의 촉구 속에서, 하나의 표현과 그 표현의 배면에 대한 또 다른 표현의 요청 속에서 사고와 표현의 잠재성을 발생시키고 발현시키는 장소. 거기가 바로 중간이다. 그 중간이 바로 아포리아의 장소이다. 그 중간에서만 하나의 제로—예컨대 도래중인 나에 의한 구원, 숫자의 소멸, 근대초극에의 의지—는 그 제로의 이면에 있는 또 하나의 제로—예컨대 일제학살, 진보된 우생학, 근대추구에 대한 의지—와 동시적이며 등질적인 것으로서 인지될 수 있다. 그 중간에서의 긴장이 무너질 때 하나의 제로는 그 이면에 있는 또 하나의 제로와 합치한다. 그때 사람과 사고가 동시에 학살의 대상으로 된다.

이상의 그 '중간'에 대해 다시 말하기 위해 인용해야 할 문장은 다음과 같다. "마츰내가구두句讀처럼고사이에낑기어들어섯스니나는내책임의맵씨를어떠케해보여야하나."(1: 121) 지금 이상은 어디에 섰는가. 구점(.)과 두점(,)처럼 구절들 '사이'에 서 있다. 구두점처럼 끼워졌고, 끼워졌으므로 틈·이격·단절·공백으로 흐름의 연속성을 끊는 중이다. 때마침 그렇게 끼워졌고, 그 사이에서 그 사이에 대한 '책임'에 관하여 질문할 수 있었다. 그 사이는 그가 말하는 저 혹독한 '중간'과 먼 거리에 있지 않다. 사이/중간에서 책임을 다한다는 것은 무엇인가. 사이에서의 난제를, 중간에서의 아포리아를 폐기하지 않고 지속하는 것이다. 그 사이에서 어느 하나로 귀속되거나 귀착되는 것이 아니라 오직 그 사이에서 발생할 수 있는 실존의 가능성들을 재구성하는 '향유'의 과정이 중요하다고 했던 건 쿤데라였다. 그러하되 그 사이의 잠재성에 대한 지속과 보존의 책임은 말처럼 쉽지 않은데, 언제나 사이라는 공간의 아포리아 일반은 신속히 처결될 수 있는 단답형으로 대패질되거나 못질되기 때문이다. 모든 사이들, 모든 중간들이 지독히 추운 까닭이 거기에 있다. 그 혹독한 추위의 중간을 지속시키는 자는 그러므로 "오들오들 떨고 잇"(3: 128)을 수밖에 없다. 책임을 다한다는 것은 그렇게 진동한다는 것이다. 그것이 책임의 속성이다. 중간에서의 책임, 중간이라는 책임, 그것에 대해 좀 더 말하기로 하자.

종말론적인, 너무나 자치적인

추운 중간에 서서 진동하는 것, 그렇게 거기서 거주하는 것, 그럼으로써 중간 그 자체가 되는 것. 다시 말해 격절과 절단에 이어진 구원의 시공간과 최종해결 간의 등질성이라는 모순의 개시로서 도래중인 것. 그렇게 중간으로부터/중간으로서 '도래중인 나'는 "일러줌Anrede으로써 결단을 촉구한다. 이 결단은 분명히 장래에 대한 책임으로서"[39] 수행된다. 도래중인 나는 묵시적/정치적 사건으로 일러지고 고지된다. 그렇게 고지된다는 것은 '장래'에 대한 책임으로서의 결단을 촉구하고 강제한다는 것이다. 다시 묻자. '장래'란 무엇인가. "자기의 역사성을 철저하게 이해한 사람, 곧 자기를 장래적인 것으로 이해하는 사람은, 자기의 본래적인 자아라는 것이 장래만이 자기에게 가져다줄 수 있는 선물이라는 것을 알아야 한다. (…) 자기의 역사성은 장래에 대한 자기의 책임성을 의미한다."[40] 이상이 말하는 혹독한 중간을 보존하는 것은 자기의 역사성을, 자기의 잠재성을 이해하는 것이고, 그렇다는 것은 자기에게 매번 도래하고 있고 발생하고 있는 장래적인 것/잠재적인 것the virtual을 '선물'로서 증여받는다는 것이다. 장래의 선물, 장래라는 선물을 꽉 붙잡는 자는 그 선물이 축적을 위한 교환의 바깥을 개시

39 루돌프 불트만, 『역사와 종말론』, 192쪽.
40 같은 책, 190쪽.

하는 증여물이라는 것에 대해 책임을 져야 한다. 그때 책임이란 좌표-바깥으로 발생하는 본래적 자아의 존립 조건이다. 도래중인 나로서 자기의 역사성을 인지할 수 있는 것은 구두점의 위치에서, 그 사이에서 책임을 고민하는 그때이며, 혹독한 중간/아포리아 속에서 진동을 선택함으로써 그 중간의 보존과 지속을 '결단'하는 바로 그때였던 것이다. 그때 두 제로는 하나로 합치되지 않는다. 그때 하나의 제로는 구조의 유지에 봉헌하는 제로와의 간극 및 차이 속에서 구조에 끝을 도래시키는 제로가 된다.

지금 비로소, 도래중인 나는 다음과 같이 일러주고 고지함으로써 오는 장래에 대해 책임 있는 결단을 촉구하고 있다. "항상 당신의 현재 속에 역사의 의미가 있다. 그리고 당신은 그것을 방관자로서 볼 수 있는 것이 아니라, 당신의 책임적인 결단에서만 볼 수 있는 것이다. 매 순간 속에 종말론적인 순간이 되는 가능성이 잠들고 있다. 당신은 그것을 불러일으켜야 한다."[41] 고지하며 도래중인 나는 누구인가. "하나의 종말론적 비세계적 실존이며, 동시에 또 하나의 역사적 실존"[42]이다. 그는 역사적 체제를 초극한 바깥에 있으면서, 동시에 그 체제 안에 있는 파라독스적 실존이다. 그는 초극과 동시에 내재한다. 그렇다는 것은 주어진 체제의 몫의 분류법 어디에도 동의하거나 합치하지 않는다는 것이며, 내재적 초월의 항구적인 간극과 격절로 그 체제의 원리를 절단한다는 것이다. 파라독스적이므로 파루시아적이다. 그렇게 도래중인 나와 함께 임재하고 있는 매 순간이 종말론적 순간으로, 묵시적/정치적 힘의 순간으로 불러일으켜지는 것은 장래에 대한 책임 속에서, 곧 '중간'의 보존과 파라독스의 지속에 대한 책임 있는 결단들 속에서이다. 그런 결단들 속에서 "매 순간은 종말론적이다."[43] 그 결단들 속에서 매 순간은 자치적self-governing이다. 삶을 직접적인 대상으로 한 율법화된 율#과 규율의 협치를 끝내는 종말론적/자치적 순간들. 그 순간들의 지속이 새로운 자연이 된 축적의 노모스 지하로부터, 달리 말해, 자연적인 너무도 자연적인 인공적 법-계의 지하로부터 발생하고 기립한다. 혹독한 중간으로부터 도래중인 나는 목적의 도그마를 향해 다음과 같이 일러주고 고지한다. 그것은 묵시의 선포kerygma이다. "삶을 지닌 모든 것은 모두 피를 말려 쓰러질 것이다. 이제 바야흐로. (…) 천벌天罰인양."(3: 203) 불러일으켜진 종말론적/자치적 순간들의 기림에 의해, 다시 말해 묵시적/제헌적 게발트의 발생에 의해 축적의 신성왕국에, 그 목적의 공화적 공동지배에, 그 지배가 구축한 공동환상에 거듭 훼멸毁滅이 선포된다. 이상의 '바야흐로'라는 시간 형식은 그렇게 제헌적 과정/소송과 결속한 임재의 시간성을 표현한다. 내재적으로 발현하는 세속화된 묵시력의 한 가지 조건이 그와 같다.

---

41 같은 책, 196쪽.
42 같은 책, 195쪽.
43 같은 책, 195쪽.

III장

III장

이상복음The Gospel of St. Yi-Sang

하늘에서 내려다보는 까마귀鳥瞰, 공중에서의 그 불온한 시점. 그렇게 한 눈
에 조감하는 전지적/신적 시선이 이번엔 이상 자신의 몸을 관통하고 투시
한다. 이렇게 묻기로 하자. 식민지 '모조근대'의 작동에 중지를 선언했던 작
가 이상은 자신의 쇠락하는 몸을 둘러싸고 무엇을 어떻게 사고했던가. 다
시 말해, 그 몸은 어떤 사건의 발생을 지각하게 하는가. 이 물음들과 관계
된 가능하고 필요한 말들을 천천히 엮어 짜는 일. 그것이 이번 장에서 할
일이다. 피를 토하는 피폐한 폐와 몸피에 대한 자의식의 시적 기록, 「내과內
科」. 그 첫 문구는 당대의 다른 시어들 틈에서 가히 이례적이며 예외적이다.
"자가용복음/ 혹은 엘리 엘리 라마 사박다니."[1] 이 한 구절에서 다시 시작
하자.

　「내과」에 나오는 의사는 "하얀천사"로, 그 천사의 필명은 "성뽈피-
타-"[베드로]로 되어 있다. 의사이고 천사이며 사도인 그는 갈비뼈로 둘러
싸인 이상의 내부를 청진기로 진찰하는 중이다. 이 진찰 행위를 두고 이상

1　이상, 「내과」, 『정본 이상문학전집 1』, 김주현 편, 소명출판, 2009, 156쪽. 이하 이 시의
　　인용은 모두 같은 쪽.

은 "열쇠구멍으로 도청"한다고 적었다. 은밀한 엿듣기. 청진기를 통해 독
자들이 듣게 되는 건 이상의 몸 안에서 오가는 다음과 같은 교신이다. "(발
신) 유대사람의임금님 주므시나요?/ (반신) 찌-따찌-따따찌-찌(1) 찌-따
찌-따따찌-찌(2) 찌-따찌-따따찌-찌(3)." 누가 발신하고 있는가. 다른 텍
스트들에서 적그리스도적 존재에 대한 '암살'을 다짐했던 이상이라면, 그
리고 그의 몸이 근대적 질병으로서의 결핵과 각혈을 앓고 있었던 점에서
보자면, 자신의 질병과 그것에 관계된 사회의 상태를 수수방관하고만 있
는 '유대의 왕' 예수에게 편히 잠자고 있느냐고 묻는 건 이상 자신일 법하
다. 이에 돌아온 회신은 아리송하다. 하지만 찬찬히 살펴보면 그것이 '발
신'과 '반신'의 형식으로 되어 있다는 것, 날아온 전보에 응답하는 회신을
뜻하는 게 반신返信이라는 것, 반신의 내용이 '(1) (2) (3)'으로 세 번 나열되
어 있다는 것, 그 세 번의 반신은 동일한 구절의 반복이라는 것 등을 알 수
있다. 모스부호일 것이다.² '따'라는 소리로 들리는 짧은 전류(·)와 '찌-'
라는 소리로 들리는 긴 전류(-)의 조합으로 된 반신을 모스부호표에서 찾
아 다시 표시하면, 찌-따찌-(-··-)는 'ㅇ'이고, 따따(··)는 'ㅑ'이며, 찌-
찌-(--)는 'ㅁ'이다. 곧, '얌'이다. 세 번 반복되니까 '얌얌얌'. 악한 사회를
마주하고서도, 피폐한 몸들의 괴성을 듣고서도 예수 당신은 잠자코 주무
시기만 합니까, 라는 물음에 얌얌얌, 맛있게 즐겁게 먹기도 한다는 답이 돌
아온 것. 전신의 부호들을 사용해 간단하고도 우스꽝스런 기호놀이를 했
다고도 하겠지만, 그 이면에서는 무감각하며 느려터진 신성을 격하하는
자못 심각한 표정의 이상이 보인다. 불의가 판치고 악이 번성하는 때에 신
성의 정의에 관해 따져 묻는 신정론theodicy의 의지와 논리. 바로 그것이 이
상의 병든 몸속에서 펼쳐지고 있는 한 가지 풍경이었다.

그러하되, 위의 회신은 정확히 누가 보낸 건지 어떤 내용인지 엄밀
히 확정하기가 쉽지 않다는 것 또한 사실이다. 그렇다고 그 회신이 난공불
락의 희한한 형식 취미에 불과하다고 말할 수는 없다. 이상의 내부에서 이
뤄지고 있는 예수와의 교신이 불가능해진 상황이라는 것, 다시 말해 이상
이 시도한 신성과의 교신이 끝내 발신과 회신 사이의 단절과 결렬로 끝나

고 있다는 것이 표현되어 있기 때문이다. 앓는 몸과 직결된 「각혈의 아침」
에서 스스로를 '불세출의 그리스도'라고 썼던 이상은 「내과」를 이렇게 마
무리한다. "성聖피-타-군이세번식이나알지못한다고그린다. 순간 닭이활
개를친다……." 「내과」의 의사는 최후의 만찬이 있던 그 밤의 끝에 예수를
세 번 부인하는 「마태복음」의 사도 베드로의 변형이고, 삶의 고통을 외면
하는 예수를 더 이상 믿지 않고 절연하는 「내과」의 이상은 그런 베드로에
게 부인당하는 그리스도의 변형이자 변신이다. 그 변형·변신에 대한 이상
의 의지는 관리하는 권력의 작동에 중단과 정지의 힘으로 도래중인 진정
한 그리스도로의 화신化身에 맞닿는 것이다.[3]

　이상은 근대의 추구와 동시에 근대의 초극을 감행해야 했던 모순의
무대 위에서 "양처럼 유순한 악마의 가면"[4]을 쓰고 연기했다. 양처럼 유순
한 탈정치적 표면의 문학 속에 실은 당대의 질서를 무화하려는 악령적 의
지가 넘실거렸다는 자기변호. 그러하되 그 시절 그의 연기는 말 그대로 비
극적인 것이었다고 해야 한다(오늘 이곳에서의 연기 또한 그때와 먼 거
리에 있다고 할 수는 없으며, 그것이 비극적인 오늘 이상을 다시 읽는 한

2　발신과 회신의 형식에 대해 생각하다가 모스부호를 떠올리고는 곧바로 한글
　모스부호표를 찾아 대조했던 이가 있었다. 인터넷 카페 '아고라'에서 「내과」를 읽고 있는
　자신만만한 독학자를 만날 수 있다(http://bbs1.agora.media.daum.net/gaia/do). 그는
　청가인이라는 이름의 시인이었으며, 「오감도」를 해설한 책 『에코우』(도꼬마리, 2011)의
　저자이기도 했다. 그의 이름, 그의 저작은 기존의 선행연구들에는 나오지 않는데,
　각주의 형식을 빌려 여기에 남겨놓기로 한다.

3　그 화신·변신은, 이상과 이격된 채로 이어져 서로의 결단의 이면을 되비추는
　'동시대인'의 한 구절로 다시 표현될 수 있는바, 무교회주의자 김교신이 말하는
　'유물론자 예수'로의 변신이 그것이다. "그리스도가 유물론자라는 일어一語 중에서
　우리는 수백 쪽의 주석책을 섭열涉獵한 이상의 깨다름이 있었다. (…) 예수를
　유물론적으로 보면, 부패한 종교가는 물론이어니와 문사적文士的 도취적 가상적 신도를
　일소하는 효험은 확실한바 있다."(김교신, 「유물론자인 야소耶蘇」, 『성서조선』 65호,
　1934년 6월, 1쪽)

4　이상, 「얼마 안되는 변해辨解」, 『정본 이상문학전집 3』, 김주현 편, 소명출판, 2009, 152쪽.
　이 글의 인용은 모두 같은 쪽. 이하 전집 1권에서 인용할 때는 '1: 쪽수'로 표시. 2, 3권도
　같은 방식으로 인용함.

가지 이유일 것이다). 구조의 파쇄, 전위, 형질전환을 기획하는 신성한 힘 Gewalt의 현현, 또는 그런 힘의 구성을 향한 이상의 거듭된 실패와 좌초. 그 것이 이상이라는 비극의 배우가 선택한 연기의 방법과 태도를 결정짓는다. 그것은 달리 말해 "풋내기 최후의 연기"였다. 그 연기가 풋내기의 것이었음을, 곧 중역重譯을 통해 이식된 식민지 근대의 지식인이 펼친 한갓된 흉내이자 시늉이었음을 액면 그대로 인정할 일이지만, 그것이 또한 '최후'의 연기였음에도 방점을 찍을 일이다. 최후의 연기, 그것은 한 세계의 종언에 대한 이상의 감각을 표현하며 어떤 절체절명의 순간을 지시한다. 이상의 자기변론 속에 들어있는 최후의 대사는 다음과 같다. "지상에는 일찍이 아무 일도 없었다." 그 대사는 「내과」의 첫 구절, '자가용복음 혹은 엘리 엘리 라마 사박다니'와 한 짝이다. 이상의 '자가용복음'은 이런 것이다. 일찍이 아무 일도 없었으므로 이상에겐 '태초의 말씀' 또한 없었다. '태초에 말씀logos 이 있었다'는 복음서 한 구절이 뜻하는 것, 즉 전능한 신/로고스의 화육化肉으로 지상에 온 예수의 존재가 '일찍이 아무 일도 없었다'는 이상의 선포에 의해 기각된다. 그 선포는 악질적인 악의 세계의 공모자로 예수를 지목하고 고발하며, 그런 예수의 몸을 입은 신의 힘이 통치의 구조를 신성한 후광으로 수호하며 보수하고 있음을 개시한다. 이상의 선포, 적발되는 적그리스도. 바로 그 선포가 이상이 말하는 자가용복음의 내용이다. 바로 그 적그리스도가 '이상복음'의 적이다. 태초에 있었던 것은 아무런 일도 없었음無-爲이기에 오늘의 삶의 작위적 분할과 위계는 이미 끝나고 있고 이내 끝나야 한다는 것. 줄여 말해, 무위이기에 무위無-位여야만 한다는 것.

　　그것은 다르게 표현될 수 있다. "〈태초에 '문학'이 있었노라〉인 것이다. 태초의 '문학'은 파생적인 것인데, 마치 문학이 태초 그 자체였던 것처럼 보이는 데에 '문학'의 신화가 존재한다."5 절취해온 이 문장은 '말씀logos'의 기원을 표현하는 한 가지 방법으로 읽힌다. 되받아 다시 쓴다. '태초에 말씀이 있었노라'인 것이다. 태초의 '말씀'은 파생적인 것인데, 마치 말씀이 태초 그 자체였던 것처럼 보이는 데에 '말씀'의 신화가 존재한다. 이상은 신화화된 '말씀'의 자리에 법, 위계, 서열을, 줄여 말해 '작위作爲'의 근대를 놓고 있는 것이다. 그런 신학적·정치적 무위無爲를 향한 이상의 의지 속에서, '지상에 일찍이 아무 일도 없었다'는 한 문장은 이상복음의 1장 1절이 된다. 동일한 의지 속에서 「내과」의 "엘리 엘리 라마 사박다니"(「마태복음」, 27: 46), 곧 '주여, 나의 주여, 어찌하여 나를 버리시나이까'라는 한 문장은 이상복음의 마지막 장이 된다. 서기 1년 이후 30년, 골고다의 형장. 그곳 십자가에 매달린 예수의 말에는 자신을 외면한 신에 대한 의심, 무신론적 폐허로 자신을 내다버린 신에 대한 의구심疑懼가 담겨 있다. 의심은 곧 위태로운 두려움이었다. 그 의심의 순간으로부터 출발하는 예수의 자기관조적 삶을 그렸던 건 『최후의 유혹』의 작가 카잔차키스였다. 그에 따르면 예루살렘 성전이 파괴되는 서기 70년, 늙은 예수는 다시 골고다의 십자가로 회귀함으로써 신에 대한 의심을 철회하고 신과의 하나됨을 확정한다. 마찬가지로 「마태복음」의 예수 또한 부활의 사건으로 신과의 일체성을 증거한다. 이상 또한 바로 그 의구심의 순간에 착목했다. 하지만 이상은 십자가의 예수가 했던 마지막 말을 상이한 배치 속에서 다른 의지와 다른 톤으로, 다른 혀로 다르게 복창함으로써 그 의미를 낯설게 하고 예각화한다. 신과의 지고한 합일과 성스러운 조화로 수렴되는 「마태복음」 속 예수의 말을 신과의 철저한 세속적 간극과 결렬의 말로 '낯설게' 전용함으로써 안으로부터 부결시키는 것이다.

낯설게 하기가 지각의 탈자동화를 통해 '대상의 생성을 느끼는 방법'(쉬클로프스키)인 한에서, 이상은 골고다의 십자가에 달린 예수의 마지막 말을 낯선 배치 속에서 다시 복창함으로써 정치적 비판의 의지를 자각하고 그 각성을 표현할 수 있는 한 가지 방법을 얻는다. 그때 이상에 의해 전용된 예수의 저 마지막 말은 적을 옹립하는 예수와 예수의 신을 암살하는 총탄이 된다. 그 총탄의 발포야말로 이상의 선포kerygma이다. 상해 혹은 만철滿鐵의 폭파(1931. 9)에서 시작되는 '15년 전쟁'의 병참학적 총동원 체제,

5   가라타니 고진, 『일본근대문학의 기원』, 박유하 옮김, 민음사, 1997, 133쪽.

다시 말해 후생을 통한 체계적 구제와 구원을 위해 이식된 총력전의 구조, 그 신성한 폭력적 도그마dogma의 연쇄망을 절단하는 것이 이상의 케리그 마다. 그는 「오감도 시 제9호 총구」에서 발사되기 바로 직전에 있는 탄환 한 발을 고안해놓고 있다.

총구에서 뛰쳐나오는 것

「오감도 시 제9호 총구」(이하 「오감도 9호」)는 다음과 같다. "매일가치열 풍烈風이불드니드듸여내허리에큼직한손이와닷는다. 황홀한지문골작이로 내땀내가숨여드자마자 쏘아라. 쏘으리로다. 나는내소화기관에묵직한총 신銃身을늣기고담으른입에맥근맥근한총구를늣긴다. 그리드니나는총쏘 으듯키눈을감이며한방총탄대신에나는참나의입으로무엇을내여배앗헛드 냐."(1: 94)

열풍의 '열烈'은 매섭고 강건하고 올곧은 위엄을 뜻한다. 열풍이란 그런 위엄 혹은 권위의 몰아침이다. 그것은 불타오르는[灬] 화염의 이미지를 가졌다. 그 불길 속에서 이상은 이렇게 쓴다. "열풍은 철을 머금고 비굴한 기획을 위협하였다."(1: 169) 누구의 어떤 기획이 비굴한가. 「회한의 장」에 기록된, 모든 것에 눈을 감아버림으로써 아무에게도 보이지 않으려는, 그럼으로써 비겁을 완성하려는 이상 자신의 기획이 그러하다. '철'을 머금은 열풍이란 이상 자신의 그 비겁의 완성을 베거나 찢거나 뚫는 힘이다. 그에게 철이 면도날, 가위, 칼, 탄환의 이미지로 드러나고 있는 한에서 그것은 억지가 아니다. 비굴한 기획이란 세계와의 싸움을 회피하는 것이었고, 싸움을 생략한 내면의 평안이란 기만에 다름 아니었다. 모든 자기기만은 세계의 악이 숨어드는 장소이다. 소소한 악은 때때로, 부지불식간에 거대한 악과 등가이거나 그 원천이 된다. 그렇게 숨겨진 악은 끝내 숨지지 않는다. 철의 열풍, 열풍의 철은 세계와의 결렬과 격절을 요청하고 강제하는 힘이며, 기만의 자아를 붕괴시키는 힘이고, 세계의 악을 개시함으로써 악을 숨지게 하는 힘이다. 그 힘은 「오감도 9호」에서 어떤 신성의 힘으로 다시 정의되고 있다. 무슨 말인가.

　매일의 열풍은 매일의 '나'의 비굴을 인지하게 한다. 거듭되는 각성의 어느 때, 드디어 '큼직한 손'이 나의 몸에 접촉한다. 그 거대한 손은 '황홀한 지문의 골짜기'를 가졌다. 막대한 손길과의 접촉. 그 손은 누구의 것인가. 신의 것이다. 열풍으로 뜨거워진 몸의 땀이 신의 지문에 스미자마자, 그렇게 신과의 접촉의 순간이 장전되자마자 '쏘아라'는 신의 명령과 '쏘으리로다'는 나의 응답이 즉각적으로 구성된다. 그때 나의 소화기관은 탄환을 머금은 '묵직한 총신'이 되고, 나의 입은 매끄러운 '총구'가 된다. 총이 된 몸, 격발하는 신성. 그 몸은 신의 접촉의 산물이며, 그런 한에서 신의 육화에 다름 아니다. 각혈하는 이상의 몸은 신의 몸이며, 신이라는 총이고, '불세출의 그리스도'의 몸이자 총이다. 바로 그 총구에서 발포된 한 발 총탄과 토해진 핏덩어리는 가감 없는 등가이다. 그러므로 이렇게 묻게 된다. 그 총탄은 어떤 표적으로 날아가는가. 그 핏덩이는 무엇을 피로 물들이는가. '구두'를 향한다. 구두를 핏물 들인다. 「구두」의 한 대목을 「오감도 9호」와 견주어 읽자.

　　구두는 웃듯이 우선 피를 빨아서 적다색赤茶色으로 화해있었다. 위무같은 보호색이 아니냐./ 무너져 깨어지듯 일어나—나는 구두 속에 섰다./ 불사의不思議한 온기가 황량한 피부에 전해졌다. 코피가 연신 끓어오른다./ —속히 할 것이다. 당신쪽에서 명령한대로 속히 할 것이다—/ 운반된 수목처럼 빙결한 타액이 역풍을 끊으며 보행을 다시 시작하였다. (1: 169)

위의 구두에 잇닿아 있는 것은 먼저 저 「가외가전」의 구두였다. 노모의 결혼을 불허하며 걷어차 버리는 여러 아들들의 '육중한 구두'. 그것은 노모를 위한다면서 노모를 구속하는 가부장들을, 그 편모슬하의 결핍된 욕망들을, 결핍되어 있기에 독점적인 권력들을 암시하는 메타포다. 왜냐하면 그 구두는 '눈에 띄지 않는 폭군'의 전횡을, 그런 폭군이 신었던 '구두바닥의 징'을 가리키면서 동시에 「오감도 15호」의 한 문장, "의족을담은 군용장화가내꿈의 백지를더럽혀노앗다"(1: 98) 속의 '군용장화'와도 포개지고 있기 때문이다. 그때 저 구두는 웃으며 피를 빠는 일상화된 전시체제를 뜻하게 된다. 삶을 위무하는 척 보호색을 두른, 구원의 후광 속에서 생산되는 사회. 끝내 보호받지 못하는 그 사회 속에서 이상은 '무너져 깨어지듯 일어'난다. 그 역설적 상황은 '사람은 절망하라'와 '사람은 탄생하라'의 동시성 혹은 등질성에 대한 다른 표현으로 읽힌다. 때때로 누군가 무너지면서 일어나고, 절망 속에서 절망과 함께 재생을 경험하지 않는가. 때때로 약함 속에서 강함을 발생시키거나 약함이 강함의 조건으로 강하게 운동하고 있음을 새삼 체감하지 않는가. 「오감도 9호」의 저 열풍, 자기를 구조적 폭력으로부터 떼어내는 그 각성의 폭풍은 언제 부는가. 바로 그 역설 또는 아이러니 속에서 분다. 철의 열풍, 달리 말해 황홀한 지문을 가진 신의 거대한 손이 이상의 몸에 접촉하듯, 자신의 피부에 '불가사의한 온기'가 접촉되던 바로 그때 이상은 흡혈의 장치들 속에서 기립한다. '불사의'는 거대한 황홀한 손에 맞닿고, '온기'는 열풍에 맞닿는다. 신의 접촉으로 신의 총이 된 몸이 '쏘아라'는 신의 명령에 '쏘으리로다'라고 응답했던 것처럼, 그래서 총구로 탄환-핏덩이가 발포됐던 것처럼 「구두」의 이상은 피부를 접촉하는 신의 온기 속에서 신의 명령을 '속히 행할 것'이라 답하고선 타액을 토한다. 쏘아진 총탄-핏덩이-타액. 그것들 모두가 '역풍逆風'을 끊고 '보행'을, 순례로서의 보행을 다시 시작한다고 이상은 적었다. 역풍이란 무엇인가.

역풍은 열풍의 반대말이다. 다시 말해 역풍은 열풍의 적이다. 역풍은 구두의 행렬과 군용장화의 진군을 재현하는 이름이며, 흡혈의 사회를 유지하는 폭력이다. 그렇게 전진하는 역풍은 보호색의 휘장을 두르고서 가짜 구원을 서약한다. 그 서약에 근거해 미래를 저당잡고, 하나의 세계가 가진 고유한 의미들을 박탈함으로써 그 세계를 무화하는 저 '진보의 폭풍', 그것이 역풍이다. 금시에, 바야흐로, 그 거센 "바람을 끊듯 하얗고 싸느란 손"(1: 167)이, 그 거대하고도 황홀한 신의 손이 이상의 약한 몸이라는 총의 방아쇠를 당긴다. 발포되는 총탄 또는 고지되는 위엄의 폭풍, 이상이 말

파울 클레Paul Klee, 〈불의 폭풍〉, 1923.

하는 "불길 같은 바람煽の様な風"(1: 47), 그 열풍의 게발트가 역풍의 진보를
정지시킨다. 바로 그 신적 중단의 순간, 클레의 〈불의 폭풍Feuerwind〉에 그
려진 또 하나의 열풍은 다른 누구 아닌 작가 이상의 존재증명이 된다. 집
계적 권력을 향해 쏘아진 예리한 작살狀, 작살들. 날선 채로 틈입하는 화
살표들의 돌발과 파열의 순간, 순간들. 다시 말해 진보의 폭풍을 뚫고 찢
고 베는 불의 폭풍, 철의 열풍. 그것은 단계적 계단을 타고 오르는 진보의
구조물을 불태우는 신의 방화를, 신풍神風이라는 '진정한 비상사태'의 도래
를 표현하는 화염의 사건, 사건적 화염이다. 그 불길이란 '단순한 생명'의
생산 체제를, 통치하는 사회력을 폐절시키는 '영원한 생명', 불사의 생명이
다. "하나님의 영원한 생명은 '태우는 불burning fire'이라고 일컬어진다. 이 불
은, 긍정적인 채 하지만 [실은] 긍정적인 것이 아닌 것을 태워버린다. [실
로] 긍정적인 것은 어느 것도 태울 수 없다. 왜냐하면 하나님은 자기 자신
을 부정할 수 없기 때문이다."[6] 이상의 신적 열풍은 보호색 두르고 후광 두
른 유사 긍정적인 것들을, 그것들의 묵계를 불태우는 화염의 게발트이다.
지금 막 그 불의 폭풍이 신의 총구에서 뛰쳐나오는 중이다. 그 힘의 표출
에 대한 세속화 공정을 멈추지 않기 위해 이렇게 복창할 수 있다. '권력은
총구에서 나온다槍杆子裏面出政權.' 1927년 '8·7회의'에서의 마오쩌둥毛擇東.
　　총구주의자 마오의 그와 같은 일갈은 오늘의 상이한 배치 속에서 다
른 의지와 다른 논리로 다르게 복창될 수 있다. 17세기 『돈 끼호떼』의 역사
론—곧 '진정한 역사'라는 것이 진보의 시간과 내재적으로 절단되는 사건
들의 저장고이고 과거의 목격자이며 지금 현재의 표본이자 충고자이고 미
래에 대한 상담관일 때 그 역사가 진리가 된다는 문장들—을 20세기 프랑
스인 메나르가 똑같이 필사하는 상황을 연출함으로써, 17세기 원문의 의
미를 메나르 당대에 다시 다르게 발생시키려 했던 건 보르헤스였다. 이는
서기 30년 골고다의 십자가에 매달린 예수의 마지막 말을 1930년대 중반
의 식민지 경성에서 다시 다르게 복창했던 이상의 의지를 살피게 한다. 그
렇게 그들의 방법 안에서 마오의 저 일갈을 오늘 다시 토해내는 것은 필요
하고 가능하다. 마오에게, 총을 쥘 수 있고 쥐어야만 했던 건 당黨이었다.

그러하되 총을 가진 사람들로부터 총을 양도받은 당이 총의 원래 주인들을 향해 발포하는 순간, 그 총은 이미 제헌하는 힘이 아니었다. 안전과 예외의 결정권에 기대어 제헌력을 봉쇄하고 학살했던 그 총은 기존의 법을 불가침의 신화로 만들어 항구적으로 유지하는 폭력이었다. 그러므로 오늘, 마오가 말하는 '권력'은 저 '역풍'을 중지시키는 힘으로 다시 정의되어야 한다. 여기, 마오가 말하는 총구는 위임과 양도의 법에 불복종을 표현하고 매개의 질서에 불신임을 장치하는 신인神人의 총구로 재정의되어야 한다. 권력은 총구에서 나온다. 제헌권력은 신의 총구에서만 나온다.

각혈하는 몸

삶의 유혈적 합성을 중지시키는 '태우는 불', 그 신적 열풍에 대해 이상은 이렇게 적었다. "열풍은 살갗을 빼앗았다."(1: 173) 무슨 뜻인가, 어떤 의지인가. 신의 열풍에 의해 빼앗기고 벗겨진 살갗, 혹은 "참회懺悔로벗어노은내구긴피부"(1: 123). 이상은 자신의 몸, 자신의 피부와 살갗을 '열풍'과 '참회'라는 신성의 카테고리 안에서 인지한다. 그 몸, 그 살갗에 대한 하나의 사유를 앞질러 인용하기로 하자.

밖-갗으로의 노출Expeausition/ 몸들은, 추락이든 이탈이든 분리든, 어떤 움직임의 임박성 하에 언제나 출발에 직면해 있다. (…) 몸의 내밀성은 순수한 자기유래성을 이탈과 출발로서 드러낸다. 자기유래성―à-soi, '주체'에 포함된 자기 발원의 측면―은 오직 이 a가 포함하는(이 자기 자신을 별도로 놓는à part soi 움직임이 보여주는) 이탈과 분리로서 바깥을 향해 존재할 뿐이다. a의 이탈과 분리야말로 자기유래의 현존과 진정성, 그리고 그 의미가 이루어지는 자리이자 심급인

폴 틸리히, 『조직신학』 5권, 유장환 옮김, 한들출판사, 2010, 152쪽.

것이다.[7]

'몸'을 달리 표현하는 '밖-갗'이라는 개념어는 바깥Ex-과 살갗peau이 화학적으로 결합해 만들어진 조어이다. 왜 그 두 단어인가. 살갗은 몸을 감싸고 있는 막이고, 막은 안팎을 획정함으로써 안을 안이게 한다. 통념적 사고 안에서 그 막은 주체의 동일성을 구축하는 선명한 구획의 표면이다. 이상은 참회 속에서 그런 피부막을 벗어놓고, 열풍은 그런 살갗의 폐쇄적 구획을 폐지한다. 생각해보면 살갗이라는 막은 이미 안팎의 경계 그 자체이며 안팎의 확연한 구획이 부결되는 장소이다. 땀의 노폐물을 보면 알 수 있듯 살갗은 이미 언제나 신진대사를 쉬지 않는 세세한 '구멍들'의 운동력으로 존재한다. 살갗 혹은 살갗으로서의 몸은 그렇게 운동하는 경계이다. 모든 경계는 연속성이 끊어지는 단절의 장소, 불연속의 자리이다. "몸들은 오직 경계에서만, 경계로서만 발생한다. (…) 다시 말해 몸들은 의미의 위치들, 조직체의 각종 계기 및 질료의 구성요소들의 불연속화 그 자체이다."[8] '살갗'이 '바깥'과 하나의 계열을 이루면서 한 몸이 되는 것이 이 지점이다. 기필코 모방하고 따르고 믿어야만 하는 절대적 형상의 연장, 그런 형상이 찍어낸 의미의 연속을 절단함으로써 형상의 통치 속에 바깥을 틈입시키고 발생시키는 것. 그것이 살갗이고 몸이다. 몸은 단절적 바깥의 발생 현장이다. 그러므로 '밖-갗'은 바깥으로 노출되고 '바깥을 향해-있는' 몸의 실황을, '현존'의 장소를 표현한다. 신의 접촉으로 격발 중인 몸, 그 임박한 열풍 속에서 이상은 "현존과 현재 뿐만으로 된 혹종惑種의 생활을 제작하였다"(1: 152)라고 쓴다. 그렇게 오직 자기 자신으로부터 유래하는 현존의 임박한 '현재 시간' 속에서 형상이라는 형틀은 거듭 깨져나간다. 바로 그 자기유래성à-soi이 현존 혹은 밖-갗의 몸을 구성하는 속성들 중 하나이다. 그것은 'a-'의 운동으로서 추락, 이탈, 분리로 드러난다.

　　자기유래성이라고 할 때의 그 'a-'는 통치의 법 연관으로부터 자기 자신을 별도의 것으로 분리하고 구분하고 떼어냄으로써 그 연관 바깥을 발생시키는 자들의 힘을 뜻한다. 오직 자기로부터 말미암는 현존의 그 'a-'

는 분리와 이격으로 수행되고, '추락'으로 관철된다. 추락하는 몸은 기만과 죄의 연관 위로 떨어져 내린다. "아주 높은 곳으로부터 신 자체에 의해 감각이라는 기만과 죄라는 유해성 속으로 떨어져 내리는 것. 따라서 몸은 어김없이 파탄적인 것이다. 소멸과 차가운 몰락."[9] 몸은 파국으로서, '소멸과 몰락'으로서 떨어져 내린다. 그렇게 오관의 감각을 말소시키고 취소시킨 이상의 몸은—"나는 되도록 나의 오관(五官)을 취소하고 싶다고 생각한다"(1: 198)—분할되고 규제된 감각들의 질서 위로 내리쳐친다. 「오감도 9호 총구」, 열풍의 신이 접촉했던 이상의 그 살갗을, 격발하는 신의 총으로 인지되었던 그 몸을, 분리/매개의 질서 속에서 소멸과 몰락으로 발현 중인 그 몸을 다시 표현하도록 하는 한 단락은 다음과 같다.

> 몸은 '기표'도 '기의'도 아니다. 몸은 드러내는 것/드러내지는 것이다. 즉 실존이라는 파열의 확장이다. 거기의 확장, 그를 통해 세계로부터 '그것'이 도래하게 되는, 파열의 자리의 확장. (…) 간극의 창출. 의미의 원대륙과 시원을 알 수 없는 구조지질학적 판상들이 우리 발밑과 역사의 저변에서 흔들릴 때 초래되는 표류, 봉합, 단구…… 몸은 의미의 원-건축술이다.[10]

이상의 그 몸은 절대적 기의(달리 말해, 1%)와 기표(99%) 간의 허가되고 허용된 관계를 절단하는 것이었다. 몸은 1%의 신성한 설계도를 찢음으로써 숨은 1%를 가시적으로 드러내고, 1%가 집전하는 법의 연관을 부결시키는 힘으로서 스스로를 개시한다. 용역이 휘두른 곤봉, 집행되는 법의 재판봉, 정립하는 법의 의사봉. 그 예리한 모서리들에 맞아 찢어지는 몸, 파

---

7   장-뤽 낭시, 『코르푸스—몸, 가장 멀리서 오는 지금 여기』, 김예령 옮김, 문학과지성사, 2012, 36~37쪽.

8   같은 책, 20쪽.

9   같은 책, 11쪽.

10   같은 책, 28쪽.

열하는 그 몸들이 기의의 질서에 포획된 채로 그 질서에 갈라진 틈을 낸다. 그 몸=틈=파열은 '거기'와 '그것'이라는 불특정의 단어를 통해, 특정하게 고정되거나 정위치 될 수 없는 분류 불가능한 현존의 현재로 표현된다. '거기'는 매번 '확장'되며, '그것'은 확장되는 거기로서 매회 '도래'하는 중이다. 도래중인 거기, 이상은 말한다. "거기는 최후의 종언이었다."(3: 156) 바로 그 최후와 종언의 자리에서 몸들은 만난다. 절대적 기의가 주재하는 의미의 기반이 붕괴되는 장소, 시원을 알 수 없을 만큼 오래도록 퇴적되고 누진된 법의 역사적 판상들이 판판히 부서지는 장소. 바로 거기가 파열하는 몸에 의한 신적 판시의 장소, 신적 열풍이 '접촉'한 몸이라는 현장이다. 몸이라는 신학적 유물론. 그렇게 접촉된 몸은 법이 구축한 의미를 원천적으로 부결시킴과 동시에 다른 법을 설계하고 다른 의미 연관을 구성하는 밑돌을 놓는다. 그런 한에서 몸은 의미의 원-건축술이고, 법의 원천적 재정초를 위한 주춧돌이다. 줄여 말해, 틈ª·으로 틈입하고 파열하는 몸은 매회 매번의 제헌적 장소topos이다. 몸이라는 아-토포스. "절대적인 매회 절대적인 토포스를 구성하는 연관의 탈-위ec·topie가 존재할 뿐이다. (…) 보편적 '에고'란 존재하지 않으며 다만 매번만이, 즉 어떤 어조ton의 발생 경우와 계제들─긴장, 울림, 변조, 음색, 비명이나 노래─만이 있을 뿐임을 시사한다. 그리고 그 모든 경우는 언제나 그저 목소리이다. '뜻을 만들어내는 목소리|vox significativa.'"[11]

그 목소리에다가 지금 절취해온 이상의 한 문장을 용접하자. "하늘에소리잇으니 사람의소리로다."(3: 72) '인민의 목소리는 신의 목소리Vox Populi, Vox Dei'라는 절취된 격언, 그렇게 절합된 그 신인神人의 목소리가 기존의 기호 작용을 어긋나게 할 새로운 '뜻'을 만든다. 그 뜻은 새로운 법의 다른 말이며, 그 법은 해방적 의미 연관의 기초이다. 분절되거나 규격화되지 않는 목소리들─긴장, 울림, 변조, 음색, 노래, 덧붙여 비명, 괴성, 침묵 등은 바로 그런 비분절, 반규격, 분류 불가능의 현상 형태들이다. 그런 목소리들─의 발생은 '보편적 에고'에 의해 구축된 통치의 질서를 매번 부결시키는 항구적인 힘이다. 그 영원회귀적 매번의 목소리, 그 목소리들의 매회를 무차별적인 것으로, 늘 그래왔던 것으로, 전혀 새로울 게 없는 것으로 뭉뚱그리고 무마시키려는 치안의 안배술이 보편적 에고이다. 그 매회의 발생적 목소리들은 보호색 두른 공안의 경계획정을 다시 나눔으로써 절대적으로 다른 법의 연관을 기립시키는 토포스로서, 달리 말해 보편적 에고가 설계한 유토피아로부터 스스로를 폭력적으로 분리시키는 '탈-위'의 장소로서 현존한다. 그 목소리는 스스로에게서 말미암는다. 자기유래적 'a-' 의 분리, 중지, 결락, 틈으로서 발생하는 그 목소리는 '시니피앙스-결여a-signifance'로서 매번 매회 내리치며 도래중이다.

> 몸이 의미의 비형태성에 완벽하게 기생하여 그것을 침묵으로 만듦으로써 그 자리에 한 조각, 또는 한 지대의 시니피앙스-결여가 드러나도록 전환시킨 경우가 히스테리라고 말하고 싶다. (결국 생각해봐야 할 점은 히스테리 환자가 무엇보다도 역譯이나 해석의 영역에 가담하는 것인지, 아니면 그와 반대로, 그리고 더 심오한 관점에서 의미 전달의 단호한 차단에 가담하는 것인지의 문제이기 때문이다. 요컨대 육화된 담론인가, 아니면 차단하는 몸인가.)[12]

보편적 에고의 기호 작용을 차단하는 몸. 통치의 기호 작용에 의해 가공·편성·호출된 '의미'라는 것은 언제나 덜 가공되며 언제나 호출의 잔여분을 남긴다. 몸은 바로 그 잔여분을 숙주로 한 생명이며, 그 잔여분을 '침묵'으로 만든다. 거듭 말하건대, 침묵은 목적의 질주를 중단시키고, 그 목적으로 수렴하는 사람·사건·사물에 '성스러운 무효용성'을 선물하는 것이었다. 다시 말해 급진적 침묵은 한 조각, 한 지대의 시니피앙스-결여a-로 드러난다. 기호 작용의 연장, 보편적 에고의 질서 속에서 한 조각의 결여로, 일각의 제로로 발생하는 신인의 목소리, 'a-'의 히스테리적 몸. '히스테리'는 개

11   같은 책, 29쪽.
12   같은 책, 25~26쪽.

인의 비정상적 병리가 아니며 고착된 정신분석적 탐구에 앞서 이미 정치적이다. 그것은 '차단하는 몸'의 논리이자 생리이다.

히스테리를 뒤틀린 여성의 병리적 현상이 아니라 짓눌린 인간의 문제로, 대문자 자아의 욕망 혹은 보편적 에고의 레짐에 포획되지 않는 '소문자 자아'의 존재 증명으로 이해해야 한다고 했던 건 크리스티나 폰 브라운이었다. 이렇게 묻자. 그런 대문자의 질서를 교란하고 뒤흔드는 소문자 자아의 존재 증명, 이른바 '흔적의 폭로'는 어떻게 수행되고 관철되어야 하는가. 남근적 질서 때문에 고통의 질곡에 빠져 있다는 자기 삶에 대한 철통 같은 인식, 그 수난자로서의 '순수한 자기집중'이 또 다른 폭력을 자행하는 근거로 기능하진 않는가. 피해자로서의 자신의 존재 증명 속에 내재해 있는 폭력성을 자각하지 않는 한, 저 대문자의 세계, 그 포획의 질서는 허물어지지 않고 더 강고해지는바, 순수한 자기 귀속적 존재 증명은 포획의 질서를 닮아가면서 그 속으로 끝내 환수되고 관리되기 때문이다. 그럴 때, 소문자 자아로서의 히스테리적 주체는 힘을 반납하고 그 대문자적/보편적 에고의 질서 안에다 편안한 거처를 마련한다. 그러니까 히스테리의 윤리, 그것의 진정한 정치성에 대해 질문할 수 있다는 것이다. 이는 히스테리적 주체가 중산층 부르주아 계급의 한 양태일 뿐 다른 계급 여성들의 입에 재갈이 물려 있는 상황에 대해 브라운이 함구하고 있다는 비판이나, 잃어버린 성적 차이를 찾는 더 구체적인 방법들을 그녀가 제시하지 못하고 있다는 비판보다 조금은 더 발본적이다. 히스테리의 몸은 차단하는 몸인 동시에 반성 없는 순수한 자기집중이라는 한계를 내장한 몸, "스스로를 이완하거나 열 수 없는 몸[이며] (…) 그 한계가 몸의 진실을 몸의 내적 파열이라는 형태로 드러낸다."[13] 히스테리적 몸의 진실the real, 그것의 힘은 어디서 발원하는가. 그 힘이 순수한 자기 귀속적 폐쇄성의 폭력에 연루되어 있는 것이라는 생각 속에서만, 그러니까 그 힘의 이율배반과 모순에 대한 각성 속에서만, 다시 말해 히스테리적 몸의 '내적 파열' 속에서만 발원한다. 몸의 내적 파열, 이른바 '내출혈'. 이상은 「침몰沈歿」에서 이렇게 적었다. "내출혈內出血이뻑뻑해온다. 그러나피부에상傷차기를어들길이업스니악령나갈문

이업다. 가친자수自銖로하야체중은점점무겁다."(1: 119)

이상은 자신의 몸을 내적 파열로, 내출혈하는 몸으로 인지한다. 그 피부는 상처가 나질 않는 폐쇄적 살갗이다. 그것은 「내부」의 한 문장 "피 가롱저매첫다"(1: 123)고 할 때의 그 살갗이다. 이상에게 내출혈하는 몸과, 신성의 접촉에 의해 살갗이 벗겨지는 「오감도 9호」의 몸은 모순적으로 서로의 조건이 된다. 폐결핵으로 각혈하는 자기 몸의 뜻에 대한 두 개의 투시도, 결렬하는 하나의 투시도. 그것이 「오감도 9호」와 「침몰」의 긴장 관계이다. 이는 다시 한 번, 구조적 고통과 불의에 눈 감는 신성에 대한 반박, 신정론의 의지와 관련된다. 골고다의 십자가—"CROSS"—에 달린 그리스도를 향해 이상은 말한다. "만약자네가중상을입었다할지라도피를흘리었다고한다면참멋적은일이다."(1: 42) 피 흘리는 그리스도와 그 신성을 격하하는 이상, 내출혈하는 불세출의 그리스도 이상에게 피 흘리는 그리스도는 배고프면 '얌얌얌' 먹고 잠이 오면 쿨쿨 자는 그리스도, 고통에 아랑곳하지 않고 신성의 이름으로 그 고통을 마취하는 그리스도, 자기귀속적 폐쇄성의 적그리스도와 동렬에 놓여 있다. 그 적그리스도의 안락하고 매끄러운 평지를 뚫고 분출하며 융기하는 몸, 그것이 불세출의 그리스도의 몸이다. "아주 극소량의 분출, 더없이 미미하되 결코 해소되지는 않는 융기를 일으키는 것이다. 그와 같은 융기에는 언제나 즉각 부러질 위험이 함께 한다. (…) 마치 뼛조각 같은 몸."[14] 미미하고 미약하되 끝내 그 약함을 지속하고 보존함으로써 결코 해소되지 않고 잔존하는 그 융기, 그 기립은 즉각적으로 부러지고 절단될 수 있는 항시적 위험과 함께한다. 「오감도 9호」, 신성의 접촉에 이은 '밖-갖'의 가능성은 상처가 나지 않는 폐쇄적 살갗, 즉 내출혈의 상황과 늘 함께하는 것이었다. 이상이 곳곳에 매설해놓은 '뼛조각', "골편骨片"이라는 단어는 융기의 즉각적 부러짐의 위험에 대한 이상 자신의 인지를 표현하는 시어이기도 하다. 불세출의 그리스도는 그렇게 두

13 같은 책, 26쪽.
14 같은 책, 23쪽.

개의 몸을 가졌다. 서로의 이면을 비춤으로써 서로 열리게 되는, 신적 열풍의 몸과 내출혈하는 몸, 임재하는 한 몸. 적그리스도의 기호 작용을 찢으며 전혀 다른 의미 연관을 생산하는 그 몸들이 지금 매회 도래하는 중이다. 금시에, 바야흐로, 그렇게 "몸들의 세계가 온다."[15]

피, "골편骨片", 대속

이상의 몸에 닿는 또 한 번의 신의 접촉, 「오감도 14호」. "싸늘한손이내마에닷는다. 내니마에는싸늘한손자옥이낙인烙印되여언제까지지어지지안앗다."(1: 97) 이마에 닿는 싸느란 신의 손, 신의 화인火印. 벌겋게 달궈진 쇠도장으로 찍힌 '낙인'이라는 시어엔 세속화된 그리스도로서의 이상의 자기 인식이 불의 이미지 속에서 다시 한 번 드러나 있다. 그 불은 열풍과 맞닿고 불을 뿜는 총구의 탄환에 이어져 있다. 발포된 '총탄'이라는 주어는, 앞서 인용한 「구두」 속에서 '역풍을 끊으며 보행을 다시 시작하였다'는 술어부와 짝을 이룬다. 각혈하는 몸이 그렇게 '보행'을 재개한다는 건 무슨 뜻인가. 다시 말해 신의 총구에서 뛰쳐나온 제헌적 힘이 '순례'를 다시 시작한다는 건 무슨 말인가. 이에 답하기 위해선 「조감도」 연작들 중 하나에서 스스로를 '카라반caravan'이라고 지칭했던 이상의 순례를, 그 신성에의 여로를 다시 뒤밟아야 한다.

식민지 근대의 한 풍경을 '묘지'로 포착했던 이는 근대를 '횡보橫步'하고 있던 「만세전」의 작가였다. 그 곁에서 「구두」의 까마귀/이상은 식민지 경성의 이면을 '골편의 퇴적'으로, 곧 뼛조각들의 더미로, '피를 빤 피의 언덕'으로 투시한다. 그것은 다시 한 번 묵시적이다. 피를 빨렸으므로 흰 뼈만 남았다. 고혈을 빨렸으므로, '살'을 빨렸으므로 뼈들은 붙어 있질 못하고 조각나 흩어진 채로 있다. 알다시피 자본은 흡혈의 과정 속에서만 탄생한다. 피를 먹고서만 탄생하는 것이 자본이다. 자본을 두고, 머리에서 발끝까지 모든 구멍에서 피와 오물을 흘리며 세상에 나온다고 했던 건 시초축적을 설명하던 마르크스였다. 자본가들이 이윤율의 하락을 뚫고 공황을 축적의 조건으로 탈바꿈시킬 수 있었던 이유, 다시 말해 자본가들이 부자가 될 수 있었던 이유는 그들이 근면하고 성실해서가 아니다. 근면과 성실은 저 '피의 입법'에 따른 찢기는 처참함을, 피의 착취로 뼈만 남은 삶들을, 그 삶들의 봉기하는 힘들을 은폐하거나 완충하는 이데올로기이다. 자본주의적 생산양식 안에서의 근면과 성실이란, 결단코, 근면하고 성실한 그 사람에게 정당한 과실을 안겨주지 않는다. 그래야만 자본주의는 제 두 발로 설 수 있기 때문이다. 근면과 성실이라는 이데올로기는 근면하고 성실한 그 사람들이 스스로 알아서, 제 피와 뼈와 살과 심장을 먹기 좋은 크기로 발라 자본가의 숭고한 식탁 위에 올리도록 주술 거는 기계장치이다. 「오감도 13호」에 나오는 면도칼, 그 절지切肢의 상상력은 바로 그런 할당되고 부과된 직무의 근면 및 봉공의 연장에 대한 절단적 바리케이드의 표현이었다. 자본은 제 입가에 폭식의 피칠갑을 하고서 탄생했고, 폭력의 얼굴을 후생과 복지의 이름으로 된 화장술로 덮으며 확대재생산되는 중이다. 자본에선 피비린내가 난다. 이상의 피 빨린 뼛더미에서도, 그 쪼개지고 박살난 뼈의 파편들에서도 그렇다. 이렇게 묻자. 이상은 어디를 어떻게 순례하는가. 그 뼛조각들 사이로, 그 피냄새 속으로 순례한다. 그러면서 동시에 "설백雪白으로폭로된골편을줏어모으기시작"(1: 74)한다. 이상은 파괴된 삶의 파편들 한복판을 걸으면서, 그런 삶의 부서진 사연들과 의미들을 그러모아 가능한 다른 삶의 이미지로 재구성하려 한다. 그것이 순례의 목적이다. 그의 순례는 아물지 않은 상처들의 괴성에 불가항력적으로 귀 기울이는 행위이며, 그렇게 상처를 낸 폭력들의 원천에 대한 적대의 불가피한 수행이다. 그것은 대속代贖의 의지로 관철되는 것이었다. 「구두」의 다른 한 대목은 다음과 같다.

　　모든 Member가 분노에 가득 넘쳐 천정은 증오보다 어둡다. 장렬한

15　같은 책, 42쪽.

합류가 이뤄져 악취 풍기는 불꽃이 흩어졌다./ 실내의 모든 Member
여, 자, 저 구두는 내가(이제부터) 신습니다, 모든 원망의 언어는 다
(이제부터) 내 발에 기록해 주십시오—전표傳票다./ 나의 닻을, 당신
쪽 통고痛告의 격렬한 탐욕에, 비끌어 매 주십시오. 도기 쪼각이 실
내에 던져져서 그 첨단이 싸느란 구조의 내부 깊이 물고 들었다. (1:
168)

「가외가전」의 이상에게 '실내'는 사탄들·법집행자들의 징 박힌 구두가 번
개로서 내리쬐고 있는 공간이었다. 구둣발로, 군홧발로 만들어진 곳이 실
내이고, 그런 한에서 그곳은 법의 관방官房이자 규방閨房이었다. 구두를 자기
가 신겠다는 건 흡혈의 폭력을 감당하겠다는 뜻이며, 사람들의 상처와 원
망의 역사를 자기 발에 매달라는 건 자기가 그 원망의 하중을 짊어지겠다
는 힘의 표현이다. 거래의 책임이 표시된 전표를 끊어주듯, 이상은 고통의
무게를 책임지려 한다. 그는 자기의 상황 안에서 고통에 가담하고 있는 모
든 관계를 대속하려는 중이다. 그 대속의 시작에 실내의 끝이 있다. 통치의
방, 곧 무한한 문들 너머에 있는 법의 방에 파국을 도래시키는 것이 바로
그 대속의 힘이다. 대속이라는 사건과 동시에 칼날 같은 '도기 조각'이 법
의 규방에 꽂힌다. 도기 조각의 날끝이 상호 조인하고 있는 아기자기한 통
치의 영원한 대화력에 박힌다. 그렇게 꽂히고 박히는 틈, 그렇게 박혀 벌어
진 틈a으로서의 도기 조각은 "최후의 철의 성질"(1: 102)을 가진 신성의 날
끝에 다름 아니다. 그때 도기 조각은 저 총구에서 발사된 신적 열풍의 총
탄과 하나의 계열을 이룬다. 대속의 도기 조각은 통치의 묵계들 속으로 '최
후'로 발현하는 힘의 메타포이며, '최후의 심판'으로서 임재 중인 신적 힘의
한 표징이다. 「수인囚人이만든소정원」에서 이상은 "죄罪를내어버리고싶다.
죄를내어던지고싶다"는 대속의 의지를 "계절의순서도끝남이로다"(1: 153)
라는 묵시적 최후의 선포와 연결시켜놓고 있다. 이렇게 다시 물을 수 있다.
매번 법의 문밖에서만 탄생하고 있는 자들, 오직 피와 살이 빨려나가는 방
식으로써만 법의 문 안에 한쪽 발을 들여놓을 수 있는 골편들. 널브러진

넝마와도 같은 그 뼛조각들을 수집한다는 것, 다시 말해 수집으로서의 순례, 순례로서의 수집이란 무엇인가. 그것은 법의 안과 밖, 그 경계 위, 그 구분 불가능한 '비식별역' 위에서 뼈만 남은 자들이 발산하는 '분노'의 순수 수단적 힘을 적재하고 적층한다는 것이다. 곧, 그 분노들의 '장렬한 합류'를 기획한다는 것이다. 구조의 피비린내에 서린 '지난 역사의 슬픈 울음소리'(「오감도 14호」)를 오늘로 합수시키려는 것이고, 그럼으로써 과거의 유서를 오늘의 격문으로 생환시키려는 것이다. 이상의 그런 의지는 대속이라는 발생적 사건과 맞닿은 채로 서로를 촉발하고 독촉한다.

바야흐로, "일제학살"

묘지 안의 시체, 그 몸에 대한 이상의 표현에서 다시 시작하자. 도시의 친구들에게 보내는 '편지'라고 부제를 단 여덟 쪽 분량의 수필 「얼마 안되는 변해辨解」(1932. 11) 속에서, 이상은 지구의 무기력하고 시들어버린 '에로티즘'을 은폐하고 은닉하는 것이 묘지라고 쓴다. 그런 지구의 표면 위에 세워진 근대적 건축물, 근대라는 건축물과 그것에 대한 투시도 · 오감도는 총독부 건축과 기수로 일했던 자신의 경험과 그 이후의 각혈 경험에 이어져 있는 다음 한 대목 속에 자세히 적혀 있다. 그 속에 들어있는 '그'는 이상 자신이며, 이상은 그에 대해 앞질러 이렇게 써놓았다. "그의 무리한 요구가 있다. 들어주어야 할 것이다."(3: 152) 그의 무리한, 그래서 실로 무력한, 약한 요구를 들어보자.

지식의 최예각도最銳角度 0°를 나타내는. 그 커다란 건조물은 준공되었다. 최하급기술자에 속하는 그는 공손히 그 낙성식장에 참예하였다. 그리고 신神의 두팔의 유골을 든 사제한테 최경례最敬禮하였다./ 줄지어 늘어선 유니폼 속에서 그는 줄줄 눈물을 흘렸다. 비애와 고독으로 안절부절 못하면서 그는 그 건조물의 계단을 달음질쳐 내려갔다. 거기는 훤하게 트인 황폐한 묘지였다. 한 개의 새로 판 구덩이 속에 자

기의 구각軀殼을 드러눕힌 그는 산 하나의 묘를 일부러인 것처럼 만들 어 놓았다. (3: 152)

이상은 최하급의 기술자로서, 위계화된 등급 속에서 관리되는 지식으로 근대라는 건축물의 제작에 동참했고 그 준공식에 참여했다. 이상이 다녔 던 경성고등공업학교, 일반화해 말하자면 식민지 제도로서의 교육이 통치 를 위한 것이었던 한에서, 그리고 그 제도가 분명 통치를 목표로 한 것이 었으되 동시에 그 목표를 초과하고 이탈하는 주체를 길러낼 수밖에 없는 아이러니를 내장한 것이었던 한에서, 근대의 건축에 이바지하는 그 지식이 란 제도·주체·관계·정념을 생산하는 권력과 긴밀히 맞닿은 근대적 학지 의 한 분과였으며, 전시 총동원의 원활한 병참에 연결되어 있던 지식-권력 적인 것과 먼 거리에 있는 게 아니었다. 그런 지식의 상태, 그런 지식의 이 면적 효과에 대한 이상의 표현이 '지식의 최예각도 $0°$'이다. 그것은 권력에 봉사하는 지식, 첨예하게 날 서 있지 않은 지식, 무디기에 악한 지식을 가 리킴과 동시에 지식의 제로상태, 그 영점에서의 절대적 출발의 가능상태 를 뜻하는 것이기도 하다. 이상은 근대라는 건축물을 봉헌과 미사의 방법 으로 수호하고 있는 신성한 '사제'들에게 인사했다. 다시 말해 이상은 이미 유골이 되고 장식물이 된 신의 두 팔을 전능한 힘을 가진 것으로 신화화함 으로써 그 신이 사람들을 인도하고 견인하는 목자라고 믿게끔 하는 '사목 권력pouvoir pastoral'의 사제들에게 예를 다해 인사했다. 그렇게 인사했음에도 돌아온 것은 해방과 평안이 아니라 눈물과 비애와 고독과 안절부절이었으 며 사열 받는 유니폼이었다. "구두의 소리의 체적—/ 야만스런 법률 밑에 서 거행되는 사열査閱, 거기에는 역시 한사람의 낙제자를 내놓는 일은 없었 다."(1: 157) 다시 구두, 사열하는 사제의 법으로서 구두. 사목적 통치 속에 서 사람들은 개인으로서 각자 자기 자신을 구제하고 고양시켜야 할 의무 와 낙오되지 않겠다는 자발적 목표를 주체적으로 수행하게 된다. 사제적 권력은 그들 어린 양들이 자신들의 목표를 쉬지 않고 이행할 수 있도록 하 는 세부적이고도 항상적인 배려와 양생, 관리와 부양을 통치의 절차이자 규준으로 설정해놓고 있었다.

　　이상은 근대의 건축물/건축술이라는, '살게 만들고 죽게 내버려두는 권력'으로서의 통치의 테크놀로지를 몸으로 인지하고 있었던가. 그는 그 건축물의 맨 아래층까지 내달렸고, 거기서 황폐한 묘지를 발견했던 작가였다. '여기는 묘지다'와 '여기는 폐허다'(「자화상」)가 이상에겐 하나였다. 그는 환속화된 신학적 개념들로 축조된 근대국가와 세계의 환속화된 신으로서의 화폐가 공동 연출하는 스펙타클이 일그러지고 이지러지는 순간을, 그 공동지배의 알력과 공모의 구조가 절단되는 시간을, 다시 말해 "별안간" "불원간" "금시今時에" "삽시에" "미구未久에" "바야흐로" 같은 시간감과 맞닿아 있는 바로 그 순간을 사고한다. 중단과 정지의 그 '순간'이란 언제 도래하는가. 다음과 같은 때에 도래한다. 신성한 통치의 구조물 밑바닥으로 묘지/폐허를 파고들어가 자신의 몸을 시체인양 안치했을 때, 그럼으로써 '일부러인 것'처럼 위장된 지하의 공간 하나를 만들었을 때, 그 지하 깊숙이 안장된 자신의 관棺 안에서 어떤 '생활을 제작'했을 때, 줄여 말해 '지하생활자'로 생활하는 바로 그때. 그 각각의 때들을 앞의 인용문 뒤에 곧바로 이어지는 다음 한 단락에 기대어 다시 확인하기로 하자.

　　　관통棺桶의 벽면에 설비된 조금 밖에 안 되는 여백을 이용해서 그는 시체가 되어가지고 운명의 미분微分된 차差를 운산하고 있었다. 해답은 어디까지나 그의 기독교적 순사殉死의 공로를 주장하였다. 그는 비로소 묘지의 지위를 정의하였다./ 그때에 시간과 공간과는 그에게 하등의 좌표를 주지 않고 그냥 지나쳐가는 그 기회를 놓치지 않고 그는 현존과 현재 뿐만으로 된 혹종或種의 생활을 제작하였다. (1: 152)

관 속에 몸을 누인 이상은 기독교적 신의 부름에 이끌리는 자기를 생각한다. 그는 식민지 근대의 지식인이 할 수 있고 해야만 했던 것을 신의 소명 안에서 체감하는 중이다. 그러하되 이상의 그 소명이란, 그 운명적인 것이란, 가능성과 불가능성 사이의 간극으로, 해야만 하는 당위와 해야만 하는가라는 회의 사이의 낙차로 체득되고 있다고 할 수 있다. '운명의 미분된 차이'란 충돌하고 이반하는 그런 두 개의 운명적 상황이 서로를 상쇄하거나 서로를 제緊하더라도 끝내 나눠지지 않고 끝내 상쇄되지 않는 잔여와 잉여를 가리킨다. 이상에겐 무엇이 환원 불가능한 절대적 차이로 꿈틀거리고 있는가. '그리스도교적 순교'가 그것이다. 그리스도, 곧 신의 기름부음을 받은 자가 수행하는 대속의 힘이 그것이다. 식민지 근대에서의 삶에 대한 인지와 표현이 바로 그런 대속의 태도 속에 들어있다는 절대적 믿음에의 순교. 그럴 때, 저 묘지란, 지하 깊숙이 안치된 그 관이란 무엇인가. 부활의 장소에 다름 아니다. 부활하는 그리스도의 자리가 거기다. '묘지의 지위'가 그와 같다. 그때 묘지는 어떤 카타콤Catacomb이다. 초기 그리스도교인들의 거주지 혹은 지하묘소, 그 절박하고 단박한 묵상의 상황. 이상이 말하는 순교의 무덤, 그 지하의 상황은 저 근대라는 건축물/건축술을 후광 속에서 봉헌하는 사제들의 대지가 굴착되고 있는 장소Ort이며, 그런 한에서 그 지하는 사제들의 좌표 아래로 굴착된 좌표-바깥이자 하나의 아-토포스이다. 축적을 위한 통치의 의지 속에서, 언제 어디서나 계산 가능한 장으로 매번 재합성되고 재할당되는 좌표(이상의 표현으로는 '살기어린 바둑판') 아래의 그 지하에서 집계불가능성·합성불가능성으로서의 좌표-바깥이 구성된다. 그것은 어떤 기회이며, 그 '기회를 놓치지 않음'이다. 규율권력의 운용과 위상을 재편성·재코드화한 율-법聿-法의 질서에 묵시적 끝을 도래시키는 금시의 기회를 살리는 것. 이는 이상이 말하는, 마모되지 않고 사건으로 발생하고 있는 '현존'과 '현재'만으로 된 생활의 제작에 맞닿은 것이다. 매개와 중개, 재현과 대의에 의한 구제를 거절하는 직접적 '현현'의 사건, 그 사건으로서만 경험되는 그리스도들, 임재의 존재들. 여기까지의 서술은 이상 문학의 문제 설정 중 하나가 그렇게 도래중인 생활/생명의 제작을 중심으로 펼쳐지고 있었음을 말한 것이다. 그러나 그 사실은 문제의 해결이 아니라 다른 문제의 시작이며, 그런 한에서 문제의 재정의를 요청하고 강제한다. 근대의 아포리아 혹은 아이러니는 괴물 같은 입을 벌리고서 이상의 지하생활을 집어삼키려는 중이다.

　문제는 이상이 말하는 '현존'을 존재Sein가 현현하는 바로 거기Da 그 현장으로 읽을 수 있다는 점에서 생겨난다. 예컨대, 그 존재의 현장이 히틀러의 독재에 의해 직접적으로 개시될 것이라고 믿을 때, 다시 말해 독일민족의 삶을 '존재망각'이라는 타락의 상태로부터 대속하고 구원하는 '히틀러국가'야말로 다-자인의 실체라고 믿게 될 때, 그렇게 믿는 자들을 '존재(-신-히틀러)'의 부름에 응답하고 그 소명에 이끌리는 '존재의 목동'으로 부르는 것에 아무런 거리낌이 없게 될 바로 그때, 나치의 정치는 구원을 약속하는 목자적 의지로 학살의 법을 정초하며 대규모의 수용소를 건설한다. 구원의 최후심판과 구조적으로 포개지는 학살의 최종해결. 바로 그 캠프, 거기Da야말로 나치의 법의 설계자들에겐 존재Sein가 현현하는 장소로 된다. 이렇게 써놓고는, 매번 다른 배치 속에서 거듭 곱씹어봐야 할 이상의 한 단락을 떠올린다. 다시, 「차생윤회」. "천하의 엇던우생학자도 초인법률초월론자도 행정자에게 대하야 정말 이 '살아잇지안아도 조흘인간들'의 일제학살一齊虐殺을제안하거나 요구하지는안나보다. 혹 요구된일이 전대에 더러 잇섯는지는 몰으지만 일즉이 한번도 이런 대영단적우생학大英斷的優生學을실천한행정자는 업는가십다."(3: 70)

　어떤 섬뜩함을 회피하지 말아야 한다. 그렇다는 것은 이미 했던 질문을 다른 맥락과 배치 속으로 이동시켜 다르게 반복해야 한다는 걸 뜻한다. 연결되어 있는 네 개의 질문. 이상이 말하는 현존의 생활, 그 대의되고 매개된 구원을 부수는 직접적 힘의 현현을 경험한다는 것은 무엇인가. 이상이 응답한 신의 소명, 그 부름 속에서 이상은 어떤 이름으로 호명되고 있었던가. 이상이 말하는 카타콤, 그 부활하는 힘이란 어떤 모순 속에 있는 것인가. 다시 물으면 이렇다. 이상의 대속과 구원의 의지가 저 '일제학살'의 요청과 구조적으로 포개져 있었던 것은 어떤 이유에서인가. 대의의 법을 초월하는 초인으로서의 구원자의 임재가 영웅 히틀러의 우생학적 결단에 근접할 때, 현존의 생활이라는 것이 캠프라는 학살 현장 안에서의 다-자인의 순정한 경험과 근접하여 분간될 수 없을 때, 신의 소명에 이끌리는 이상의 이름이 존재의 목동으로 호명될 바로 그때, 구원하는 힘은 통치하는 적그리스도의 유지에 봉헌한다. 부수려고 했던 것을 수호하는 역설, 부수는 것이 수호 속에서만 가능했던 모순, 부수는 것과 수호하는 것의 동시성 혹은 등질성이라는 난국. 그 비극적 아이러니들의 연쇄망이라는 무대 위에서 이상은 '최후의 연기'를 펼치는 중이었다. 무대와 연기는 어디까지나 인공적이며, 그런 한에서 이상은 자신이 놓인 아이러니의 장소에 대해 부분적으로는 자각적이다. 바로 그 장소가 진정한 존재의 현장이 될 계기와 방법은, 쉽지 않지만 없지 않다. 이상이 말하는 '현존과 현재만으로 된 생활'의 발생과 제작에 대해 무릅쓰고 더 말해야 하는 까닭이 거기에 있다. 그것은 지금까지 읽어온 「얼마 안되는 변해」의 나머지 부분을 마저 읽는 데에서 시작될 수 있다.

바야흐로, "최후의 종언"

현존과 현재. 오직 그것들로만 된 생활. 다시 말해 '현現-존재의 자치적 생명과 그 힘. '현존'은 지배적 형상Eidos의 형틀에 의해 주물같이 뚝딱 찍어내지는 단순한 재료가 아니다. 현존은 자기원인적이며 자기유래적이다. 현존은 그러므로 형틀을 부순다. 현존에 의해 형틀이 부서지고 부결되는 시간이 '현재'다. 현재는 현존이 관철되는 시간이다. 현재는 이윤이라는 목적/형상이 인도하고 리드하는 시간으로부터, 삶을 관통하는 그 질주적 통계의 시간으로부터 구분되고 성별되는 시간이다. 직선의 이음매에서 떼어내졌으므로 직선은 끊어지고 부러진다. 그 절단의 시간이 현재이다. 현재로 도래중인 자가 현존이다. 현재로서의 현존. 이상에게 그것은 신적 존재와 한몸이었다. 「얼마 안되는 변해」의 남은 부분은 다음과 같다. "어느날 태양이 칠원색을 폐쇄하여 건조해진 공기의 한낮에 그는 한그루의 수목을 껴안고 차디찬 호흡을 그 수피樹皮에 내어 뿜는다. 그래서 그것이 무엇이란 말인가./ 드디어 그는 결연히 그의 제몇번째인가의 늑골을 더듬어보았다. 흡사 이브를 창조하려고 하는 신神이 아담의 그것을 그다지도 힘들여서 더듬어 보았을 때의 그대로의 모양으로……/ 그래가지고 그는 그것을 그 수경

樹莖에 삽입하였다. 세상에 다시없는 아름다운 접목을 실험하기 위해서."(3: 155)

'그'는 일곱 가지 원색이 폐쇄된 잿빛 회색의 세계에서 한 그루 나무의 피부에 차가운 숨을 뿜고, 신이 이브의 탄생을 위해 아담의 갈비뼈를 더듬듯 자신의 늑골을 뽑아 그 나무의 뿌리에 접목시킨다. "난인간만은식물이라고생각됩니다"(1: 157)라고 적었던 이상에게 그 나무는 인간과 먼 거리에 있지 않으며, 그런 한에서 자신의 늑골을 접목시키는 그는 새로운 인간을 탄생시키려는 신적 존재이다. 그러나 결국 그 접목은 실패로 돌아간다. 그의 골편은 볼품없이 말라버리고, 그 수목에도 아무런 변화가 없었다. 신적인데 왜 실패했는가. 해답은 그의 신성에 대한 이상의 언급에서 찾을 수 있다. "그는 뼈와 살과 가죽으로써 그를 감싸주는 어느 그의 골격으로 되어 있었"(3: 153)던 자이며, "최후의 몇방울 피에 젖은 손바닥을 흔들어 올리며 살려달라고 소리를 질렀"(3: 154)던 자이다. 그의 뼈와 살과 피부는 그를 보호하고 감싸주기 위한 신('어느 그')의 골격이었고, 이는 그리스도 예수가 신의 '화육'이라는 생각과 맞닿는다. 이상이 말하는 '그'의 손바닥의 피는 못질당해 십자가에 박혀 있는 그리스도의 손바닥에서 흘렀을 그 피와 맞닿는다. 그는 성자인 자신과 이미 언제나 일체였던 성부로서의 신을 향한 의혹과 의심 속에서 살려달라고 고함쳤던 자이다. 신을 믿지 못하는데, 신과 하나가 아닌데, 그의 갈비뼈가 신생을 설계하는 신성한 힘을 가질 수는 없는 것이다. 신과 한 몸이길 부정했는데, '화평이 아니라 칼을 주러 왔다'(「마태복음」, 10: 34)는 자신의 말을 지킬 수는 없는 것이다. "걷잡을 수 없는 폭학暴虐한 질서가 그로 하여금 그의 손에 있던 나이프를 내동댕이쳐 버리게 하였다."(3: 155) 그의 손에 들려 있는 그 나이프, 그 칼의 내팽개침은 '화평이 아니라 불을 던지고 분쟁케 하려 함'(「누가복음」, 12: 51)이라는 자기 말의 폐기에 다름 아니다. 칼을 주지 못하고, 불을 던지지 못하며, 그럼으로써 분쟁을 봉쇄하고 상쇄하는 그는 이미 '폭학한 질서'의 일부로 되어 있다. 이미 그는 폭력과 학살의 질서를 집전하는 치안의 그리스도가 되어 있다. 그런 그에게서 이상은 자신의 상황을 겹쳐본다. 그래서 '불세출의 그리스도' 혹은 '도래중인 나'인 이상은 이제 그 자신이 폭학한 질서의 일부가 되었음을 안다. 다시 말해 이상은 학살의 폭력을 집행하는 적, 이른바 영웅의 우생학적 결단, 모종의 권력, 일조일석의 일제학살에 가담하는 자신을 안다. 그는 적에 봉헌하는 자신에 대해 자각적이다. 그런 한에서 그는 자신의 존재를, 정확하게는 자신의 탄생일을 연기해야만 한다고 생각한다.

> 자궁확대모형의 정문에서 그는 부친을 분장하고 틈입하였다. 탄생일을 연기하는 목적을 가지고―/ 그리하여 그 모형의 정문 뒤에 뒷문이 있었던 것을 누가 알았단 말인가. 그는 뒷문의 열쇠를 놓아 둔채로 뒷문으로 나왔다. 거기는 묘망한[아득한] 최후의 종언이었다./ 그는 후회하지 않으면 아니되었다. 그러나 여전히도 그 풍경이 없는 세계의 풍경을 요구하지 않는 불멸의 법률은 그에게 혹종의 종교적 체념을 가지고 왔다. (3: 156)

모형의 근대, 모조된 근대 세계의 북적이고 떠들썩한 정문 바로 뒤에 그 모조근대를 빠져나가는 뒷문이 바짝 붙어 있다는 것. 그 모조의 구조와 안락을 끝내는 뒷문의 영역, 거기가 '최후종언'의 장소이다. 열쇠를 놔두고 그 세계 바깥으로 나왔으므로 다시는 되돌릴 수 없다. 이상이 말하는 최후의 종언은 그렇게 불가역적이며, 그런 한에서 절대적이다. 모조근대를 지탱하는 '불멸의 법률'이 끝나는 그 최후의 종언 속에서 그는 진정한 그리스도, 칼을 주고 불을 쏟는 신성한 힘의 증여자가 된다. 이제 이브의 신생을 위해 아담의 늑골을 더듬던 신과 같이 그는 자신의 늑골을 뽑아 접목을 실험해도 좋다. 다른 인간의 신생이 그 최후의 시간, 그 종언의 공간, 그 신적 힘에 의해 탄생한다. 그는 새로운 인간들과 함께 불멸의 법률과 학살의 체제에 훼멸과 끝을 고지함으로써 다른 법의 밑돌을 놓는다. 최후의 종언 속에서 그들은 그렇게 다른 법의 힘으로 융기한다. 이 최후/종언의 묵시를 다르게 표현한 이상의 한 구절이 '풍경 없는 세계'다. 무슨 뜻인가.

'풍경'에 대해 알려진 정의는 다음과 같다. "주위의 외적인 것에 무관심한 '내적 인간inter man'에 의해 처음으로 풍경이 발견되고 있는 것이다. 풍경은 오히려 '바깥'을 보지 않는 자에 의해 발견된 것이다."[16] 이는 자유민권운동의 정치적 활기가 소진된 메이지 20년대, 네이션-스테이트의 안착과 일본근대문학 탄생의 공모 관계를 논증하는 과정에서 나왔던 문장이다. 배에서 바라본 섬 위의 인간을 피와 살을 가진 인간이 아니라 단순한 풍경으로 배치하고 인지하는 근대소설의 화자는 '내적 인간'의 한 예였다. 풍경은 자기 바깥에 대한 발견의 산물이지만, 그 발견이란 실은 자기 바깥의 타자에 대해 철저하게 무관심한 내면의 탄생과 맞닿은 것이었다. 풍경의 발견은 그 발견자의 바깥을 전면적으로 물화物化시키는 과정이라는 점에서, 국민에 대한 네이션-스테이트의 인식 원리와 등질적이다. 식민지 경성의 모조근대와 그걸 북돋고 관리하는 제국의 근대에 의해, 그 불멸의 법률에 의해, 다시 말해 풍경의 발견과 생산 없이는 성립 불가능한 근대의 율-법에 의해 물화되고 폐기된 바깥, 바깥들. 이상이 말하는 '풍경 없는 세계'는 그 바깥들을 단순한 대상으로 물화하는 풍경들을 찢음으로써 바깥들을 부활시키고 활성화시키는 힘의 장소이다. 그 힘, 그 제헌력은 "'대상' 그 자체를 출현시키는 것 (…) '대상'과 '말=언어'의 새로운 관계가 출현"[17] 토록 하는 것이다. 그런 한에서 그 힘은 '리얼리즘'과 용접된 것이기도 하다. "리얼리즘이란 단순히 풍경을 그리는 것이 아니라 항상 풍경을 창출해내야만 한다. 그때까지 실재로서 존재했지만 아무도 보지 않았던 풍경을 존재시키는 것이다. 따라서 리얼리스트는 언제나 '내적 인간'인 것이다."[18] 내적 인간은 바깥을 풍경으로 대상화하고 물화하는 폭력의 인간이지만, 리얼리즘—통념적인 재현 장치로서의 리얼리즘이 아닌 리얼리즘, 바꿔 말해 리얼-리즘real-ism—의 세례를 받은 내적 인간은 실재로서 존재하고 있

16 가라타니 고진, 『일본근대문학의 기원』, 36쪽.

17 같은 책, 43쪽.

18 같은 책, 41쪽.

던 바깥을 보이게 하고 들리게 하는 개시와 계시의 인간이기도 하다. 존재를 기립시키고 그 존립을 지속시키는 리얼-리즘은 그렇게 제헌적 힘의 표출과 동렬에 놓인다. 이상이 말하는 풍경 없는 세계는 그와 같은 리얼-리즘의 뜻과 의지로 된 것이었다. 모더니스트 이상은 리얼-리스트이다. 리얼-리스트 이상은 최후의 종언을 관철시키는 자로서의 니힐-리스트nihil-ist이다. 최후의 종언으로서 임재하고 있는 풍경 없는 세계, 그 제로/니힐에의 의지가, 물화된 풍경만을 생산하는 내적 인간들의 장치를 부결시킨다. 이상이 말하는 불멸의 법률, 폭학한 질서가 바로 그 임재의 시간 속에서 파국을 맞는다.

"가브리엘천사균天使菌"의 저울, 또는 메네 메네 데겔 우바르신

잔 다르크Jeanne D'Arc. 대천사 미카엘과 한 몸이 된 신의 목소리를 들을 수 있었던 자, 그래서 당대 '백년전쟁'의 체제적 질곡 안에서 구원의 공간을 개시했던 자. 칼 드레이어의 영화 〈잔 다르크의 수난〉(1927)에서 그녀는 '미카엘'이라는 이름, 곧 '누가 신과 같은가'라는 그 이름의 뜻과 마주쳐 스스로를 '신의 딸'이라고 말했었다. 그 말은 당대의 사제들과 판관들과 박사들과 군인들에게 용납할 수 없는 신성모독으로, 다시 말해 지배의 연장을 위한 자신들의 결사적 신성동맹에 거침없이 항거하고 거역한 것으로 판결된다. 그들은 꼿꼿한 그녀를 불태우면서 화형이라는 스펙터클을 집전한다. 화형 직전의 그녀, 또는 화형 도중의 그녀. 그녀의 그 얼굴, 드레이어의 클로즈업close-up. 그 얼굴에 대한 한 가지 주석은 다음과 같다. "'영혼'과 영혼의 '얼굴'을 끔찍하면서도 근본적인 맨살의 상태로 보여주기 위해 만들어진 최후의 영화 (…) '그(인물)를 흔들었던 모든 생각, 의도, 쾌락, 그리고 두려움'이 절대적으로 요구하게 되는 하나의 얼굴, 그것이 바로 드레이어가 인간 얼굴의 유토피아적 완벽성(즉 투명성)을 최대한 근접한 거리에서 구현해내면서 보여주고자 했던 얼굴이었다."[19] 화형 전후의 클로즈업된 얼굴은 끔찍하기에 근본적인/실재적인 영혼의 상像으로 부각되고 부조된다.

드레이어의 클로즈업은 '맨살'의 상태로 영혼의 정면을 개시하는 시네마틱
한 방법이자 태도였다. 그녀의 얼굴/맨살은 신을 향한 믿음과 화형의 공포
사이에 주름 잡혀 있는 고통, 평안, 결심, 회의, 번복, 번민 등 모든 정념의
순간들이 절대적으로 요구하는 단 하나의 얼굴이었다. 그 얼굴은 클로즈
업 속에서 단 하나이기에 흠결 없는 완벽성이자 투명함 그 자체로, 신성으
로 고양된다. 그렇게 드레이어의 클로즈업은 신성의 발현과 표출에 봉헌
하는 영화적 신학의 한 가지 방법이었다.

그 클로즈업이 일본의 관객들을 만난 건 1929년 10월이었다. 〈재판
받는 잔 다르크裁かれるジャンヌ·ダルク〉. 그 '성聖의 얼굴'에서 의미를 발견했던
사람들 중엔 모더니스트 콘도 아즈마가 있었다. 그는 '씨네포엠cine poem'
혹은 '영화시cinepoetry'의 형식 속에서 클로즈업된 잔의 얼굴을 변주했다.
당대의 전위시 잡지『시와 시론』 6권에 실린 콘도의 시, 「하얀 잔 다르크」
(1930)의 시어들은 다음과 같다. "풍염豊艶한 천사가/ 풍염하여 악학惡虐한
천사가/ 날개를 도박판에 잃은 천사가/ 기만을 천계天畔하는 천사가/ 퇴비
위의 천사가/ 전쟁을 다스리는 천사가/ 견사를 짓는 천사가/ 경마장과 능
금밭의 천사가/ 수태되었다// 달밤의 천사가/ 기상을 환산하는 천사가/
호색으로 무장한 천사가/ 백색의 전율해야할 천사가// (…) 난류처럼 서
정적인 잔느가/ 계절에 거역한 잔느가/ …… 백색의 백색의 너무나 백색의
잔느가."[20] 이 모든 천사들의 연쇄 혹은 파편은 클로즈업된 성녀聖女 잔의
절대적 얼굴에서 콘도가 포착하고 발견하고 발생시켰던 신성의 의미들이
다. 이렇게 말해도 좋다. 콘도는 클로즈업된 잔의 얼굴을 펜으로 다시 한
번 클로즈업하고 있다고. 펜을 들고 있는 한 작가의 세세하고도 내밀한 서
술을 클로즈업이라는 영화의 방법을 통해 설명하고 있는 문장들은 다음과
같다. "한편으로 이런 클로즈업은 심층적 침투이고, 다른 한편으로 이런

19　자크 오몽,『영화 속의 얼굴』, 김호영 옮김, 마음산책, 2006, 24쪽.

20　近藤東,「白いジャンヌ·ダルク」,『詩と詩論』6冊. 란명,「"여자의 눈"은 왜 찢어졌는가」,
　　　란명 외, 앞의 책, 2010, 126쪽에서 재인용.

클로즈업의 구성요소들—성찰들·유비들·회상들—은 과거라는 두루마리 전체로 퍼져가는 불가해한 지그재그 경로를 따른다. 클로즈업이 만들어내는 패턴은 더 이상 시간의 맥락에서 정의될 수 없다. 사실 클로즈업의 기능은 이런저런 한시적인 것things temporal을 영원에 가까운near-timeless 본질 영역으로 끌어올리는 것이다."[21] 한시적인 것들, 다시 말해 인과율적 시간에 의해 관통되는 제한적 효용성 및 유용성의 순간들을 영원에 근접하는 본질적 영역으로 끌어올린다는 것. 클로즈업은 더 이상 척도적 시간의 카테고리 안에 있지 않다. 클로즈업은 그런 시간의 연장을 절단함으로써, 그런 시간의 카테고리를 뚫고 나가는 분출의 힘으로서 신성에의 접촉과 고양을 도모하는 방법이 된다.

펜의 클로즈업을 실험하고 있는 콘도는 『시와 시론』의 창간 멤버였으며, 그 잡지는 발행과 동시에 식민지 경성의 총독부 도서관에 비치되고 있었다. 앞서 언급했듯, 경성고등공업학교를 나와 총독부 기수로 근무하고 있던 때의 이상이 그 전위시 잡지를 읽고 있었던 사정은 이미 연구된 바 있다. 대천사 미카엘과 함께 현현하는 잔의 얼굴, 그 클로즈업에 대한 클로즈업 속에서 현현하고 있는 콘도의 천사들, 모순적이고 양가적이며 역설적인 그 천사들, 전쟁을 다스리고 기만을 폭로하며 폭력으로 내리치는 그 천사들은 이상이 자신의 내면을 카메라로 클로즈업하는 과정에서 인지했던 대천사 '가브리엘'(「각혈의 아침」)과 먼 거리에 있지 않다. 씨네포엠과 이상의 관련성에 대한 최근의 연구에 앞서서 이상의 문학과 '카메라 렌즈'의 관련을 언급했던 이는 비평가 최재서였다. "[박태원 같이] 외부세계를 묘사하는데에 캐메라적정신을 갖이는 것은 비교적 용이하나 [이상 같이] 자기의내면세계를 그리는데에 그정신을갖인다는 것은 곤란할뿐만아니라 경우에따라서는 잔인한일일 것이다."[22] '주관의 막膜이 제거된 카메라적 정신'에 근거해 냉엄하게, 잔인하게, 그러므로 '투명하게' 이상 자신의 내면을 클로즈업하는 과정 속에서 부조되고 있는 대천사 가브리엘. "릴케와 콕토의 '무서운 천사'와 '타락한 천사' 그리고 벤야민의 '파괴의 천사' (…) 이상의 '천사'는 확실히 이런 문맥과 조밀하게 관계되고 있으며, 나아가 기성의 문맥과 교섭하면서도 독자적인 이미지와 함축이 존재한다."[23] 틀린 말이 아니지만, 밀고나간 말도 아니다. 할 수 있는 한, 여기서 그렇게 밀고나가 보기로 하자. 프랑스와 영국 간의 전쟁 속에서 대천사 미카엘과 하나가 되었던 실존으로서의 잔 다르크, 드레이어가 클로즈업한 그녀의 얼굴, 그 얼굴을 다시 클로즈업한 콘도의 천사들은 이상의 대천사 가브리엘과 동시에, 그리고 함께, 목적으로서의 질서에 봉교하는 결사적 신성동맹을 내리치고 심판하는 중이다. 이상이 말하는 '폭학한 질서'와 '야만스런 법률'의 끝, 혹은 조종 울리며 심판하는 최후의 대천사. 「얼마 안되는 변해」의 남은 한 대목을 인용한다.

> 문제의 그 별은 광산이라고 한다. 채광학採光學이 이미 그 별을 발견하였다./ 야만스런 법률 밑에서 개산開山된 타도墮道는 세균細菌같이 빽빽한 인원수의 광부에 의해서 침식되기 시작하였다. (3: 157)

「월상月傷」을 비롯한 이상의 텍스트 속에서 '달'은 추락과 충돌에 이어진 파국과 묵시의 상관물이었다. '태양'과 더불어 '별'도 마찬가지이다. 별이 '문제적'인 것은 그런 까닭에서다. 묵시의 그 별빛을 발견하고 채광하는 곳이 '광산'이고, 그 빛들을 그렇게 캐고 채집하는 이들이 '광부'이다. 그런 한에서 광산은 별빛들의 산光山이자 별빛의 사태이고, 광부는 빛의 인간光人이자 '광속의 인간'이다. 그들 묵시와 파국의 빛/힘을 수집하고 응집하는 빽빽하고 빽빽한 인원수의 광부들이 '야만적 율법'으로 성업 중인 통치의 방법들을 침범하고 침식한다. 침식하고 침탈하는 광부들, '세균'들. 고착화된 법을 굴착하는 광부들을 두고 '세균' 같다고 적었던 것은, 이상의 다음 한 구

21 지그프리트 크라카우어, 『역사―끝에서 두번째 세계』, 김정아 옮김, 문학동네, 2012, 178쪽.

22 최재서, 「『천변풍경』과 『날개』에 관하야―리아리즘의 확대와 심화」, 『문학과 지성』, 인문사, 1938, 102쪽.

23 란명, 앞의 글, 119쪽.

절을 즉각적으로 떠올리게 한다. "가브리엘천사균天使菌."(1: 208) 묵시의 별빛을 채광하는 광부들, 묵시적 정치력을 수행하는 세균들을 달리 말하는 것이 '가브리엘천사균'이다. 이 단어 중 먼저 다룰 것은 '가브리엘천사'이고 나중에 다룰 것은 '균'이다.

신의 말과 힘, 그 말의 힘을 위탁받고 고지하는 대천사 가브리엘. 이상은 「산촌여정」의 그 고요 속에서 "별빛만으로라도 넉넉이 조화하는 『누가』복음도읽을수잇슬것갓"(3: 45)다고 적었던바, 누가복음에는 신의 파송을 받들어 마리아의 수태를 고지하는 천사 가브리엘의 말이 들어있다. "성령이 네게 임하시고, 가장 높으신 분의 능력이 너를 감싸 줄 것이다. 그러므로 태어날 아기는 거룩한 분이요, 하나님의 아들이라고 불릴 것이다."(「누가복음」, 1: 35) 성령의 임재를 고지하고 신성의 탄생을 확증하는 사도, 그가 가브리엘이다. 제1성서(구약)의 묵시문학적 속성 속에서 가브리엘은 또한 끝을 선포하는 자였다. "가브리엘이 내가 서 있는 곳으로 가까이 왔다. 그 나아올 때에 나는 두려워서 얼굴을 땅에 대고 엎드렸다. 그가 내게 이르되 사람아, 그 환상들은 세상의 정한 때 끝에 관한 것임을 알아라."(「다니엘」, 8: 17) 그렇게 얼굴을 땅에 대고 가브리엘의 말을 듣고 있던 다니엘. 그와 함께 등장하는 이들로는 금은보석과 권세, 다시 말해 신이 아니라 신상神像을 모심으로써 신을 향해 거침이 없었던 부자父子, 바빌론의 두 왕이 있었다. 인용한 대천사 가브리엘의 세상 끝의 선포는 아들 벨사살 왕의 집권 원년에 다니엘이 꾸었던 꿈속 묵시적 환상들이 무슨 뜻인지를 알려주는 장면이다. 벨사살은 귀인들 천 명을 불러 연회를 열었고, 아비가 예루살렘에서 노획한 성전의 그릇들을 신이 아니라 자신을 위해 사용했다. 금은보석으로 된 신상을 찬양하며 자신이 신이 되었다. 그 권력의 신성을 용인할 수 없었던 신은 연회가 무르익은 바로 그때 벨사살의 옆 벽면에 문자를 적는다. 세습된 권력의 끝장을 고지하는 신의 손가락. "그 때에 사람의 손가락이 나타나 왕궁 촛대 맞은편 석고벽에 글자를 쓰기 시작하였다. 왕이 그 글자 쓰는 손가락을 보고 있었다. 이에 왕의 즐기던 얼굴 빛이 창백하게 변하고 그 생각이 번민하여 넓적다리 마디가 녹는 듯하고 무률을 서로 부딪치며 떨었다."(「다니엘」, 5: 5~6) 어떻게 되었는가.

두려움에 몸이 녹던 벨사살 왕은 전국의 뛰어난 술사와 점쟁이와 지혜 있는 자들과 박사들을 불렀으되, 그 누구도 신의 그 문자를 해독하지는 못했다. 왕에게 불려온 다니엘은 이상이 말하는 '기술사奇術師'였다. 그가 신의 문자를 해독했다. 이런 것이다. "기록된 문자는 이것이니 곧 메네 메네 데겔 우바르신입니다. 그 뜻을 해석하건대 메네는 하나님이 이미 왕의 나라의 시대를 세어서to count 그것을 끝나게 하셨다는 것이고, 데겔은 왕이 저울에 달려서to weigh 무게가 부족함이 드러났다는 것이고, 바르신은 왕의 나라가 둘로 나뉘어서to divide 메대와 페르시아 사람에게 넘어갔다는 뜻입니다."(「다니엘」, 5: 25~28) 해독된 신의 문자, 조종 울리는 묵시적 정치의 문자. 메네 메네 데겔 우바르신, '세어서, 세어서, 저울에 달려, 쪼개졌도다.' 기술사 다니엘의 그런 해석은 신의 손가락이 쓴 문자들의 중의성을 버무린 것이다. 1) 메네의 중의성. 시간을, 세대를, 세습을 세다/끝내다. 2) 데겔. 저울에 무게를 달다/가볍고 부족하다. 3) 바르신. 두 부분으로 혹은 산산히 나누고 쪼개고 결정하다/페르시아. 아비 느부갓네살 왕과 그 아들 벨사살 왕의 세습적 통치의 시간은 신의 문자 속에서 세세히 세어지고 계산됨으로써 그 끝이 고지되고, 그들의 신성권력은 저울에 달려져 그 가벼움과 모자람이 판명됨으로써 그 권력이란 불면 날아갈 '쭉정이'에 지나지 않는 것으로 확증된다. 그렇게 신성의 통합왕국은 둘로, 혹은 산산이 파열하며 쪼개진다. 그 모든 것이 신의 문자와 그 문자에 대한 다니엘의 해독에 의해 관철된다. 대천사 가브리엘의 고지와 함께했던 다니엘은 신의 뜻의 독해자이자 신의 힘의 대행자가 된다.

다니엘의 설명을 들었던 그날 밤, 신에게 거칠 것 없었던 벨사살 왕은 죽고, 그 왕국은 끝난다. 가브리엘이 신의 뜻으로 고지했던 '정한 때', 바로 그 '세상의 끝'이 바빌론이라는 신성의 권력에 임재한다. 다니엘, 그의 이름이 '신의 심판'을 뜻하는 한에서, 그는 대천사의 저울로 권력의 신성을 세고 재면서 매회 그 권력의 끝을 결단하고 관철시킨다. 이상이 말하는 '야만스런 법률'을 침식하는 광부=세균=가브리엘천사는 그렇게 세고

158

The Hand-Writing upon the Wall.

정치풍자 화가 제임스 길레이, 〈벽 위의 필적〉(1803). 〈벨사살의 연회〉(렘브란트, 1635)가
아니라 앞의 세속적 만평을 인용해놓는다. 나폴레옹의 만찬장. 식탁에 올라 있는 성城을 통째로
입에 넣으려는 장군, 귀인의 비만, 유두를 드러낸 여인들, 모두의 앞에 놓여 있는 포도주들,
도열한 군인들, 그들의 칼끝을 물들인 피들. 그 모든 것들의 위에 있는 신의 두 손. 지금
'나폴레옹'이라는 신성제국으로 신의 한 손이 신의 문자 '메네 메네 데겔 우바르신'을 쓰고 있는
중이다. 그와 동시에 신의 다른 한 손은 심판의 저울로 왕관의 무게를 재는 중이다. 나폴레옹의
저 상기된 옆얼굴을, 놀란 눈을, 벌어진 입을 보라. '세계정신'은 신의 문자 속에서 거듭 세어지고
달리고 재어짐으로써 매번 쪼개지고 매회 끝난다. 나폴레옹의 저 만찬장은 어디인가. 축적의
만찬이 벌어지는 어딘가 거기다. 여기는 축적의 만찬장이다.

재며 쪼개는 '저울'(「잠언」, 24: 12)로서 수행되는 신적 파국과 구원의 메타포이다. 앞서 이상은 스스로를 내출혈하는 그리스도로, 상처를 얻을 길 없어 안으로 고이는 뻑뻑한 피 때문에 '체중이 점점 무거워'진다고 적었다. 그렇게 무거워졌을 때에야 신성의 저울을 견딜 수 있다. 그렇게 무거워졌을 때에야 '속이는 저울'로 성업 중인 야만의 율법을 세세히 달아 재는 '공평한 추'가 될 수 있다. "속이는 저울은 여호와께서 미워하셔도 공평한 추는 주께서 기뻐하신다."(「잠언」, 11: 1) 이상의 '신적 열풍'과 함께했던 클레의 〈불의 폭풍〉은 여기서 이상의 가브리엘천사와 함께하는 〈대천사Erzengel〉(1938)의 의지 속으로 다시 인입된다.

가만히 보면, 불의 눈을 뜨고 있는 대천사의 얼굴은 세고 재고 쪼개는 저울의 형상이다. 그 저울은 '메네 메네 데겔 우바르신'이라는 신의 문자 속에서 파국과 끝으로 도래중인 '불의 폭풍' 혹은 '태우는 불'의 속성을 공유한다. 대천사의 타는 얼굴, 곧 매달아 재는 저울 위에 그려져 있는 도형은 스페이드의 변형이며, 스페이드는 다윗, 검劒, 죽음, 끝, 파괴 등을 뜻하는 신성의 도상이다. 클레의 〈대천사〉는 이상이 말하는 '최후의 종언'과 그것을 발생시키고 그것으로 발현 중에 있는 신의 힘에 맞닿아 있다. 클레는 이렇게 적었다. "통찰: 시작이 있는 곳에는 결코 무한이 있을 수 없다. 끝이 있다는 사실을 통찰할 것."[24] 끝이 있다는 사실의 통찰 또는 결정. 그것은 저 '불멸의 법률'에 영원과 영속을 덧입히는 절차들을 끝내는 힘이다. 이상의 가브리엘 대천사와 클레의 대천사가 함께 그 일을 행한다. 신의 문자 속에서 "천사들은 구분되는 독특성들"[25]이다. 서로 다른 역사적 상태 속에 있었던 이상과 클레는 그들의 천사들과 함께 오늘의 '동시대인'으로서, 다시 말해 질서의 상태로부터 구분되고 성별되는 틈과 균열로서 존재한

---

24 파울 클레, 『교육학적 스케치북』, 1925, 54쪽(양혜숙, 「파울 클레의 천사화 연구」, 『현대미술사연구』 11집, 눈빛, 2001, 48쪽에서 재인용).

25 빠올로 비르노, 「천사들과 일반지성」, 양창렬 옮김, 『자율평론』 14호, 2005. waam.net/xe/autonomous_review 참조.

파울 클레, 〈대천사〉, 1938.

다. 그들은 그 질서라는 지도, 지도의 지질학에 하나의 조종소리로 울려진다. 「지도의 암실」, 묵시적 끝의 통찰. "태양은제온도에조을닐 것이다 쏘다트릴것이다 사람은딱정벌러지처럼떨것이다 따뜻할것이다 넘어질것이다 색깜한피조각이뗑그렁소리를내이며 떨어져깨여질것이다 땅우에눌어부틀것이다 내음새가날것이다 구들것이다 사람의피부에검은빗으로 도금을올닐것이다 사람은부듸질 것이다 소리가날것이다/ 사원에서종소리가걸어올것이다 오다가여긔서놀고갈것이다 놀다가지안이할것이다."(2: 154) 지도 제작술의 근대를 암흑의 암실로 인지하는 묵시적/정치적 힘. 그것은 가시지 않고 머물고 유지되고 보존되는 '사원의 종소리'로, 매회 매번으로 지속되는 신의 조종소리로 번지고 퍼진다. '증식'하는 조종소리. 거기에 가브리엘 천사를 가브리엘천사'균'으로 적었던 이상의 의도와 맥락이 있다. 「각혈의 아침」 속에 들어있는 한 대목을 보자.

> 별이 흔들린다 나의 기억의 순서가 흔들리듯/ 어릴 적 사진에서 스스로 병病을 진단한다// 가브리엘천사균天使菌 (내가 가장 불세출의 그리스도라 치고)/ 이 살균제殺菌劑는 마침내 폐결핵의 혈담血痰이었다(고?)
> (1: 208)

이상은 '야만적인 법률'을 침식하는 광부를 세균이라고 표현했다. 그리고 속이는 법의 저울을 달아 재는 신의 저울은 대천사 가브리엘의 것이었다. 가브리엘이 광부-세균과 하나의 계열체를 이루는 것은 법에 대한 기소 및 계쟁의 과정 속에서이며, 그런 사정을 응축한 말이 '가브리엘천사균'이다. 균菌, 세균이란 무엇인가. 어떤 '사상'이었다. 어떤 정치적 이데올로기였다. 세균학의 창시자 로베르토 코흐가 결핵균을 발견했던 1882년 이래 세균은 '병원체病原體'였던바, 그것은 의학 사상의 패러다임만 바꾼 게 아니라 정치를 인지하고 표현하는 사고의 틀도 바꾸었다. 병든 국가를 치료해야 한다는 말, 사회의 암적 존재를 뿌리 뽑아야 한다는 일상의 말에서 드러나는 건, 그 말들이 정치의 문제를 병의 제1원인을 찾으려는 병원체의 사상에 근거해 사고하고 있다는 것이다. 그런 의학적 사상 속에서 국가의 암적 존재는 반드시 '있어야만' 되는 것이 된다. 없으니까 없다고 진단되는 게 아니라 진단의 확정을 위해 늘 발굴되어야만 된다. 병원체의 사상은 정치적 데마고기의 힘이다. 이상에게 세균은 병을 일으키는 '원인'이 아니었다. 그는 오히려 병의 근본 원인이 무엇인가라는 물음의 정치적 이면을 투시했다.

이상은 결핵균이 사는 장소, 곧 자신의 몸을 진단하는 의사들을 두고 곳곳에서 신성의 이름으로 언급한다. "의사믿기를 하는님같이하는 그"(「병상이후」, 3: 140) "예언자"(「병상이후」, 3: 139) "반왜소형胖矮小形의 신神"(「오감도 5호」, 1: 90) "하이한천사"(「내과」, 1: 156) "성聖베드로"(「각혈의 아침」, 1: 209)가 그런 예들이다. 과학적인/절대적인 의학적 지식을 위임받아 대행하는 의사의 진단과 치료란 그 자체로 신적 권능을 지닌 것이다. 그들의 진단은 병의 근본 원인을 찾는 것이었다. 알다시피 "원래 하나의 '원인'을 확정지으려는 사상이야말로 신학·형이상학적인 것이다."[26] '의사가 곧 성직자'라고 했던 건 계보학의 빛으로 근대의 계몽된 암실을 비추었던 푸코였다. 이상이 자신의 병든 몸의 원인을 결핵균으로 진단하던 의사를 신성의 이름으로 표현했다는 것은, 의사야말로 진단하고 치료할 수 있는 힘의 절대적 주체가 되는 과정을, 그와 동시에 의사 앞에 앉은 이가 진단과 치료의 단순한 대상으로 되는 과정을 문제시했다는 것과 먼 거리에 있지 않다. 이상에게 의사는 사목하는 목자였으며, 환자는 의사라는 목자의 보살핌과 계도를 치료와 구원의 후광 속에서 일방적으로 받아들여야만 하는 신자였다. 이상은 의사와 환자의 그런 관계 속에서 의학적 형상-질료 도식으로 된 근대성의 위-계位-界를 투시했다. 병의 근본 원인을 찾는 의사/목자의 진단/구원의 과정은 그 병의 원인이라는 것을 그 병의 발생과 '등가적인 것'으로 편성해가는 과정에 다름 아니다. 원인이 먼저 있어서 병이 발생된 게 아니라, 그 병을 병이라고 진단하고 확정하기 위해 원인은 사후적으로, 그 병과 등가적인 것으로 끌어올려지지 않으면 안 되었다. 신성한 제1원인을 찾는 병원체의 사상은 환속화된 신으로서의 화폐장치의 발생 및 운동과 상동적이다. 풀어 말해, 등가화될 수 있는 것들이 먼저 있고 그 다음으로 일반적 등가물로서의 화폐가 생긴 게 아니라, 일반적 등가물로서의 화폐가 결코 등가화될 수 없는 것들을, 등가화되어선 안 되는 것들 전체를 등가화될 수 있는 것들로 만들어냄으로써 자신의 권능을 확립해간 과정과 병원체의 사상은 유비적이다. 원인과 결과라는 하나의 계열 안에서 등가적인 것으로 될 수 없는 병원체와 병은 의학이라는 신학적 프로파간다에 의해 등가화되는 것이다. 이렇게 말해도 좋다. 병원체라는 사상은 의학 안에서 이뤄지는 화폐적 등가화의 과정이다. 그 의학적/화폐적 전도와 전치를, 그 유혈적 과정의 재생산을 보증하는 병원체의 사상을, 위-계에 봉헌하는 이데올로기로서의 세균을 '살균'하는 일. 줄여 말해 세균이라는 제1법을 박멸시키는 일. 「각혈의 아침」 속에 들어있던 '가브리엘천사균'이라는 '살균제'가 그 일을 행한다.

　통계화census 가능한 상태로서의 국세國勢를 증진시키기 위한 통치, 그 한 가지 중심 요소로서의 의료시스템에 의해 진단·분류되는 것이 병이다. 병은 "어떤 분류표, 기호론적 체계에 의해 존재"하며, 그런 한에서 "병은 원래 시작부터가 의미를 부여하는 것"[27]이었다. 중앙집중화된 의료체계에 의해 분류된 병은 개인적 차원을 넘어 이미 언제나 절대적으로 받아들여야 할 '국민건강'이라는 의학적·정치적·신학적 '의미'의 카테고리 안에 들어있다. 자신의 병에 대한 의사의 진단 행위에서 이상은 그렇게 분류된 의미의 위압성을 인지했던바, 그가 '스스로 병을 진단한다'라고 적었던 까닭이 거기에 있다. 히스테리의 몸이 의미의 질서에 한 조각, 한 지대의 시니피앙스-결여를 관철시키는 정치적 비판의 몸이었듯, 이상의 자기진단된 병든 몸 또한 그러하다. 「각혈의 아침」 속 가브리엘천사균은 각혈한 이상이 자신의 피와 가래에 자기만의 의미를 부여해 다시 정의한 시어이며, 자신의 병든 몸을 투시하고 '오감'한 결과이다. 그 자기진단은 그 자체로 의학적/정치적 병원체의 사상이 만든 의미의 매트릭스에 하나의 결여와 구멍으로

26　가라타니 고진, 『일본근대문학의 기원』, 141쪽.
27　같은 책, 143쪽.

서 발생하는 시니피앙스-결여이며, 그것의 수행이고, 틈ª의 융기이자 기
립이다. 그때 이상의 결핵은 국세의 증진에 봉헌하는 카테고리화된 의미연
관을 절단하고 초과하는 힘의 발생적 계기가 된다. 그때 이상의 폐결핵균
은 세고 재고 쪼개는 저울로서 임재하는 대천사 가브리엘이 된다. 그렇게
이상의 병은 국세의 분류법을 깨고 그 바깥을 개시하는 신학적·정치적 비
판의 '의미'를 획득하고 구성한다. '책임의사'로서 스스로를 자기진단하던
「진단 0:1」의 소멸과 그 제로는 이미 좌표-바깥으로 정초되고 있던 의미로
서의 병이 표현된 한 가지 사례이기도 했던 것이다(Ⅰ장 참조).

"찢어진 사도"의 몸이 분만하는 것

앞서 인용한「얼마 안되는 변해」에서 '문제의 별빛'을 채광하던 그 광부, 파
국의 파편들을 채집하고 수집하던 그 광부로 돌아오자. 그는 별빛의 '광
산'을 채굴하는 자다. 그의 그 '채굴'은 "폐허는 봄"(1: 200)이라고 말하는
자, 폐허로서의 봄의 도래를 기다리는 자가 수행하는 '굴착'과 하나의 계열
을 이룬다. "나는 나의 모든 것을 묻어버리지 아니하면 아니된다 나는 흙
을 판다 // 흙속에는 봄의 식자植字가 있다// 지상에 봄이 만재滿載될 때 내
가 묻은 것은 광맥鑛脈이 되는 것이다 (…) 봄이 아주 와버렸을 때에는 나는
나의 광굴鑛窟의 문을 굳게 닫을까 한다."(1: 201) 흙을 파서 자신의 모든 것
을 묻은 자. 지금 그는 자신의 모든 것이 흙속에 있는 폐허로서의 봄의 파
편들과 혼재되는 시간 속에 있다. 광부가 별빛을 채광하고 수집하듯, 그는
흩어진 봄의 편린들을 그러모아 재배열함으로써 '의미'를 현현시키는 식자
공이다. 이상은「산촌여정」에서 낱글자들로 성경을 제작하고 있는 식자공
으로 스스로를 표현한 바 있으며, 그런 한에서 봄의 파편들로 구성되는 그
의미란 신성과 결합해 있다. 식자공/광부는 흙 혹은 지상, 이른바 대지의
법과 의미의 질서를 굴착하는 자다. 다시 한 번, 그는 "지구를굴착하라"(1:
77)는 정언명령을 따르는 '지하생활자'였다.

이상이라는 광부는 임박한 폐허로서의 봄이 대지에 쉼 없이 누적되

고 적재될 때 자신이 굴착한 지하와 거기에 묻은 자신의 모든 것이 빛들로
된 '광맥'이 된다고 생각한다. 이에 반해 폐허라는 봄, 거듭 도래중인 그 파
국의 봄이 '아주 와버린 것'이 되었을 때, 다시 말해 그 봄의 임재가 완료·
완결·완수된 사태로 마무리되고 말 때 그는 자신의 그 지하라는 장소, 그
'광굴'이 봉쇄되고 말 것이라고 생각한다. 이상에게 봄이란 무엇인가. 매번
매회 도래하는, 항구적으로 임재하는 묵시적인 힘이다. 봄을 기다리는 광
부는 최후의 종언을 기다리는 사도다. "폐허가된육신"을 가진 사도, "갈갈
이 찢어진 사도使徒". "풍마우세風磨雨洗로 저절로다말라 업서지고"(3: 58) 있
는 몸, "마멸되는 몸"(1: 112). 갈가리 찢어진 몸, 사도의 몸, 사도적 몸이
법을 기립시키고 재정초하는 장소가 된다. 그렇게 몸이 폐허가 되고, 찢어
지고, 다 말라 없어지고, 마멸된다는 것은 '사라진다는 것'이다. "사라지는
모든 것은 흔적을 남긴다. 이건 (…) 신의 심판과도 같다. 신은 사라지지
만, 그 뒤에 자기의 심판을 남겨둔다."[28] 이상이 말하는 '최후의 종언', 몸의
사라짐을 통해 매번 흔적으로 남는 신의 심판. 부과된 법의 지상에서 거듭
사라짐으로써, 다시 말해 관리되는 의미의 대지를 굴착해 만든 '지하'에서
의 생활을 지속함으로써 매회 도래하는 최후의 심판. 「얼마 안되는 변해」
의 마지막 한 대목은 '폭열爆裂하는 몸'으로 끝난다. 그리고 그 몸은 무언가
를 '분만'하는 중이다.

그는 아득하였다./ 그의 뇌수는 거의 생식기처럼 흥분하였다. 당장이
라도 폭열할 것만 같은 동통疼痛이 그의 중축中軸을 엄습하였다./ 이것
은 무슨 전조인가?/ 그는 조용히 사각진 달의 채광採鑛을 주워서, 그
리고는 지식과 법률의 창문을 내렸다. 채광은 그를 싣고 빛나고 있
었다./ 그의 몇억의 세포의 간극을 통과하는 광선은 그를 붕어와 같
이 아름답게 하였다./ 순간, 그는 제풀로 비상하게 잘 제련된 보석을

28 장 보드리야르, 『사라짐에 대하여』, 하태환 옮김, 민음사, 2012, 31쪽.

교묘하게 분만하였던 것이다./ 그는 월광의 파편 위에 쓰러졌다. (3: 158)

폭발해서 찢어질 듯 쑤시고 욱신거리는 몸. 이상에게 자신의 그런 몸은 어떤 '전조'로 인지된다. 그 기미 혹은 징후는 묵시적 끝을 표현할 때 인유되던 '달'과, 그 빛들을 그러모으는 광부의 이미지에 이어진 것이다. 세계의 끝 속에서 지식과 법률에 의해 관리되고 구조화된 의미의 질서는 그 문을 닫는다. 법의 암전, 의미의 폐절. 전조라는 것의 뜻과 방향이 그와 같다. 별과 달의 빛들에 실려 있는 빛나는 몸, 이른바 '몸-섬광'이 바로 그 전조를 실현한다. 당대의 전시 상황을 암시하는 다음과 같은 한 구절 속에서, 곧 "이군웅할거를보라/ 이전쟁을보라/ 그들의알력의발열發熱의한복판"(1: 44)에서 이상은 '비밀심문실'에 구속된 채로 경찰의 취조를 받고 있는 피의자였다. 그 경찰은 이상에게 말한다. "「물론너는광부이니라」/ 참고 남자의근육의단면은흑요석과같이광채나고있었다한다."(1: 75) 묵시적 힘의 계기들을 캐고 적재하는 광부의 몸은 빛으로 되어 있다. 그는 빛의 인간이며, 「선에관한각서」에 나오는 '광속의 인간'이었다. 그는 지금 '보석'을 '분만'하는 중이다. 분만된 그 보석은 어떤 의미의 계열체를 이루는가. 이 마지막 질문을 위해 인용할 또 하나의 분만은 이렇게 표현되어 있다. "창부가 분만한 사아孼兒의 피부 전면에 문신이 들어 있었다. 나는 그 암호를 해제解題하였다. 그 사아의 선조는 옛날에 기관차를 치어서 그 기관차로 하여금 혈액임리, 도망치게 한 당대의 호걸이었다는 말이 기록되어 있었다."(1: 191)

세리稅吏와 창녀. 그들이 가장 먼저 천상으로 들어가리라고 했던 이는 「마태복음」의 그리스도 예수였다. 이상에게 창녀는 때때로 '마리아'와 결합됨으로써 성창녀聖娼女의 이미지로 드러난다. 그녀는 성스러움과 속악함을 분리하는 척도적 기준을 작동정지시키는 '경계' 영역을 개시하고 구성하는 자이다. 그러므로 창녀가 분만한 아이는 분리와 분류의 무화 속에서 신성을 갖는다. 정전 바깥의 복음서 중 하나는 이렇게 말한다. "아버지와 어머니를 아는 자는 창녀의 아들이라 불리게 될 것이다."(「도마복음」,

105절) 창녀와 창녀의 아이는 표준적이므로 지배적인 분류표 속에서 고아·과부·병자·이방인만큼이나 핍박받고 내몰리는 자들이다. 그리스도는 '아버지와 어머니'라는 진정한 생명을 봉헌하는 이들을 두고 창녀의 아들이라고 말한다. 그 '말씀'은 분류의 기준과 구획의 척도를 다시 획정하고 나눔으로써 분류표의 바깥을, 좌표-바깥을, 다시 말해 합성 불가능한 경계의 장소를, 새로운 법과 생명이 정초되는 장소를 설립한다. 창녀의 아들은 "그들[척도를 들이미는 자들]의 눈과 기준에 더 이상 얽매이지 않게 되는 새로운 생명기준을 인식한 것"[29]이다.

이상의 창녀가 분만한 아이는 죽은 아이로 드러나되, 피부 전면에 문신이 새겨진 아이로, 몸 전체가 암호인 아이로 드러난다. 그 암호와 그것을 해독하는 '나'는 벨사살 왕의 연회장 뒷벽에 적혀 있던 신의 암호 같은 문자와 그걸 해독하는 다니엘에 겹쳐진다. 몸피에 새겨진 그 '암호'라는 것이 핍박받았던 '선조'들이 '기관차'와 싸워 승리했던 자들임을 고지하는 내용이었던 한에서, 그 암호는 벨사살을 저울에 달고 그 왕국을 쪼갰던 신의 문자와 상관적이다. 선조들과 기관차의 충돌이 중요하다. 알려진 한 대목. "마르크스는 혁명이 세계사의 기관차라고 말했다. 그러나 어쩌면 사정은 그와는 아주 다를지 모른다. 아마 혁명은 이 기차를 타고 여행하는 사람들이 잡아당기는 비상 브레이크일 것이다."[30] 이상이 말하는 선조들은 혁명이라는 기관차가 견인하는 발전의 역사, 그 질주적 레일을 끊는다. 선조들은 그 기관차의 승객이지만, 비상 브레이크를 잡아당겨 그 기관차의 엔진을 끔으로써 그 기관차의 속도를 거스른다. 비상 브레이크로 제동을 거는 그들 억압받던 선조들은 삶의 진보에 대한 '마르크스주의'주의적인 입장과 파시즘의 공모 및 묵계를 기각하는 맥락에서 제출된 키워드들이다. 「날

29 주원규, 「창녀의 아들이라 불리게 될 것이다」, http://blog.daum./innovator-bay(2013. 8. 16). 「도마복음」에 대한 주원규의 강해를 통해 그의 소설들을 예감하게 된다.
30 발터 벤야민, 「〈역사의 개념에 대하여〉 관련 노트들」, 『역사의 개념에 관하여 외』, 최성만 옮김, 길, 2008, 356쪽.

168

개」의 다음 한 문장은 당대의 경직된 마르크스주의주의적 교조敎條의 마취 상태와 수면상태에 대한 언급일 수 있다. "아스피린, 아달린, 아스피린, 아 달린, 맑스, 말사스, 마도로스, 아스피린, 아달린."(2: 286) 더불어 이상은 "제3인터내슈날당원들한테서 몰매를 맞"는 상황 속에서 "지구의 재정이면 을 엄밀자세히 검산하는 기회를 얻었다"(1: 190)고 썼다. 혁명의 기관차 속 에서 이상과 이상의 창녀가 분만한 아이와 그 아이의 선조는 함께 비상 브 레이크를 당기는 힘의 효과로서 발생하는 중이다. 그들의 한 손은 혁명의 기관차가 주재하는 척도적 발전의 체제에다 '메네 메네 데겔 우바르신'이 라고 쓰면서, 동시에 다른 한 손으로는 그 질주의 레짐을 통째로 세고 재 고 쪼개는 최후적 저울을 들었다. 저울 든 그들은 매번 매회 창녀의 아이 로서 분만되고 있는 자들이다. 분만된 그들, 마르크스적 '산파'의 다른 판 본. 그들은 불멸의 야만적 법률에 의해 내팽개쳐진 분란과 불화의 '칼'을 다시 집어 든다. 그럼으로써 화평과 조화가 아니라 칼을 주러 왔다는 그리 스도의 말씀을 자신의 혀로 발화할 수 있게 된다. 분만된 그들의 산파술에 의해 그리스도의 그 작은 칼小刀이 거듭 다른 칼들을, 다른 그리스도들을 출산하고 분만한다. "내동댕이쳐진 小刀는 다시 小刀를 낳고 그 小刀가 또 小刀를 낳고 그 小刀가 또 小刀를 낳고 그 小刀가 또 小刀를 분만하고 그 小刀가 또……."(1: 155) 칼이 칼을 분만한다. 심판이 심판을, 최후가 최후 를 분만한다. 그 항구적인 '끝'의 분만들 속에서 누리고 향유하는 '새로운 생명'이 거듭 탄생한다. 이상이 말하는 분만된 '보석'의 뜻이 그와 같다.

IV장

IV장

불안이라는 것

평안남도, 성천成川. 결핵 걸린 몸을 요양하기 위해 이상이 자주 찾았던 한적한 산촌. 그 녹색의 시공간은 '성천 기행'이라는 이름으로 알려진 이상의 텍스트들 속에 어떻게 표현되어 있는가. 아래 한 대목엔 성천이라는 땅의 밑바닥을 흐르는 이상의 주된 정조가 드러나 있다.

한꺼번에 이처럼 많은 별을 본 적은 없다. 어쩐지 공포감마저 불러일으킨다. 달 없는 밤하늘은 무어라 말할 수 없는 귀기마저 서린 채 마치 커다란 음향의 소용돌이 속에 서 있는 느낌이다./ 과연 이 한 몸은 광대한 우주에 비하면 티끌만한 가치도 없다. 그런데도 이 야망은 어떻게 된 것인가. 이 불안은 뭔가. 이 악惡에의 충동은 또 뭔가. 신은 이 순간에 있어서 건강체인 나의 앞에선 단연 무력하다. 그러나 그렇다고 해도 나는 그 신을 이길 수는 없지만. 그러나 나는 신에 대해 저주의 마음 같은 것은 추호도 갖고 있지 않다. 신을 이기겠다는 의욕도 갖고 있지 않다. 왜냐하면 나의 이 불안감은 끝없는 환희 속에서 신의 의지, 신의 제재를 인정하지 않기 때문이다.[1]

---

1   이상, 「야색夜色」, 『정본 이상문학전집 3』, 김주현 편, 소명출판, 2009, 216쪽. 이하 '3: 쪽수'로 표시. 전집 1, 2권도 같은 방식으로 인용함. 「야색」을 포함해 성천이라는 장소와 관련된 글들로는 「권태」「산촌여정」「산촌」「어리석은 석반夕飯」「공포의 성채」「무제」「이 아해들에게 장난감을 주라」 등이 있다.

도시를 자신의 고향이라고 생각하는 이상은 성천의 야색, 그 칠흑 같은 밤의 적막 속에서 공포를 느낀다. 그는 그 귀기어린 공포, 광대한 암흑 속에서 스스로를 티끌같이 여기면서도 동시에 야망에 불타고, 불안과 우울에 휩싸여 있으면서도 동시에 환희와 열락 속에 있다. 불안과 환희는 언뜻 대립되는 느낌인 것 같지만 그렇지 않다. 불안은 이상이 말하는 '악에의 충동' 속에서 환희와 결합한다. 이렇게 물을 수 있다. 악에의 충동이란 무엇이며, 그 충동에 이끌려 상호작용하는 불안과 환희, 불안의 환희란 무엇인가. 하나의 체제가 승인하고 합의한 '도덕의 기념비'를 깨고 부수며 선악의 금제와 경계를 지워버리는 악惡, 이상의 악. 그것은 신을 인정하지 않는 것이다. 인정하지 않음으로써 신을 살해하는 것이 악이며, 악에의 충동이다. 그것은 삶의 고통을 묵인하고 방조하는 신에 대한 심판, 살신殺神의 의지, 새로운 신성의 발현과 다른 말이 아니다. 바로 그 심판, 의지, 발현에의 감각 속에서 이상은 스스로를 '건강체'라고 말할 수 있었으며, 그 건강한 몸으로 신의 무력함을 단언할 수 있었다. 그럼으로써 그의 불안은 자기진단적/자기구성적 장소를 마련한다. 이상은 불안이라는 것 속에서, 신의 힘이 관장하는 신의 대지와는 전혀 다른 장소, 전혀 다른 법의 장소에 설 수 있었다. 거기에서 신의 의지와 명령, 신의 한정과 제약은 부결된다. 신 쪽에서가 아니라 용기한 주체 쪽에서 신을 인정하지 않는 시간의 보존. 그것이 악의 관철이다. 그러므로 다시 묻자면, 성천이란 어디이며 무엇인가. 신의 무력함이 인지되는 장소, 반신反神에의 의지가 승리하는 장소이다. 신이 심판의 대상으로, 기소된 피고로 되는 장소가 이상의 성천이다. 다시 말해, 이상의 불안은 신을 인정하지 않는 악에의 의지와 함께하며 그 의지 속에 보존되어 있다. 그 불안이란 외적인 자극에 일방적으로 반응하고 휘둘리는 수동적 정조가 아니다. 그것은 의식된 불안이며, 각성되고 투시된 불안이다. 그 불안은 불안의 생산관계, 다시 말해 불안을 설계하고 조장하고 생산함으로써 이윤을 축적하는 불안의 체제, 불안의 레짐을 묵시적 소송의 소용돌이 안으로 몰아넣으려는 의지이다. 그때 그 불안이란, 불안이라는 축적의 집oikos의 경영술 및 관리술nomics 안에서 그런 관리의 경제를 초과하는 힘

Gewalt에 다름 아니다. 불안의 장치/경제dispositif/oikonomia 안에서 이미 언제나 그 금제와 억제의 카테고리를 범람하는 힘으로 실재하고 있는 불안이라는 환희. '끝없는 환희 속에서 신의 의지를 인정하지 않는' 이상의 불안은 그렇게 '비판'과 결속된 한 가지 근본정조에 다름 아니었다. 이상의 그 불안은 지상의 통치체 위로 발생하고 융기하는 새로운 신성의 징후와 기미에 대한 인지적 준비태세의 마음형식이다. 이상이라는 불안은 교부敎父로서의 근대, 근대라는 오이코노미아 안으로 '커다란 음향의 소용돌이'로서 인입하고 틈입하는 중이다. 그 불안은 근대라는 장치들의 체제 속으로 다성화된 음향의 소용돌이로, "하늘에소리잇으니 사람의소리로다"(3: 72)라는 문장 속 심판하는 목소리들로, 신적 소송의 소용돌이로 발현하고 도래하는 중이다.

소용돌이, 다시 말해 어떤 혼돈과 현기증의 돌발. 이상이 말하는 커다란 음향의 소용돌이는 앞서 「월상月傷」이라는 텍스트에서 '거대한 음향'을 내며 지상으로 추락하고 있던 파국의 달—"금시로 나는도도한 대음향을 들으리라. 달은 추락할 것이다. 지구는 피투성이 되리라"(1: 141)는 문장 속 그 대음향—과 하나의 계열을 이루는 묵시적 구상력과 의지의 표현이다. 불안과 함께하는 또 하나의 텍스트 「어리석은 석반」의 아래 한 대목은 이상이 인지하는 대음향이라는 것이 성천이라는 대지 위에서 끝을 고지하는 조종弔鐘소리로 울려 퍼지고 있었음을 알게 한다.

나에겐 들린다.―이 크나큰 불안의 전체적인 음향이―// (…) 이제 지상에 무슨 일이 일어나지 않으면 안된다. 만일 이대로 아무일도 일어나지 않는다면 우주는 그냥 그대로 암흑의 밑바닥에서 민절悶絶하여버릴 것이다./ 늘어 선 집들은 공포에 떨고, 계시啓示의 종이 쪼각같은 백접白蝶 두서너 마리는 화초 위를 방황하며, 단말마의 숨을 곳을 찾고 있다. 그러나 어디에 그런 곳이 있는가. 대지는 간모間毛의 틈조차 없을만큼 구석마다 불안에 침입되어 있는 것이다.// 그때였다. 나의 가슴에 음향한 것은 유량한 종소리였다. 나는 아차!하고 머리를

174

들었다./ 대지의 성욕에 대한 결핍―이 엄중하게 봉쇄된 금제禁制의 대지에 불륜不倫의 구멍을 뚫지 않으면 안된다./ (…) 경계의 종이 마지막 울렸던 것이다. (3: 181)

성천의 고요와 적막 속에서 이상이 감지하고 있는 불안의 대음향, 그 거대한 규모. 그것은 대지 위로 발생할 어떤 묵시적 사건의 임박함을 고지하는 종소리였다. 그 사건이란 어떤 것인가. 「산촌」의 한 문장. "삶을 지닌 모든 것은 모두 피를 말려 쓰러질 것이다. 이제 바야흐로. (…) 천벌天罰인양."(3: 203) 이상이 듣고 있던 그 대음향은 초월적 신성의 심판에 맞닿은 것이다. 그런 한에서 그 종소리는 묵시적 종소리, 바야흐로 지금 막 도래중인 사건적 조종소리였다. 이른바 '칼을 주러 오는' 그 조종소리는 기존의 생명들 모두를, 다시 말해 기왕의 사회적 관계들 전체를 장사지내며 그 끝을 통고하는 시간의 도래이자 그 표식이다. 그런 묵시는 1935년 9월 성천을 3주간 방문하고 쓴 「산촌여정」의 다음 두 대목과 맞닿아 있다. "교회가보고싶었습니다 그래서 '예루살렘' 성역을수만리 떨어져잇는 이마을의 농민들까지도사랑하는 신앞해서 회개悔改하고십헛습니다 발길이찬송가소리나는 곳으로감니다."(3: 51) "교회는보이지안슴니다. 도회인의교활한시선이 수줍어서 수풀사이로 숨어버리고 종鐘소리의 여운만이근처에 내음새처럼남어서 배회하고잇슴니다."(3: 53) 삶을 지닌 모든 것의 피가 마른다는 것, 지상의 삶을 구획하는 폭력적 관계망이 전면적으로 세어지고 재어지며 쪼개진다는 것, 임박한 신의 심판의 그 혼돈과 소용돌이 속에서 이상의 회개와 대속과 구원에의 의지가 배양되고 분만된다. 그의 묵시적/정치적 의지는 그렇게 구원의 조건이자 신생의 바탕이었다. 이는 그가 말하는 대지와 불안의 관계, 곧 '대지를 침입하고 있는 불안'을 통해 다시 다르게 설명될 수 있다.

다시, 「차생윤회此生輪廻」

성천의 적막한 대지 위에서 집들은 공포에 떨고 나비는 신적 계시로 난다. 「오감도 10호 나비」에서 나비는 "유계幽界에 낙역絡繹되는비밀한통화구通話口"(1: 95)였다. 유계라는 죽음과 끝의 세계로 내밀하게 이어져 있는 통로, 통화구가 이상의 나비다. 이를 염두에 두고, 앞에서 인용했던 「어리석은 석반」의 문장들에서 다시 시작하자. 이상이 그 텍스트 속의 나비를 신의 서명이 들어간 파국적 계시의 종잇조각으로 인지했던 바로 그때, 대지는 한 치의 틈도 없이 불안에 침윤된다. 바야흐로 '그때', 대지 위로 조종소리 가 범람한다. '대지의 성욕에 대한 결핍'이라는 한 구절은 대지의 생동하는 생명력을 제제하고 관리하는 힘을 전제하고 있는바, 불안이라는 묵시의 정조는 엄중하게 봉쇄된 '금제의 대지'에, 다시 말해 '법률'이라는 이름의 통 치적 율-법率-法의 바퀴를 굴리고 땜질하는 신의 대지에 '불륜의 구멍'을 뚫 는다. 그렇다는 것은 통치의 절차를 관장하는 신을 살해하고 그 신성에 불 복종함으로써 다른 신성의 도래를, 다른 대지의 설립을 예감한다는 것이 다. 그 예감 속에서 이상의 시작詩作의 사명이 관철되고 있다. 시인의 사명 을 대지의 탈은폐aletheia, 대지의 진리/개시에서 찾았던 문장들을 인용하게 된다. "오래전에 시작된 신들의 도주를 진지하게 받아들이고, 이러한 진지 함으로부터 그들의 도래를 새롭게 예감하며, 그들이 다시 살아나도록 함 께 애쓰며, 그래서 대지와 땅을 새롭게 하는 것이다. 중요한 것은 (…) 우리 민족의 역사적 진리인데, 이러한 상태는, 하나의 역사적인 세계를 창조하 기 위해 다시 한 번 신들과 함께 감행해야 할 우리 현존재의 위대한 압박 감 안에서 획득된다."[2] 대지라는 법의 장소를 새롭게 설립하는 힘. 그것은 몰아-세움Ge-stell의 장치/경제, 닦달의 오이코노미아에 의해 망각되고 은폐 된 본원적 삶의 개시 혹은 일어남에 다름 아니다. 도래중인 신과 함께하는 그 개시와 기립, 그 신성어린 밝힘Lichtung의 과정 속에서 피폐하고 부패한 대지의 법은 일소된다. 이와 같은 신성에의 예감적 사고는 낡고 경화된 대 지에 묵시적 '불륜의 구멍'을, 계시적 종언의 파열구를 뚫어야 한다는—달 리 말해, "지구를굴착하라"(1: 77)는 정언명령으로 표현된 바 있는—이상의 시작Dichtung의 의지와 맞닿는다. 그렇게 시작하는 시인이 곧 대지의 굳어진 법과 고착된 도덕의 '률僫'을 폐지하고 금지하는ㅈ 신인神ㅅ 혹은 반신半神인 것이다. 시인들, 그들 신성의 현존재들은, 이른바 닥쳐온 '압박감' 속에 있으며, 그 '위대한' 위기와 위태로움 속에서만 '민족의 역사적 진리'를 개시하고 구제하는 새로운 대지를 건립할 수 있는 자들이었다. 성천의 이상은 「공포의 성채」에서 이렇게 적었다.

> 한때는 민족마저 의심했다. 어쩌면 이렇게도 번쩍임도 여유도 없는 빈상스런 전통일까 하고./ 하지만 결코 그렇지는 않았다./ (…) 민족을 그리워하라, 동경하라고 말하고자 한다./ 커다란 무어라고 형용할 수 없는 덩어리의 그늘 속에 불행을 되씹으며 웅크리고 있는 그는 민족에게서 신비한 개화를 기대하며/ 그는 '레브라'와 같은 화려한 밀탁승의 불화佛畵를 꿈꾼다. (3: 212)

민족과 신비. 민족이라는 신비. 이상은 찌들고 빈곤한 전통에 고착된 것으로 민족을 의심했지만 이내 민족을 그리워하고 동경하라고 말하면서, 닥쳐온 암흑과 불행, 형언할 수 없는 고난과 위기 속에서 민족의 신비한 개화를 기대한다. 이상의 그런 기대와 기다림은 '레브라'와 같은 휘황한 '불화'로, 석가의 자비가 그려진 신성의 그림으로 표현된다. "CREAM LEBRA의 비밀을 듣다"(1: 189)라는 문장에 이어진 레브라는 '레프라lepra, 나병'이다.[3] (크림) 레브라는 '나병 치유'의 비밀 혹은 신비의 줄임말이다. 나병이라는 천형天刑의 상상력. 이상의 「예의」라는 글은 소록도의 나병환자들에 대한 것인데, 이상은 앞선 '나병-불화'의 연결처럼 석가를 언급하면서 나병에 대해 다음과 같이 말한다. "석존釋尊가튼 자비스러운얼굴을한사람이 래도來到하야도 그들은 그저 무한한 증오의눈초리로맞이할줄밖에모른다"고, '추악한' 그들끼리는 '희희락락'하기도 하며 때로는 '연애까지도' 한다고, "천형병天刑病의 병원病源을 근절코자할진대 보는족족 이 병환자는 살육해버려야할는지도모"른는 일이라고, "이왕 끔찍한인정을발휘해서 그들을 보호하

는바에는 될수잇는대로 (…) 그들이 제일 실허하는 '구경'을 절대로 금해야
할 것"(3: 101, 102)이라고. 나환자들에 대한 '예의'라는 것이 그런 문장들
속에 들어있다. '천형병'의 근원을 근절하기 위해 보는 족족 '살육'해버려
야 한다는 이상의 생각은 자기 몸의 병을 자기진단함으로써 의미의 주어
진 규준을 깨던 때와는 판이하다. 그 살육의 요청은 「공포의 성채」 중 '민
족의 신비한 개화'를 말하던 그 문장 뒤에 바로 이어져 있는 또 하나의 살
육의 상황과 동시적이며 등질적이다. "성장함에 따라 여러 가지 이상한 피
를, 피의 냄새를 그의 기억의 이면에 간직하고 있다. (…) 어느 날 손도끼를
들고―그 아닌 그가 마을 입구에서부터 살육을 시작한다. 모조리 인간이
란 인간은 다 죽여버린다. 그리고 집으로 돌아와서 다 죽여버렸다./ 가족

2   마르틴 하이데거, 『횔덜린의 송가』, 최상욱 옮김, 서광사, 2009, 301쪽. 이 문장들은
      1934년 겨울학기의 강의를 위한 것이었다. 이에 덧대어놓을 것은 1966년 9월 독일의
      시사주간지 『슈피겔』과 나눈 하이데거의 인터뷰 중 한 대목이다(이 인터뷰는 사전에
      약속한 대로 그가 사망한 1976년에 공개되었다). "철학은 지금의 세계 상황에 어떠한
      직접적인 변화도 일으킬 수 없습니다. 이것은 철학뿐만 아니라, 모든 인간의 생각과
      노력에도 해당됩니다. 오직 신만이 우리를 구원할 수 있습니다. 나는 유일한 구원의
      가능성이 사유와 시작詩作 속에서 우리가 몰락하면서 신의 출현이나 부재를 위한 준비를
      갖추는 데 있다고 봅니다. 우리가 몰락한다는 것은 거칠게 말해서 우리가 '처참하게
      죽는다는 것'이 아니라 부재하는 신에 직면해서 몰락한다는 말입니다."(하이데거,
      「슈피겔과의 인터뷰」, 『하이데거와 나치즘』, 박찬국 옮김, 문예출판사, 2001, 442쪽)
      반신半神/시인의 시작과 그 힘을 향한 하이데거의 '의지'가 '승리'할 때 폐기되고 마는 것.
      '정신Geist'이라는 개념의 각 용례와 용법 간의 관계를 대상으로 탈구축이라는 방법과
      태도를 집요하게 시험하면서 하이데거의 "재독일화re-germanisation"를 증명하려 했던
      이는 데리다였다. 이른바 '(탈)연루'의 상황. 이에 대해서는 자크 데리다, 『정신에 대해서:
      하이데거와 물음』(박찬국 옮김, 동문선, 2005)을 참조.
3   레브라를 성병 치료제, 바르는 매독 연고로, 불화를 불알과 유사한 음가로 이해한 끝에,
      이상의 문장을 "생식능력이 왕성한 고환을 가지고 싶다"(이경훈, 『철천의 수사학』,
      소명출판, 2001, 194쪽)로 새기는 것은 이상의 성性과 생애와 텍스트의 관련에 방점을
      찍은 것이다. 그 '생식능력', 그 힘의 속성과 본질이 관건이라고 생각한다. 그런 한에서,
      "레브라를 레프라, 즉 나병과 관련되는 것으로 볼 수 있을지도 모르지만"(195쪽)이라는,
      더 논구되지 않은 단서에 근거해 여기서는 레브라를 나병으로 보고, 나병환자들에 관한
      이상의 폭력적인 시선과 대비해 그가 말하는 '민족의 신비'를 이해하려고 한다. 밀탁승은
      밀타승(채색에 쓰이는 황색안료)의 오식으로 불화의 채색과 관련되어 있다.

들은 살려달라는 말조차 하지 않았다(에잇 못난 것들—). 그러나 죽은 그들은 눈을 감지 않았다./ 그리고 자신들의 피살을 아직도 믿지 않았다(백치여, 노예여)."(3: 213)

무참한 살육 속에 죽어가는 인간들, 가족들. 무기력하며 무반응인 채로 죽어가는 그들 못난 것들, 백치들, 노예들. 줄여 말해, 병원病源들. 기억의 이면에 간직되어 있던 '이상한 피의 냄새'를 지우기 위한 살육과 일소의 상상은 다름 아닌 그 병원들을 도려내고 그 병근病根들을 척결함으로써, 순수한 피의 기억을 개시하고 그 피로 관철되는 신성한 대지를 개창하기 위한 것이었다. '신성'과 '피'와 '대지'. 이는 '제3제국'의 것이 아니라 이상의 것이다. 그것은 학살의 레짐을 신성 속에서 정립시킨다. 그런 한에서 여기 다시한 번 인용해야 할 이상의 텍스트는 「차생윤회」여야만 한다. 이른바 '초인법률초월'과 '진보된 인류우생학적 위치'에서 시작하는 이상의 문장들, 바로 그 초월의 위치에서 모조리 일소하고 소거함으로써 개창되는 제로에의 이끌림. 거듭 언급했던 것처럼, 「차생윤회」의 이상에게 불치의 유전병, 광인, 주정꾼, 접촉 및 공기로 전염되는 악성종기 환자, 걸인 등은 알아서 자진해 죽어야 할 자들이거나, 그게 아니라면 '모종의 권력으로 일조일석에' 처결되어야 할 사람들이었다. 이른바, '살아 있지 않아도 좋을 인간들'. 다시 인용하고 다른 배치 속으로 이동시켜보자. "천하의 엇던우생학자도 초인법률초월론자도 행정자에게 대하야 정말 이 '살아잇지안아도 조흘인간들'의 일제학살—齊虐殺을 제안하거나 요구치는안나보다. 혹 요구된일이 전대에 더러 잇섯는지는 몰으지만 일즉이 한번도 이런 대영단적우생학大英斷的優生學을 실천한 행정자는 업는가십다."(3: 70)

새로운 신성과 함께 도래할 민족의 신비한 개화에 대한 기대, 다시 말해 근원적 진리를 개시하는 신성한 힘으로서의 민족의 도래에 대한 이상의 기다림은 삶의 형태를 살아 있는 사람들과 살아 있지 않아도 좋을 사람들의 분리를 통해 인지하는 순간과 결합한다. 그렇다는 것은 병근과 병원의 제거라는 의학적 교정의 사고 속에서, '일제학살' 및 '영웅적 우생학'이라는 근대적 통치의 맨얼굴이 이상 자신의 얼굴로 되고 있는 과정이 아닐 수 없다. 19세기라는 구시대적 도덕성을 생리적으로는 끝내 버리지 못하고선 겨우 20세기 근대의 포즈만을 취하고 있다고 고백했던(「사신私信 7」) 모더니스트 이상. 근대를 향한 그의 그 의지 속에서, 얄궂게도 근대는 폭력의 극한적 형태를 노정하고 노출시킨다. 그러므로 근대초극을 향한 이상의 의지는 바로 그렇게 근대추구라는 자신의 테제가 그 가능성의 극점에서 붕괴하고 파열되는 순간 속에서만 관철된다. 이 모순과 배리, 그 역설과 역리를 두고 이상의 목줄을 옭아매고 있는 근대의 간지奸智라 불러도 틀리지는 않을 것이다. 그러하되 근대의 '속성'으로서의 간지에 목줄 잡힌 이상의 문학은 끝났다고 말하려는 게 아니다. 그렇게 목줄 잡혀 있는 이상 문학의 내재적 논리와 맥락을 회피하지 말아야 한다고 말하고 싶은 것이다. 전시의 체제로 재합성되어가던 당대의 상황에서 근대를 추구하는 것과 근대를 극복하려는 것이 갖는 동시성 혹은 등질성. 추구와 초극이라는 일견 충돌하고 결렬하는 두 가치, 두 의지가 확연하게 구분되는 것이 아니라 은밀하게 서로의 가능성의 조건이 되고 있는 난국과 모순의 장소야말로 삶을 위한 사상이 기립하는 거처일 것이다. 그런 한에서, 이상의 첫 작품으로 알려진 소설 「十二月十二日」의 한 대목은 그의 문학 전체를 관통하는 모순의 진리성을 선언하고 있어 하나의 이정표가 되어준다. "모든 것이 모순이다 그러나모순된 것이 이세상에잇는것만큼모순이라는것은진리이다 모순은그것이모순된것이안이다 다만모순된모양으로되여저잇는진리의 한형식이다."(1: 97)

그렇게 각성된 모순은 하나의 가치, 하나의 의지가 일방적으로 독주하거나 관철될 수 없게 한다. 하나의 가치와 의지가 관철될 수 있는 건 이미 언제나 그 가치와 의지에 상반되고 길항하는 또 하나의 가치와 의지에 의해 규제되고 한정되는 한에서이다. 그런 한에서, 각성된 모순은 단일한 가치와 의지의 독재적 독주 및 직선적 주파를 중단하는 브레이크의 힘이다. 이 모순이라는 브레이크적 힘에의 의지, 다시 말해 모순을 힘/진리의 한 가지 형식으로 인지하는 이상의 그 감각을 표현하는 다른 문장이 '모든 중간들은지독히춥다'였다. 모순, 혹은 중간. 한 테제의 운신이라는 것이 그

테제 내부에서 그 테제의 가능성을 성립시키고 있는 안티테제와의 맞물림을 그 조건으로 한다는 생각, 착잡^{錯雜}한 착종에의 사고.「차생윤회」에 드러나는 초인의 법률초월적 학살이란 무엇인가. 그 모순, 그 중간에서의 발생적 힘이 봉쇄되고 폐기된 순간에 다름 아니다. 모순과 중간이라는 힘의 장소, 그 힘의 제헌적인 위치가 우생학의 영웅적 결단이라는 초월적인 위치에 의해 마멸되고 훼멸되고 있는 상황, 그것이「차생윤회」다. 이 텍스트는 이상이 보여주는 묵시적/정치적 구상력의 이면이므로 정면이고, 그런 한에서 이상 문학의 배리와 심도를 재는 하나의 가늠자이다.「차생윤회」를, 조금씩 차이를 지니고 이동된 맥락과 배치 속으로 거듭 인용하고 사고하지 않을 수 없었던 까닭이 거기에 있다. 이렇게 말할 수 있을 것이다. 오늘 이상의 독자들에겐 지독히도 추운 바로 그 중간과 모순의 장소로, 다시 말해 기립하는 제헌의 장소로 이상을 되돌려야 할 과제 하나가 주어져 있다. 그 되돌림의 과정을 구성하는 한순간 한순간은 최후의 조종소리가 울리는 바로 그 날의 일정표의 세목들로 증식하고 범람할 것이다. 그런 한에서 이상을 혹독하게 추운 그 모순과 중간의 장소로 되돌리는 일, 필시 이상에겐 모질고 가혹한 것일 수밖에 없을 그 일을 무릅쓰고 수행하지 않으면 안 된다. 지금 다시, 성천의 적막 속에서 조종소리로 울려 퍼지고 있는 '불안'의 정조를, 적^敵이 된 신을 죽이려는 '악에의 충동'을, 그 불안한 공포를,「공포의 성채」의 마지막 문장을 읽으려고 한다. 달리 말해, 그 성채 안에서 아직 끝나지 않은 이상의 농성을 지켜보려고 한다. 그 마지막 문장이란 다음과 같다. "모든 것이 끝날 때까지 모든 것이 시작될 때까지. 그리하여 모든 것이 간단하게 끝나버릴 아리송한 새벽이 올 때까지만이다."(3: 215) 무슨 말인가. 어떤 모순인가.

바울과 이상

기존 세계의 끝이자 다른 세계의 시작인 '새벽이 올 때'를 기다린다는 것. 앞선「오감도 7호」의 묵시적 최후, 그 끝에 붙인 이상의 표현으로는 "천량

天亮이올때까지"(1: 61). 새벽, 천량. 이른바, 어떤 서광. 벅차게 밝아오는 그
빛을 고지하는 것은 무엇인가. 저 '갈리아의 수탉'이며, 그 울음소리이다.
이상은 씨네포엠의 형식을 가진 「대낮」('건축무한육면각체' 연작 중 하나)
에서 그 울음소리를 듣고 있다.

> ELEVATER FOR AMERICA/ ○ / 세 마리의닭은화문석의층계이
> 다. 룸펜과 모포毛布/ ○ / 삘딩이토해내는신문배달부의무리. 도시계
> 획의암시/ ○ / 둘째번의정오싸이렌/ ○ / 비누거품에씻기워가지고
> 있는닭. 개아미집에모여서콩크리-트를먹고있다./ (…) 얼룩고양이와
> 같은꼴을하고서태양군太陽群의틈사구니를쏘다니는시인/ 꼭끼오—./
> 순간瞬間 자기磁器와같은태양이다시또한개솟아올랐다. (1: 79)

파편화된 이미지 컷들의 점프 혹은 변주 속에서 의미의 지향을 읽을 수 있
다. 아메리카는 이상이 말하는 동경, 뉴욕, 런던과 같은 근대의 한 정점을
가리킨다. 엘리베이터는 그런 아메리카를 향해 수직으로, 그러므로 직선으
로 상승할 수 있게 하는 근대적 기계학, 과학, 수학의 메타포이다. 이와 함
께 빌딩, 신문, 도시계획, 룸펜 등의 단어들이 단일한 의미망을 이루고 있
다. 이상의 「대낮」은 근대의 대낮을, 근대의 그 벌건 정오를, 근대의 벌거
벗은 정점을, 줄여 말해 근대성의 나신裸身을 문제시한다. 그런 시선에 「날
개」의 결말부에 나오는 정오 사이렌이 맞닿아 있다. "이때 뚜— 하고 정오
싸이렌이울었다. 사람들은 모도 네활개를펴고 닭처럼 푸드덕거리는것같
고 온갖 유리와 강철과 대리석과 지폐와 잉크가 부글부글 끓고 수선을 떨
고 하는 것 같은 찰나, 그야말로 현란을 극한 정오다."(2: 290) 유리, 강철,
대리석, 지폐, 잉크는 「대낮」의 신문, 빌딩, 엘리베이터, 미국, 도시계획과
동일한 계열에 속한다. 이 계열 곁에 이상이 말하는 '닭'이 있다. 날지 못하
고 퍼덕이고만 있다. 그런데 이상은 그런 닭들이 '개미집'에 모여서 '콩크리
트를 먹고 있다'고 적었다. 그 개미집은 「지하생활자의 수기」에 나오는 그
개미집이다. 이른바 '수정궁' 또는 '2×2=4'의 합리적 세계, 그것이 개미집

이다. 유리와 강철과 콘크리트로 된 수정궁이라는 개미집. 그 근대적 건축, 건축적 근대 속에서 그 건축의 일부인 콘크리트를 파먹고 있는 이상의 닭, 고지하는 울음소리로서의 시인. 그 시인은 항시 얼룩고양이 같은 아웃사이더로 '태양군의 틈새'를 쏘다니고 거닌다. 근대적 대도시를 환히 밝힌 태양의 빛들이 더 이상 내리쬐지 않는 시공간들을, 그 빛의 군집 '바깥'을 찾아 걷는 시인. 그 시인/반신半神의 시간 속에서, 그 시간으로 말미암아, 개미집의 붕괴와 최후를 알리는 닭의 울음소리가 울려 퍼진다. '꼭끼오—', 바로 그 순간. 이상은 그 '순간'의 고지에 의해 근대의 대낮을 보증하는 태양과는 다른 태양, 깨지기 쉬운 사기그릇 혹은 '자기'와 같은 태양이 솟아오른다고 쓴다. 이상의 '수탉'은 근대의 대낮을 중지시키는 자기로 된 태양의 출현을, 새로운 새벽의 도래를 고지한다. "삽짝문을나설라치면언제어느때향선香線과같은황혼黃昏은벌써왔다는소식이냐, 수탉아, 되도록순사가오기전에고개숙으린채미미한대로울어다오, 태양은이유도없이사보타아지를자행하고있는것은전연사건이외의일이아니면아니된다."(1: 49) 이상에겐 근대의 정오/정점, 그 대낮의 극한적 현란은 이미 벌써 '황혼'을 맞아 잦아들거나 누그러들고 있다. 이상이라는 까마귀는 그 황혼 무렵에야 날개를 편다. 그런 황혼 속에서 근대적 현란의 극한을 최종의 징후로, 끝의 기미로, 형질전환의 임계로 인지하는 이상이라는 수탉이 그 순간, 고지의 울음을 운다. '부활의 때'가 갈리아 수탉의 울음소리에 의해 고지될 것이라고 했던 건 미네르바의 부엉이를 다르게 비상시키려 했던 청년 마르크스였다. 이상은 수탉을 불러 말한다. 미미하고 미약한 상황 그대로 울어달라고. 이상은 새로운 태양, 새로운 광속이 출현하지 못하도록 막고 있는 세력, 새로운 태양의 사보타지를 획책하고 사주하는 세력, 줄여 말해 '끝'을 영원히 유보하는 전前-종말론적 법의 연관을 수탉의 사건적 고지를 통해 파열시키려 한다. 이상의 수탉은 조종소리로 운다. 그 울음이 '자기'로 된 태양을 발생시킨다. 자기 혹은 질그릇은 바울의 어휘이다.

어둠 속에서 빛이 비치라고 말씀하신 하느님께서는 친히 우리 마음

속을 비추시어 그리스도의 얼굴에 (드러나는) 하느님의 영광을 알아보는 빛을 주셨습니다. 우리는 이 보물을 질그릇 속에 지니고 있습니다. 그것은 그 엄청난 힘은 하느님에게서 나오는 것이지 우리에게서 나오는 것이 아닙니다. (「고린토인들에게 보낸 둘째 편지」, 4: 6~7)

이상이라는 '불세출의 그리스도', 그의 얼굴은 '여기는 폐허다'라는 문장으로 표현된 바 있다. 자기로 된 태양은 그런 폐허에서 발생하고 출현하는 절대적 신성을 인지하도록 이끄는 밝은 빛이다. 이상과 바울에겐, 이상이라는 사도에겐 그 빛이 바로 보물이며, 그것은 '질그릇' 속에서만 간직되고 보존될 수 있는 것이었다. 그 보물에 대한 한 가지 주석은 다음과 같다. "[그] 보물이란 사건 그 자체, 즉 너무도 불안정한 어떤 일이 일어났음 외에 다른 것이 아니다. 우리는 이 보물을 그것과 동질적인 불안정함 속에 겸허하게 지녀야 한다. 세 번째 담론[그리스도교]은 약함 속에서 완성되어야 한다. 왜냐하면 바로 거기에 그것의 힘이 있기 때문이다. 그것은 로고스도, 표징도, 말해질 수 없는 것에 의한 황홀경도 되어서는 안 된다. 이 담론은 자체의 실제적인 내용 말고는 아무런 위세도 없이 공공연한 행동과 가식 없는 선언이라는 초라한 투박함만을 가질 것이다. (…) 질그릇이란 바로 그런 것이다."⁴ 깨지기 쉬운 자기로 된 태양(빛)은 이른바 '진리(가 개창되는) 사건'에 다름 아니다. 그 사건적 진리란 불안정함과 위기, 위태, 다시 말해 '약함'의 속성 안에서만 발생되고 관철될 수 있는 것이었다. 문제는 그러므로 약함의 보존이다. 교조화되고 경화된 혁명의 담론은 혁명 그 자체가 아니라 혁명을 통한 다른 목표의 수행에 방점을 찍는다. 그때 혁명은 언제나 매개적인 것으로, 궁극의 목적달성에 비추어 늘 예비적이고 부차적이며 수단적인 것으로 전치되고 전락한다. '약함'이란 그런 단순한 매개와 수단으로서의 지위를 거절한다. 약함은 그런 수단적 지위를 항상적

---

4 알랭 바디우, 『사도 바울』, 현성환 옮김, 새물결, 2008, 107쪽.

인 불안정과 위기 속에 놓이도록 한다. 약함은 혁명을 혁명 그 자체의 보존과 지속으로 관철시키려는 입장에 다름 아니다.[5] 그 약함이 깨지기 쉬운 질그릇이고 사기그릇이다. 그 약함이 바로 질그릇 속에 간직된 신성의 빛이며 사기그릇 속에 보존된 새로운 태양(빛)이다. 그 빛들은 목적-수단의 위계를 전위시킴으로써 목적의 군림으로 이뤄지는 축적을 중단시키고, 목적/율법에 의해 동원되고 환수된 힘들을 되돌려 회복시킨다. "바울에게[그리고 이상에게] 그리스도는, 혁명을 정치적 진리의 자족적인 시퀀스로 생각하는 사람들에게서와 마찬가지로 하나의 도래이다. 그리고 기존의 담론 체계들을 중단시키는 사람이다. 그리스도는, 즉자적으로 그리고 대자적으로, 우리에게 도래하는 것이다. 그리하여 무엇이 우리에게 도래하는가? 우리가 율법에서 풀려나는 것이 그것이다."[6] 도래중인 그리스도, 그리스도라는 임재의 상황. 다시 말해 율-법의 레짐으로부터 매일 매회 놓여나고 풀려나는 시공간의 개창. 이를 위해 보존해야 할 것은 깨지기 쉬운 사기그릇 안의 보물, 그 약함, 그 게발트이다.

다시 한 번, 대낮을 찢는 닭의 울음소리를 인용하자. '꼭끼오―./ 순간瞬間 자기와같은태양이다시또한개솟아올랐다.' 이번엔 방점을 '순간'이라는 시어에 찍으려 한다. 닭의 울음, 바로 그 고지의 순간은 이상이 말하는 '도래중인 나'의 역사신학을 관통하는 시간감, 즉 '바야흐로' '금시에' '불원간' 등과 하나의 계열을 이룬다(II장 참조). 이상의 '순간'이란 한 체제의 통치이성이 스스로를 신성한 것으로 제작해내고 신적인 것으로 고양시키려는 과정을 중단시키는 시간의 힘이다. 그 '순간'은 바울의 어휘이기도 했다. 하지만 바울과 이상이 말했던 그 순간이란 바울과 이상의 폭력적 이면을 되겨누는 것이기도 했다. 무슨 말인가.

보십시오, 내가 여러분에게 비밀을 말씀드리겠습니다. 우리가 다 잠들지 않을 것이요, 마지막 나팔소리에, 순식간에 홀연히 모두 다 변화할 것입니다. 나팔소리가 나고 죽은 이들이 썩지 않는 이들로 일으켜질 것이고 우리도 변화할 것입니다. 썩을 이 몸이 불멸을 입어야

하고 죽을 이 몸이 불사를 입어야 하기 때문입니다. (「고린토인들에게 보낸 첫째 편지」, 15: 51~53)

우리 모두가 잠에 빠진 것은 아니라는 것. 깨어 있는 자들, 이른바 '메시아의 초병들'이 있으며, 그들에 의해 최후를 고지하는 마지막 나팔소리가 오리라는 것. 그 양각나팔의 파동 혹은 주파 속에서, 다시 말해 그 '순식간'의 시간 속에서 모든 것들은 변신과 전환의 임계에 육박한다. 위의 52절―'마지막 나팔소리에 ~ 우리도 변화할 것입니다' 부분―은 '위기'의 특징들을 표현하고 있다. "52절은 모든 시간을 종적縱的으로 파기하며 돌입하는 이 위기의 주목할 만한 특징 세 가지를 말한다: 첫째, 순식간에 일어날 것이다. 문자 그대로 나눌 수 없는 순간(…)."[7] 나눌 수 없는 순간, 분할할 수 없는 시간으로서의 순간. 나눌 수 없다는 것은 느낌과 사고와 행동의 '몫'을 지배적 힘의 유지와 증식을 위해 분절하거나 할당할 수 없다는 것이다. 나눌 수 없는 시간으로서의 순간이란 '셈'해질 수 없는 시간이고, 셈-바깥(으로)의 힘이며, 그 계산불가능성으로 추동되는 시간이다. 바울과 이상의 순간은 그렇게 끝내 환원되거나 환수되지 않고 끝까지 잔류하고 잔존하는 잔여와 나머지의 시간, 끝의 시간이다. 다시 말해 그들이 말하는 순간은 유혈적 셈법의 체제로 환원되지 않는 '차이差移'의 시간이다. 억제되거나 억류될 수 없는 그 차이의 시간 안에서, 매회 끝을 선포하는 '지금-여기'가 개창된다고 했던 건 마르크스의 독자/상속자로서의 데리다였다. 그들의 '순간'은 모든 분절되고 할당된 시간들을, 그 위계적 질서화의 시간들을 '종적으로' 내리치고 파기하며 돌입하고 있는 폭력적 위기로서, 지고의 게발트로서, 이른바 불사와 불멸의 사건으로서 장전되고 있다.

---

5 약함 속에서 완성되는 사건, 그 진리공정의 신학정치에 대해서는 윤인로, 「철탑 아래로 도래중인 것―2013년 7월 20일, 울산의 기록」(격월간 『말과활』 2호, 2013년 10/11월)을 참조.

6 알랭 바디우, 『사도 바울』, 97쪽.

7 칼 바르트, 『죽은 자의 부활』, 전경연 옮김, 대한기독교서회, 1991, 160쪽.

그런 위기의 두 번째 특징은 '갑작스러움'이다. 뜻밖에 갑자기, 이른
바 '홀연忽然히'의 시간. '뜻-밖'이라는 것은 합의되고 합성된 의미들의 연락
망 바깥을 말하는바, 그 바깥이라는 제헌적/구성권력적 성분에 의해 죽은
자들은 썩지 않을 것으로 부활하고 산 자들은 변신한다. 부활과 변신, "그
것은 다른 역사를 뚫고 그의 길을 가는 구원사이다."[8] 뚫으며 답파하는 구
원사救援史. 이상의 최후작에 속하는 「종생기」에는 "나는 날마다 운명하였
다"(2: 368)는 문장이 들어있는데, 그것은 매회 죽었다가 매번 다시 깨어난
다는 말에 다름 아니다. 이상에게 종終과 생生은 한 가지로 반복된다. 마지
막 소설에 이어진 첫 소설 「十二月十二日」에는 "만인을위한신은엄습니다
그러나자긔한사람의신은누구나잇슴니다"(2: 116)라고 말하는 '그', "만인
의 신! 나의 신! 아! 무죄!"(2: 120)라고 외치는 그가 있다. 그는 이상의 분
신 중 일부이며, "「인제죽을때가도라왔나보다! 아니 참으로사라야할날이
도라왔나보다!」 (…) 이제야 최후로 새우주가 그의앞에는전개되엿든 것이
다"(2: 146)라는 문장 속의 인물이다. 그렇게 이상의 처음과 끝은 최후적
심판과 부활의 이미지로 관통되고 있다. 이상 문학의 주조음으로서의 구
원사적 성분.

앞의 52절이 표현하는 위기의 세 번째 특징은 다음과 같다. "셋째: 마
지막 나팔소리가 울릴 때, 이것이 이 위기의 결정적 표징이다. 하나님께서
그것을 원하신다(나팔소리는 명령의 신호이다!) (…) 실로 잠정적이 아니
라 궁극적으로, 다만 예비적 경고조가 아니라 완전한 권위를 가지고서 즉
각 출발과 순종을 촉구한다."[9] 바울의 마지막 나팔소리, 신이 원하기에 신
의 절대적 명령으로 발효되는 그 지고한 징후 및 신호는 이상이 말하는 최
후의 조종소리와 고지하는 닭울음소리, 더불어 이상이 발하는 최후적 정
언명령들과 하나의 계열을 이룬다. 바울과 이상의 묵시적 대음향들은 대
지를 구획한 법의 할당된 권역들을 일소하는 '위기'로서 종적으로 내리쳐
진다. 그 위기의 음들, 리듬들, 파동들은 결정적이고도 궁극적인 폭력, 절
대적이고도 지고한 힘으로 즉각 대지의 법률이 갈아 끼워지도록 강제한다.
바울과 이상, 그들 두 사도가 중시하는 '순간'이란 바로 그렇게 내리치는

위기/묵시의 힘이며, 그런 한에서 그 힘은 또 하나의 순간, 곧 '지금Jetzt'의 시간과 만난다. "인식 가능한 지금 속에서의 이미지는 모든 해독의 기반을 이루는 위기적이며 위험한 순간의 각인을 최고도로 유지하고 있다. (…) 이 지금 속에서 진리에는 폭발 직전의 시간이 장전된다."[10] 바로 '지금', 다시 말해 율律-법의 질서를 폭발 직전에 끌어다 놓는 진리-시간, 바울이 말하는 '지금-의-시간ho nyn kairos', 이상이 말하는 '금시今時'와 '바야흐로'의 시간. 그것들은 위기적 순간들로 각인된 시간, 그 각인이 최고도로 유지 · 지속 · 보존되고 있는 시간, 이른바 임재parousia의 시간이다. "이 완성, 모든 죽음의 소멸은 그리스도의 최고, 최후의 주권 행위다. 아직 그 일은 완수되지 않았다."[11] 다시 받아쓰게 된다. 아직 그 일은 완수되지 않았다.

임재의 상황은 완수되거나 완성되지 않고 매번 그 완수와 완성을 부결시키고 부정하는 '아직 아닌not yet'의 시간으로 도래중이다. 상황적 파루시아는 언제나 이미 자신의 기각과 기소로 도래하므로, 늘 아직 오지 않은 미-래다. 매번 '직전直前'에 있는 것이다. 직전에 있고 미-래이므로 바울과 이상은 기다린다. 저 닭울음소리에 뒤이어진 새벽빛 천량의 도래를 기다리는 것이다. 그 기다림을 개인의 내적 수양이나 고요히 엎드린 기도로 생각하지 말아야 한다. 기다림이란, 기다림의 메시아 정치란, 눈앞에 '이미 already' 도래해 있는 임재의 상황을 꽉 붙잡고 파지한 채로, 그 상황 구축의 완성과 완수를 매번 기각하면서 그 묵시적/정치적 사건성을 최고도로 지속하려는 항구적인 기도訴■이다. 이상의 그런 신학적/정치적 기도는 불안의 정조가 흐르던 성천의 깊은 밤, 「산촌여정」의 한 문장에서 이렇게 표현된다. "공기는수정처럼맑아서 별빗만으로라도 넉넉이 조화하는『누가』복음도읽을수잇슬것갓습니다."(3: 45) 왜 「누가복음」인가.

8   칼 바르트, 앞의 책, 160~161쪽.
9   같은 책, 161쪽.
10   발터 벤야민, 『아케이드 프로젝트 I 』, 1056쪽.
11   칼 바르트, 앞의 책, 126쪽.

임박한 임재, 도래중인 끝. 그 임박함, 그 도래와 관련된 두 복음서의 두 문장은 이런 것이다. 이른바 "때가 찼다"(「마가복음」, 1: 15)라는 한 문장, 이상이 별빛 아래서 읽고 있었던 "그러나 곧 종말이 오는 것은 아니다"(「누가복음」, 21: 9)라는 한 문장. 때가 찼다는 건 '이미'에 이어진다. 아직 끝이 온 게 아니라는 건 '아직 아닌'에 이어진다. 성천의 이상은 때가 찼다고 말하는 마가의 그리스도를 따라 '삶을 지닌 모든 것이 바야흐로 피를 말려 쓰러질 것'이라고 적었다. 그것은 누가의 계시록, 곧 성전聖殿을 중심으로 하는 기존의 사회적 관계, 합의된 가치체계가 "때가 이르면 돌 하나도 돌 위에 남지 않고 다 무너뜨려지리라"(「누가복음」, 21: 6)고 했던 누가복음의 그리스도와 맞닿는다. 그런 한에서, 지금 이상은 마가와 누가가 공동으로 그려놓은 그리스도의 형상 속에, 최후와 끝을 향한 그 두 복음서의 공통적 시간감 속에 들어있다. 그러하되, 바로 그런 시간감을 문제시하는 것이 '곧 종말이 오는 것은 아니다'라고 말하는 「누가복음」이고 이상은 그런 「누가복음」을 좋아한다. 돌 위에 돌 하나 남지 않고 일소되리라는 말에 곧바로 이어진 문장들을 보자. "선생님이여 그러면 어느 때에 이런 일이 있겠으며 이런 일이 일어나려 할 때에 무슨 징조가 있겠습니까 이르시되 미혹을 받지 않도록 주의하라 많은 사람이 내 이름으로 와서 이르되 내가 그라 하며 때가 가까이 왔다 하겠으나 그들을 좇지 말라."(「누가복음」, 21: 7~8) 그리스도의 이름으로 와서 때가 찼다고 말하는 자들을 따르지 말라는 것. 다시 말해 그리스도의 외투를 입은 적그리스도, 그(들)에 의해 설계된 상황을 구제의 상황이 아니라고, 임재가 아니라고, 도래가 아니라고 선언하는 순간들. 모조-임재라는 반反-임재, 모조-도래 안의 비-도래를 항구적으로 판별·결정·각성하는 시간들. 이상에게 「누가복음」은 그런 순간과 시간을 예민하게 지각하고 인지하도록 이끄는 것이었다. 성천의 이상은 '끝'의 임재를, "화평이 아니라 불을 던지고 분쟁케 하려는"(「누가복음」, 21: 51) 신적 힘의 발현을 그리스도의 다음과 같은 말, "그 불이 이미 붙었으면 내가 무엇을 원하리요"(「누가복음」, 12: 49)라는 '아직 아닌'의 상황 속에서 목격하고 경험한다. 이미와 아직 사이, 이미 안의 아직, 아직

안의 이미. 임재의 상황이 구축되는 때가 그와 같다. 바로 그때, 그 파루시 아의 힘은 끝을 영원히 유예하고 지연시키는 자들과, 그 유예를 통해 축적하는 자들과, 그들의 전-종말론적 레짐과 항구적인 적대에 들어간다. 바로 그 적대의 전장^{arena}을 보존하고 지속하는 일. 그것이 기다림의 메시아 정치이다. "모든 것이 끝날 때까지 모든 것이 시작될 때까지. 그리하여 모든 것이 간단하게 끝나버릴 아리송한 새벽이 올 때까지"(3: 215) 기다린다는 것의 뜻과 의지가 그와 같다. 그러므로 이상이 「오감도 7호」에서 기다리던 그 묵시의 서광은 이미와 아직 사이로 도래중인 새벽빛·천량·서광이었던 것이다.

그리스도와 하나가 되어 그 주권을 함께 관철시키는 상황을 표현하기 위해 바울은 '그리스도를 옷으로 입는다'는 문장을 여러 번 사용한다. 썩을 몸이 다시는 썩지 않을 구원을 입으리라는 것, 죽을 것이 불사의 시간과 부활의 사건을 입으리라는 것도 그런 '옷 입음'의 신학에 이어진 것이다. '왜 오늘 바울인가'라는 물음에, 바울 의인義認론의 구체적 '실천 현장'의 중요성과 그 전장에서 발생하고 있는 '사건성'에 방점을 찍음으로써 응답하고 있는 한 민중신학자는 바울의 '옷 입음'론을 두고 다음과 같이 비평한다.

바울 식의 '옷 입음'론은 '보는 이'와 '보이는 이'라는 이분법을 가정하고 있다. 한데 자신이 '보이는 이'라면, '보는 이'는 자신의 내면에 있을지언정 결코 자신과 대면할 수 없는 존재, 곧 타자다. 그이는 실제로는 무한정의 거리에 있다. 그이는 실제로는 우리와는 결단코 유사해질 수 없는 전지전능의 존재다. (…) 하여 그런 이가 우리 안에 있다는 것은 단지 그이의 은총^{charis}에 의해서만 가능하다는 것이다. 루돌프 불트만이 바울에게서 신앙이란 무엇보다도 순종^{hypakoe}을 의미했다는 지적은 의미심장하다. 바울 자신은 결코 그렇지 않았지만, 바울의 신학은 전능한 '보는 이' 앞에서의 '삶의 수동성'을 내포한다.[12]

'문자'로 된 유대주의의 법이 '내면'을 만들었을 때, 신은 인간의 그 내면성과 죄업을 속속들이 간파하고 있는 '보는 이'의 시선으로 그 인간 안에 존재하게 된다. 그렇게 보는 이의 시선에 맞춰 자신을 '보이는 자'로 조정하고 모듈할 때, 다시 말해 보는 이의 시선에 자기 의지의 격률을 동일시하고 순종할 때, 그는 선민選民이 되고 죄로부터 놓여난다. 이 과정은 회당 체제 안의 유대인, 자유인, 남성이 자신들의 신성한 권리를 옹립하기 위해 이방인, 노예, 여성을 하위의 주체들로, 타락한 죄인들로 배치하는 과정이기도 했다. 이른바 유대주의의 '죄인-선민 메커니즘'. 이를 적으로 설정하고 비판하기 위한 방책으로 제출된 것이 바울의 옷 입음론이었지만, 실은 그것이 적의 논리와 생리를 내재적으로 답습하고 있었다는 것이 김진호의 생각이다. 보는 이와 보이는 이의 날카로운 분리 속에서 자기의 옷 입음을 주시하는 보는 이의 시선에 자신을 일방적으로 동일화하는 삶. 바울의 논법이 생산한 삶의 한 가지 형식이 그와 같다. 적과 단절하려는 의지가 적을 반복하게 하는 상황. 적을 극복하려는 기도가 적과의 내밀한 연루 속에서만 관철되고 있었던 실황. 그 곤혹과 곤욕, 그 역설적 문턱에서 바울의 옷 입음론은 순종적이고 복종적인 주체 생산의 메커니즘을 품고 있었다. 삶에 외재적으로 주어지고 시혜되는 은총, 삶과 무한정한 거리로 이격되어 있는 신, 삶과 완벽하게 분리된 초월적 신성, 줄여 말해 대면할 수 없는 신, 붕 뜬 신. 지상의 의미연관을 거세한 구원, 지상의 고통에 눈감는 전지전능. 그것들이 삶을 수동적인 것으로, 항구적인 하위의 것으로 제작해낸다. 그리고 거기에 파시즘의 운동 원리가 있다. "파시즘은 바로 이런 신성화된 권력의 순응 메커니즘을 가리키는 사회학적 개념이다."[13] 이상이 말하는 '살신殺神에의 의지'가 바로 그런 '신성화된 권력'의 작동에 소송 거는 것이었다. 그러하되 다시 전면에 내세워야 할 이상의 텍스트는 이상 자신의 곤혹스런 이면 혹은 정면 「차생윤회」이다. 거듭 인용했었던 그 텍스트의 핵심어들을 상기해주셨으면 한다. 도식화의 위험을 무릅쓰고 표를 하나 만들면 다음과 같다.

바울	이상
마지막 나팔소리	고지하는 닭울음소리
순식간/홀연히/지금의 시간	순간/바야흐로/금시
부활/불사	날마다 운명함, 살아야 할 날이 돌아옴
옷 입음론	초인법률초월론
복종적 주체 생산	살아 있지 않아도 좋을 광인, 전염병자, 주정꾼, 걸인
신성화된 권력, 파시즘	모종의 권력, 일제학살, 결단적 우생학
「고린도전서」, 15 : 53	「차생윤회」

이렇게 두 번 질문하자. 이상은 '불세출의 그리스도'를 옷으로 입은 자인가. 이상 안에서 이상 자신의 그 옷 입음을 응시하는 자는 누구인가. 이상은 그리스도를 옷 입은 자이다. 그 옷 입음을 주시하는 그 '보는 이'의 시선-권력은 법률을 초월하는 이른바 '초인'의 것이다. 지금 이상은 그 초인의 시선에 맞춰 스스로를 모듈하고 동일시하는 중이다. 「차생윤회」는 모종의 권력 혹은 행정자의 '영웅적 결단'에, 다시 말해 법을 효력정지시킴으로써 생명을 법의 직접적인 운용의 대상으로 합치시키는 초월적 힘에 이상 자신을 일치시키는 과정을 노출한다. 우생학적 결단, 일제학살. 다시 말해 피, 몸, 인간과 동물의 분리, 정상과 병리의 분리, 곧 광기에 들리고 술에 절고 불로不勞의 나태와 나약에 빠진 자들의 거대한 일소, 최종해결. 그런 초인의 권력이 '모종某種'의 것인 까닭은 그 권력이 이상 자신 안에 있는 초인의 것이면서도, 실은 이상 자신이 결코 마주하거나 만날 수 없는 무한정한 거리를 갖는 것이었기 때문이다. 이상이 동일시하려는 자기 안의 초인은 끝내

---

12   김진호, 「죄론」과 시선의 규율권력」, 『리부팅 바울』, 삼인, 2013, 230쪽.
13   같은 글, 231쪽.

그런 동일시를 수락하지 않는다. 동일시는 항구적으로 유예되며 대리보충된다. 그 과정에서 이상은 지상에서의 자기 삶으로부터 완벽하게 이격된 초인의 볼모가 된다. 붕 뜬 초인, 지상에 부재하는 초인의 전지전능은 모조된 구원을 선포하면서 그 선포에 동조되는 힘으로 수동적이고 순종적인 삶을 생산한다. 이른바 '살아 있지 않아도 좋을 인간들'은 그러므로 일조일석에 싸그리 말살되어야 하는 게 아니라 항구적으로 양산되어야 하는 것이었다. 이상은 자신이 했던 말의 뜻과 실황을 알지 못한다. 그 무지 속에서 이상의 초인은 위조된 구원의 체제, 곧 살아 있지 않아도 좋을 인간들의 재생산을 통해 옹립되는 적그리스도의 체제를 설계하고 제작한다. 그때 구원Erlösung은 절멸Endlösung과 동시적이고 등질적으로 된다. 구원은 분명 절멸과 동시적이어야 하지만, 그 절멸이 이상의 초인에 의한 최종해결의 형태일 수는 없다. 오늘 근대라는 체제로부터의 구원은 분명 절멸과 동시적이어야 하지만, 그 절멸은 이상의 초인이 살해되는 상황 속에서의 절멸이 아니면 안 된다. 「차생윤회」의 이상은 학살의 체제에 참여함으로써 그 체제의 순전한 볼모이자 죄인으로 배제되고 있는 중이다. 죄수 이상은 「수인囚人이만든소정원」에서 이렇게 적었다. "罪를내어버리고싶다. 죄를내어던지고싶다."(1: 153) 속죄 혹은 죄로부터의 속량, 그것은 자신이 봉헌하는 자기 안의 초인에 대한 동일시를 중단함으로써 초인의 그 시선-권력을 절단하는 일에서 출발될 수 있는 것이었다. 그 중단, 그 절단의 힘은 이상의 문학 어디에서 발생하고 발족하는가. 그 힘은 이상의 권태, 권태의 신학정치에서 발원하고 발발하는 중이다.

묵시의 사상으로서 권태

성천의 이상을 휘감고 있었던 건 '권태'라는 잿빛 천이기도 했다. 「종생기」 발표 이후 한 달 만에 써진 「권태」라는 텍스트. '1936년 12월 19일 새벽 동경'에서 탈고된 것으로 되어 있는 이 미발표작 혹은 유고는 박태원이 발굴했고, 죽은 이상의 유해가 동경에서 경성으로 돌아왔던 1937년 5월 한 신문에 연재되었다. 그중 한 문장. "일망무제一望無際의 초록색은 조물주의 몰취미와 신경의조잡성으로말매암은 무미건조한 지구의여백인것을발견하고 다시금놀라지안흘수업섯다."(3: 117) 아득하게 먼 곳까지, 끝없이 펼쳐진 산촌의 단조로운 초록 풍경. 이상에게 그것은 이른바 조물주에 의한 세계의 제작이 실패했음을 반증하는 것이었다. 신의 조물造物, 신의 세계에 대한 혹평과 비판은 '신의 의지와 제재를 인정하지 않'겠다던 「야색」의 한 구절과 포개져 있다. 그런 권태의 상황, 반신反神에의 의지 속에서 이상이 거듭 문제시하고 있는 것은 '내일'이라는 시간의 상태였다. 산촌 사람들과 이상 자신에게 매일 다가오고 있는 그 내일이라는 것 말이다. "내일來日. 내일도 오늘하든계속의일을해야지 이 끗업는 권태의내일은 왜 이러케 끗업시 잇나? (…) 그러니 농민은참불행하도다. 그럼—이 흉악한권태를자각할줄 아는 나는 얼마나 행복된가."(3: 118~119) 도시인 이상은 질식시킬 듯 반복되는 내일을 전혀 감각하지 못하는 농민들을 '거대한 천치'로, '흥분'과 '희망'이 없는 자들로, 그런 한에서 불행한 이들로 생각한다. 그러한 계몽과 미개를 가르는 이상의 근대적 사고가 정지되기까지의 과정을 담고 있는 것이 「권태」이다. 그런 과정은 이상의 권태가 자각된 권태, '흉악한 권태'라는 점에 주목할 때 세세히 설명될 수 있다.

그의 권태는 어제가 오늘이며 오늘이 내일인 끝없는 반복적 시간에서 연원하지만, 동시에 그런 반복을 웃돌고 뚫고나가는 힘이기도 했다. "끗업는 권태가 사람을 엄습하얏슬때 그의 동공은 내부를 향하여 열리리라." 이 "내면 성찰"(3: 121)이 이상의 권태가 지닌 어떤 가능성에 대해 말하게 한다. 그에게 권태는 시선을 자기 쪽으로 되돌려 자신의 내면을, 그 내면의 형성과 맞물린 사회의 상태를 직관하게 한다. 근대성의 운용원리 속에서 그것의 한계를 드러내고 그 한계 너머를 보는 동공, 또는 눈길. 권태란 그렇게 개안하도록, 주시하도록 이끄는 힘이었다. 자본의 운동과정에서 놓여나기 위해 '자기 자신에게 오래 머무르는 것'으로 권태의 비판적 힘을 인지했던 건 「권태」(1924)의 저자 크라카우어였다. 그러하되, 이상은 극도의 권태 속에서도 자신의 동공이 자기 내부로 개안하기를 주저한다고

도 적었다. 그에게 권태는 내부를 향하는 동공이면서 동시에 '흉악한 것'
이기도 했기 때문이다. 왜 흉악한 권태인가. 그 권태에 의해 감각이 모조리
박탈되고 있기 때문이다. 권태 속에서 이상은 "오관伍官이 모조리 박탈된
것이나 다름없다"(3: 121)고 느낀다. 그러하되 감각의 기관을 박탈당했다
는 건, 거꾸로, 기존의 경로의존적이고 자동화된 인식과 인지를 중단하게
된다는 뜻이기도 하다. 그런 한에서 박탈된 기관은 기관 없음이며, 기관 없
음은 이른바 강밀도-무한의 전개를 위한 필요조건에 다름 아니다. 이상은
조물주의 무신경 속에서 제작된 산촌, 그 권태의 세계를 산책하면서 기관
박탈의 상태를 전용하고 역전시킨다.

　　권태 속에서의 산책을 통해 발견되는 것은 햇빛 아래에서 썩고 있는
웅덩이 속을 운동하던 송사리들이었다. 그것들의 세계 속에도 '시급한 목
적'이 있음을 자각한 이상은 속으로 외친다. "동기動機!"(3: 123) 두 번째로
발견했던 것은 한가로이 풀을 뜯고 있는 소였다. 그 소는 권태에 질려 이
미 반쯤 소화된 음식의 맛을 되풀이 즐기는 체하는 '지상 최대의 권태 동
물'이었다. 이상은 권태로운 소 앞에 누워, 자신의 고독을 겸양하며 "사색
의 반추가 가능할른지 불가능할른지 몰래좀생각해본다"(3: 124). 권태 속
에서의 산책을 통해 반추된 권태는 '동기'의 발견이자 각성이며, '사색의
반추가능성'에 대한 타진이자 감지의 행동이었다. 그것은 폐부 깊숙이에서
발아하는 어떤 '준동'에 다름 아니었다. "자기부패작용이나하고 잇는웅덩
이속을 실로 송사리떼가쏘다니고 잇드라. 그럼 내 장부臟腑으로도 나로서
자각할수업는 송사리떼가 준동蠢動하고 잇나보다."(3: 127) 준동, 분명한
진동 혹은 요동. 권태의 심연에서 길어올린 내면의 준동은 「오감도 5호」에
서 자신의 장부를 침수된 축사와 구별될 수 없을 거라고 적었던 것과는 같
지 않다. 이상은 권태의 극한에서 생生의 준동을, 리얼real에의 발동을 감지
한다(그것은 불안의 극한에서 전개되고 있었던 '악에의 충동', 그 살신의
의지와 맞닿아 있다). 변함없이 밥상에 오르던 마늘장아찌와 날된장과 풋
고추조림이 이상의 혀에 다르게, 달게 느껴진다. 권태에 무감각한 산촌 사
람들을 먹고 잘 줄만 아는 시체 같다고 여기는 자신의 사고법을 중단하면

서 그것이 면목을 잃고 본체를 놓친 "실체失體로운 생각"(3: 127)이었음을 자각하고, 방에 들어가 잠을 자둬야겠다고 생각한다.

불나비가달려들어불을끈다 불나비는죽엇든지화상을입엇스리라 그러나불나비라는놈은사는방법을아는놈이다 불을보면뛰어들줄을알고―평상에불을초조히차저단일줄도아는 정열의동물이니말이다./ 그러나 여기 어디 불을 차즈려는정열이 잇스며 뛰어들불이잇느냐. 업다. 나에게는 아무것도업고 아무것도업는내눈에는 아무것도보이지안는다/ 암흑은 암흑인이상 이 좁은 방것이나 우주에꽉찬것이나 분량상 차이가 업스리라. 나는 이 대소없는 암흑가운데누어서 숨쉴것도 어루만즐것도 또 욕심나는것도 아무것도업다. 다만 어디까지가야 끗이날지 모르는 내일 그것이 또 창박게 등대하고 잇는것을 느끼면서 오들오들 떨고잇슬뿐이다./ 十二月十九日未明, 東京서 (3: 128)

빛이든 불이든 달려들고 뛰어드는, 삶을 사는 것같이 사는 불나비. 그 정열의 동물은 썩은 웅덩이의 송사리와 함께 산다. 다시 말해 동기, 동기의 준동. 이를 감지하는 이상에게 성천은 뛰어들 불도, 불을 향한 정열도 없는 곳이었다. 강조해야 할 것은 그 성천이라는 권태의 땅이 다름 아닌 대도시 동경에서 추체험되고 재기억된 장소라는 사실이다. 겨울 12월, 아직 '새벽빛'이 밝아오지 않는 미명의 동경에서 이상은 성천의 풍경을 반추하는 중이다. 「날개」로 일약 문단의 총아로 떠오른 이상이 현해탄을 건너고 있었을 그때, 그는 초조하게 불을 찾고 있던 한 마리 불나비에 다름 아니었다. 떠나온 경성은 불도, 정열도 찾을 수 없는 곳이었으므로, 경성은 성천과 등가였다. 이윽고 동경이라는 근대성의 한 첨단 혹은 첨점에 섰을 때, 그것이 경성과 다름없는 모조품에 지나지 않음을 직감했던 이상은 그곳 동경에서 저곳 성천을 쓰지 않을 수 없었다. 막대한 권태의 감각 속에서 성천은 동경과 맞먹는다. 권태가 사상이 되는 지점이 바로 거기다. 이를 두고 "우리 근대문학사에서 동경을 식민지화한 거의 유일한 순간인 것이다"[14]라고 쓰는 것은, 이상의 모조근대론 안에서 동경과 경성과 성천이 하나의 비판적 궤적 위에 놓여 있는 까닭과 맥락을 붙잡을 수 없게 한다. 이상이 보여주는 사고의 형세와 기세대로라면, 동경 바깥, 이상이 다시 한 번 불빛을 찾으려던 런던, 뉴욕, 파리 또한 절대적 권태의 침윤에서 자유로울 수 없었을 것이다. 그런 한에서 이상이 체감하는 권태의 정조는 근대성에 대한 좀 더 발본적인 인지력이라고 해야 한다. 발본적이란 "지상최후"(1: 141)적이라는 말이고 묵시적이라는 말이다. 동경에 있으리라 믿었던 그 불은 어디에도 없었다. 불의 부재, 이른바 모조된 근대. 매번의 빛으로 미몽에 빠진 것들을 깨어나도록 북돋는 그 교부적 근대의 조물 속에서 이상은 '대소 없는 암흑'을 체감하며, 아무것도 없고 아무것도 보이지 않는 절대적 무無를 경험한다. 그 속에서 근대의 조물은, 근대라는 조물주는 제로로, 영도로, 영점으로 돌려세워진다. 권태의 인간 이상은 신을 무화無化/살해하는 "령덤零點에 갓가운 인간"(2: 32)이었다. 그의 절대적 무는 그러므로 "창조의 신에 대한 최후적 마멸의 절규"(2: 50)에 다름 아니다. 그 암흑, 그 권태는 그것이 암흑이고 권태인 이상, 좁은 성천의 것이나 동경 전체를 꽉 채운 것이나 차이가 없는 것이었다. 그 차이 없음을 인지하고 파지하도록 이끄는 이상의 "권태는 아가리가 있고 위장이 있다".[15] 다시 다르게 복창한다. 이상의 권태는 아가리가 있고 위장이 있다. 율-법의 대지를 물어뜯고 집어삼키는 권태의 아가리, 괴물의 소화계. 줄여 말해, 저 『악의 꽃』의 서시序詩.

승냥이, 표범, 암사냥개,/ 원숭이, 독섬섬이, 독수리, 뱀 따위,/ 우리들의 악덕의 더러운 동물원에서,/ 짖어대고, 노효怒哮하고, 으르렁대고 기어가는 괴물들,// 그중에도 더욱 추악 간사하고 치사한 놈이 있어!/ 놈은 큰 몸짓도 고함도 없지만, 기꺼이 대지를 부숴 조각을 내고/ 하품하며 세계를 집어삼킬 것이니,// 그놈이 바로 〈권태〉!─뜻없이 눈물 고인/ 눈으로, 놈은 담뱃대를 물고 교수대를 꿈꾸지./ 그대는 알리, 독자여!, 이 까다로운 괴물을/ ─위선의 독자여, ─내 동류

여, ─내 형제여!¹⁶

생각해보면, '악의 꽃'은 이상의 키워드이기도 했다. 불안의 극한에서 지각되고 관철되는 '악'에의 충동이 그렇고, 동경에서 '꽃'을 잃는 소설 「실화失花」의 한 대목이 또한 그렇다. 악이라는 꽃, 그 악/꽃의 실패로서의 「실화」의 한 대목은 다음과 같다. "봐라. 내팔. 피골이 상접. 아야아야. 웃어야할 터인데근육이없다. 울려야 근육이없다. 나는 형해形骸다. 나─라는 정체正體는 누가 잉크지우는 약으로 지워버렸다. 나는 오즉 내-흔적일 따름이다."(2: 362) 근육이 있어야 불을 찾아 뛰어들 수 있다. 근육이 없는 이상은 형해, 곧 뼈들로만 된 윤곽이었다. 그는 성천을 다룬 「어리석은 석반」 속에, "나 같은, 즉 건전한 신神으로부터 버림받은 인간"(3: 176)이라는 한 구절을 새겨넣고 있다. 신에게 버림받은, 그러므로 신에 의한 조물의 질서 바깥으로/바깥에서 존재하게 되는 이상은, 말 그대로 정체가 지워지는 정체불명의 시간을 경험하며, 그런 한에서 오직 '흔적'으로서만, 이른바 유령적 존재

---

14 이경훈, 「'권태'의 사상」, 앞의 책, 324쪽.

15 김상환, 「이상 문학의 존재론적 이해」, 권영민 외, 『이상문학연구 60년』, 문학사상사, 1998, 153쪽. 권태에 잠식당한 농민들을 시체라고 생각하게 했던 '진보적 역사의식의 자기확인'이 「권태」의 결론에 해당한다는 김상환의 해석은 이상이 「권태」에서 표현한 최종결론이 아니며, "권태는 물화하고 자동화하는 힘의 드러남이다"(153쪽)라는 해석은 이상의 권태가 가진 유일한 성분이 아니다. 동경에서 추체험된 이상의 권태는 물화하고 자동화하는 힘을 정지시키는 힘의 성분과 속성을 지닌 것이었다. 김상환의 마지막 단락은 다음과 같다. "위협하지 않는 권태, 축복하는 권태, 자의식의 공격성을 잠재우는 권태가 그렇게 탈바꿈된 제3의 권태이다. (⋯) 이 제3의 권태가 앞으로도 계속 재반추될 가치가 있는 초월적 체험이라는 것, 그리고 이상은 이를 통하여 모더니즘에 대한 해체론적 계보학의 입구까지 도달할 수 있었다는 것을 지적하는 데 만족하면서 논의를 마친다."(164쪽) '제3의 권태'가 갖는 초월의 힘을 재기억된 성천의 밑바닥에 놓인 악에의 충동 및 리얼에의 준동에 잇닿은 것으로, 조물造物된 근대에 대한 비판과 심판의 힘으로 다시 새길 수 있다. 이상 독자로서의 김상환이 권태의 초월성과 모더니즘의 '해체'를 언급하고 만족한 곳에서, 어떤 불만족을, 다시 시작해야 할 당위와 동기를 발견하게 된다. 그런 한에서 '권태는 아가리가 있고 위장이 있다'는 김상환의 한 문장은 다른 의지와 다른 배치를 위해 절취되고 전용될 수 있다.

16 샤를 보들레르, 「독자에게」, 『악의 꽃』, 김붕구 옮김, 민음사, 1974, 15쪽.

로서만 자기를 인지하게 된다. 이상은 "이 시대의 불안을 환기하는 유령이고, 그 불안의 유래와 극복의 방향을 지시하는 천사이다."[17] 이상이라는 흔적·유령·천사는 한 세계의 율-법을 집어삼키는 권태로서 파송된다. 흔적으로서만, 유령으로서만 존재한다는 것. 그것이 바로 권태의 성분, 권태가 가진 묵시와 파열의 성분이다. 묻고 답하자. 이상이 보여주는 사상으로서의 권태란 무엇인가. 할당된 자기의 무화이다. 부과된 정체의 지워짐이다. 무화되고 지워져 흔적으로 발족하고, 무성無性으로 발생하며, 셈해질 수 없는 상황으로 발발하는 자기. 줄여 말해 절대적 무의 자기.

그와 같은 이상의 권태는 동물들로 상징된 7대악보다 더욱 추악·간사·치사한 권태, 저 보들레르의 권태와 그리 먼 거리에 있지 않다. 조물주의 근대, 그걸 지탱하는 미와 선과 정직과 정의를, 그 이면적 실재로서의 추와 악과 치사와 간사로 폭로하고 계시하는 보들레르의 권태는 '악'과 '실재'에의 충동 및 준동이라는 이상의 권태와 맞닿는다. 그렇게 두 권태는 기꺼이 신의 대지, 신의 노모스를 부수고 조각내며 하품 속으로 집어삼킨다. 두 권태, 두 아가리. 그 두 묵시, 두 소화계 속에서 신의 프로그램, 그 무오류의 체제는 온통 오류로 점철된 것으로 선언되고 밝혀지는 중이다. 바야흐로 이상은 "죽음으로 직통하는 푸로그램의 정正을 오誤로 얌전하게 수정을 가하"(3: 159)는 중이다. 그 수정은 실질적 죽음으로 삶을 합성시키는 근대의 시간에 대한 초극적 의지에 연결되어 있다. 그러므로 다시, 문제는 '내일'이다. 추체험된 성천에서 가장 예민하게 감각할 수 있었던 그 내일, 매일의 진보, 진보의 내일. 그 척도적 로드맵, 그것은 이상에게 '죽음으로 직통하는' 신의 프로그램이었다. 「권태」의 마지막 문장에는 끝이 나지 않는 내일이 매번 눈앞으로 육박해오는 것에서 공포를 느끼는 이상, 오들오들 떨고 있는 이상이 들어있다. "여전히 내일의 공란이 그의 기입을 기다리고 있다."(3: 159) 내일은 '떡 하니 버티고선 흉포한 형리刑吏'에 다름 아니었다. 내일이라는 공포, 진보라는 공포의 성채에서 이상은 무얼 하는가. 새벽을 알리는 닭울음소리를, 서광을, 천량을 기다리는 중이다. 기다림으로써 그 공포를 향해 농성하는 중이다.

"절대권태"와 신의 유신維新

다시 묻자. 기다린다는 것은 무엇인가. "기다린다는 것은 어떤 의미에서는 안감을 댄 권태의 안쪽이다". "권태란 안쪽에 극히 화려하고 다채로운 색깔의 비단으로 안감을 댄 따뜻한 잿빛 천과 같은 것이다. 꿈을 꿀 때 우리는 이 천으로 우리를 둘러싼다. (…) 이 천에 싸여 잠자고 있는 사람은 밖에서 볼 때는 잿빛 권태를 느끼고 있는 것처럼 보인다."[18] 겉보기에 권태는 무기력한 잿빛이지만 속에는 화려하고 다채로운 색깔들로 된 비단을 안감으로 대고 있다. 권태의 그 안감 쪽이 기다림이라는 역동적 힘의 상황을 표현한다. 이상은 잿빛을 두른 채로 잠자며 꿈꾸는 중이었던바, 그의 시작詩作이란 잠에서 깨어나 자신의 꿈에 대해 말하는 과정이었다. 당대의 독자들 다수는 그의 꿈 이야기에서 말라 타버린, 버석거리는 잿빛 이미지만을 보았지만, 이상은 자신의 잠과 꿈에 대해 이렇게 써놓았다. "잠─성경聖經을 채자採字하다가 엎질러버린 인쇄직공이 아무러케나 주서담은 지리멸렬한 활자의 꿈."(「산촌여정」, 3: 58) 성경, 다시 말해 활자들의 신성한 배치. 지리멸렬이라는 권태의 외양 이면에서 이상이라는 인쇄직공은 성경의 낱자들을 채자하다가 엎지르는 중이다. 성경의 배치가 산산이 깨진다. 이내 이상은 아무렇게나, 무작위적으로, 그러니까 폭력적으로 성경의 낱자들을 주워 담는다. 이상의 권태 안감 쪽에서, 그 다채로운 기다림의 힘 속에서 지금 성경이 재조합되고 재배열되는 중이다. 신성의 의미가 재구성되고 재관철된다. 성경이라는 별자리가 다시 다르게 사회 위로 뜨고, 그 사회를 비춘다. 그런 잿빛 권태의 보이지 않는 안감, 그 대림待臨의 상황을 가리키는 한 문장은 다음과 같다. "권태는 위대한 행위로 나아가기 위한 문턱이다.─이런 의미에서 권태의 변증법적 대립물이 무엇인지 아는 것은 중요할 것이다."[19]

17 김상환, 앞의 글, 134쪽.
18 발터 벤야민, 『아케이드 프로젝트 I』, 358, 332쪽.
19 같은 책, 332쪽.

위대한 행위. 그것은 주권의 정지상태에, 이른바 '진정한 비상사태'의 발생에, 다시 말해 메시아의 임재를 향한 기다림의 정치, 대림의 정치에 맞닿는 것이겠다. 권태가 언제나 그런 위대한 행위로 나아가기 위한 '문턱'인 까닭은 언제나 권태가 기다림의 성분으로 되어 있기 때문이다. 권태의 안감으로서의 기다림은 '아직 오지 않은not yet' 상황에 의해 '이미already 온' 상황이 언제나 늘 부결되는 틈입과 길항의 상황이다. 서로에게 물들지 않고 버티는 그 두 시간 형태는 권태를 구성하는 변증법적 대립물들이며, 끝내 합치되거나 지양되어선 안 될 항구적 간극과 차이로서 존재해야 하는 것이다. 이상이 표현하고 있는 사상으로서의 권태가 그런 것이었다. 그가 경험하고 있는 "극도의 권태"(3: 121), "권태의 극", 줄여 말해 "절대권태絶對倦怠"(3: 127)의 아가리가 법의 대지와 닦달하는 세계를 폭력적으로 집어삼키고 소화/소멸시켜버리는 최후적 심판의 과정이 그런 것이었다. 이상이 그런 권태의 신학정치에 기대어, 당대의 삶을 지도하고 견인하는 근대의 교부적 율-법과 축적의 시간을 절대적 무無로 경험할 때, 그럼으로써 신의 살해라는(신적 질서의 훼멸이라는) 악에의 충동을 삶의 '실재'를 파지하기 위한 동기와 준동으로 각성할 바로 그때, 이상은 다음과 같은 당대 근대초극론의 한 가지 벡터와 내재적으로 관계된다. 이른바 『세계사적 입장과 일본』의 공영권 철학, 1941년 11월부터 이듬해 11월까지 세 번에 걸친 역사철학자들의 좌담. 교토학파 우파, 고야마 이와오高山岩男. 그의 말과 의지를 읽어보기로 하자.

악에 대항해 악을 박멸함으로써 절대가 비로소 참된 절대가 됩니다. 이런 움직임을 신이 만든 우리 인간이 담당해 신의 절대성, 진실성을 실현시키는 것, 그것이 곧 역사라는 생각이 드는군요. 일본의 진리성은 영원한 옛날부터 있었고, 일본의 역사는 이 진리성의 실증적 자취라고 할 수 있어요. (…) 세계사에서는 오늘날처럼 미영의 불의를 멸함으로써 일본의 영원진리성을 실증해가지요. 이러한 영원진리성의 현현이나 실증을 신이 낳은 우리가 신의 힘으로써 완수하는 것, 그것이 일본인의 역사적 사명입니다. 이른바 주체성이란 이 점에 있어야 해요. 세계사 속에 일본의 주체성이 있습니다. 그것은 항상 존속해왔다고 해도 좋은데, 지금 때를 얻어 비로소 참된 모습을 실현하는 겁니다. 여기에 과거의 국사에서 볼 수 없었던 현대 일본의 세계사적 의의와 사명이 있어요.[20]

『세계사의 철학』(1942)의 저자 고야마가 말하는 '악'이란 무엇이며, 그 악을 박멸하는 시간 속에서 비로소 현현하는 '참된 절대'란 무엇인가. 고야마에게 "악이란 신을 배반하면서 자신은 신처럼 영원하고 싶다는 의지, 역사 부정의 의지"[21]이다. 그 악은 신적 신질서의 건설을 가로막는 안팎의 세력들, 곧 전환되고 있는 역사를 몰각하고 국론을 분열시키는 내부 세력과, 베르사유 체제라는 평화적 세계분할상태를 영원한 것으로 고양하려는 외부 세력이며, 그런 상태에서의 이윤 축적을 고수하려는 미국과 영국이라는 귀축鬼畜들이다. 그 악은 근본적으로는 저들의 그런 축적을 보증하는 근대적 가치들—"정치상으로는 데모크라시, 사상적으로는 리버럴리즘, 경제상으로는 자본주의"[22]—의 은밀한 합의와 묵계였다. 그것이 고야마가 말하는 악이다. 그 악을 멸하는 사람들, 신이 낳은 그들, 신의 힘을 대행해 악을 끝내는 그들 신인들이 바로 참된 절대이다. '일본의 진리성'이라는 것이 그들 참된 절대에 깃들인다. 고야마가 근대초극의 의지를 담아 쓰고 있는 '역사'라는 단어, 서유럽적 근대의 질서를 파기하는 이른바 고야마적 '세계사'를 건립해가는 주체들이 바로 그들 신인이며, 그들의 '주체성'을 여실히 표현하는 말이 참된 절대이다. 그들 참된 절대들이 일본이라는 국가를 구심으로 '세계사적 세계'를, 다시 말해 세계의 거울로서의 세계사의 시간을 분

20   가메이 가츠이치로, 고야마 이와오 외, 『태평양전쟁의 사상』, 이경훈·송태욱·김영신·김경원 옮김, 이매진, 2007, 375쪽.
21   같은 책, 373쪽.
22   같은 책, 373쪽. 교토학파 역사철학자 스즈키 시게타카鈴木成高의 말.

만하고 생장시킬 것이었다. "신이 낳은 시간 속에서 인간—신이 낳은 인간이 새로 시간을 낳습니다. 그것이 역사적 창조라는 게지요. 여기서 시간 속에 있으면서 영원과 이어지고 사람이 신과 이어지는 일이 일어납니다."[23] 기림하는 신인, 도래하는 신시대, 줄여 말해 신의 신질서.

'대동아大東亞'라는 이름의 어떤 광역권groβraum 속에서, 그 동심원적 위계구조 안에서 고야마는 '지금 때를 얻어 비로소' 도래 · 현현하고 있는 구원의 체제를 목도하는 중이다. 그 구원적 체제의 논리는 고야마들이 설계하고 시공을 맡은 거대한 규모의 신국론이며, 신적 유신神的維新의 발동이고, 그런 한에서 새로운 시초축적의 신성한 프로그램에 다름 아니다. 고야마 역사철학의 논리를 그렇게 정의할 때, 그 논리 안에서, 그 논리의 최대치가 바로 그 논리의 한계이자 폭력으로 드러나고 있음을 인지할 수 있다. 바야흐로 이상은 고야마의 참된 절대를 내재적으로 탄핵하는 다른 절대를, '절대에 모일 것'이라는 정언명령을 통해 발생 · 발동시키며, 그럼으로써 구원의 옷을 걸친 고야마 역사철학의 시초축적 프로세스를, '죽음으로 직통하는 그 신적 프로그램의 정正을 오誤로 수정'하는 중이다. 고야마의 의지가 승리하고 있던 그때 그 좌담은, 그 좌담이 있기 전 이미 이상에 의해 내재적으로 소추된다. 석고 데드마스크로만 남은 이상은 말 그대로 어떤 유령으로 출몰하면서 고야마의 신성론을 헤집고, 불사의 그리스도로 부활함으로써 고야마의 역사적 구상력을 내리치는 중이다. 죽은 이상이 산 고야마를 내몬다死李箱走生高山. 죽은 이상이 고야마와 말을 섞고 있던 산 니시타니西谷啓治를, 산 고사카高坂正顯를 내몰고 내친다. 죽은 이상이 산 그들에 의해 옹립된 신의 목을 베고, 산 그들에 의해 수호되는 제국의 신국형태를 잡아 죽인다. 어째서 그런가. 이상의 「동경」을 읽는 것에서 시작하자.

三越, 松板屋, 伊東屋, 白木屋, 松屋 이 칠층 집들이 요새는 밤에 자지 않는다. 그러나 우리는 그속에 들어가면 안된다. 왜? 속은 칠층이 아니오 한층식인데다가 산적한 상품과 「숲결」 때문에 길을 잃어버리기 쉽다./ 특가품, 격안품, 할인품 어느것을 골를까. 「눅거리」가 없으니

늑거리를 없수이녁이는 이 종류고객의 심리를 잘 이해 하옵시는 중형들의 「슬로간」 실로 약여하도다. 「애드뻘룬」이 착륙한 뒤의 은좌銀座하늘에는 신神의 사려에 의하여 별도 반짝이렷만 이미 이 「카인」의 말예들은 별을 잊어버린지도 오래다. 「노아」의 홍수보다도 독와사毒瓦斯를 더 무서워하라고 교육받은 여기 시민들은 솔직하게도 산보귀가의 길을 지하철로 하기도 한다. (3: 149~150)

미츠코시, 마츠자카야, 이또야, 시로키야, 마츠야……. 나열된 백화점의 이름들, 도열해 선 상품들의 거대한 집적체들. 신이 된 상품, 이른바 물신物神. 상품의 등급이 삶의 격을 결정하는 절대적 힘이 되는 사회. 그런 사회의 원리를 아는 백화점 중역들의 약동하는 마케팅. 동경엔 무엇이 있는가. 있는 건, '진리의 실증적 자취'로서 면면히 이어져오고 있다는 고야마의 '신인'이 아니라 '카인의 말예들'이다(이 '카인의 말예'는 아리시마 다케오나 『악의 꽃』과 관련되어 있을 것이다). 동경에는 광고 애드벌룬이 땅으로 내려오면 시선도 따라 내려오는, 그러므로 그 하늘에 신의 사려가 담긴 별이 있는지조차 모르는 사람들만 있다. 신의 배려, 신을 고지하는 별보다 애드벌룬이 고지하는 상품의 힘이 더 우위에 있는 사람들, 상품이라는 별의 군림을 따르는 사람들만 있는 것이다. 물신을 봉헌하는 그들은 신의 별을 망각의 심연으로 내팽개친 자들이며 노아의 홍수라는 신의 심판보다 20세기 독가스에서 공포를 느끼는 사람들이다. 이상은 신이라는 별을 망각한 물신의 세계 속에서 성천에서의 그 권태를, '권태의 별'을 추체험하고 재기억한다. 「권태」를 좀 더 읽자. "머리우에서 그 무수한 별들이 야단이다. 저것은또어쩌라는것인가. 내게는 별이 천문학의 대상될수업다. 그러타고 시상의대상도아니다. 그것은 다만 향기도촉감도업는 절대권태絶對倦怠의 도달할수업는 영원한피안이다."(3: 127)

23 같은 책, 373쪽.

이상이 말하는 '절대권태'는 동경 긴자 거리에 도열한 물신의 힘과 적대한다. 상품의 별을 따름으로써 신의 별을 망각한 동경이라는 세계 속에서 이상의 별은 도달할 수 없는 영원한 피안의 왕국으로 감지되고 있었으며, 그것은 절대권태라는 정조 속에서만 인지될 수 있는 것이었다. 절대는 신의 성분이다. 이상의 권태는 절대의 것이었다. 신적 조물의 세계를 집어삼켜 소화·무화시키는 그 권태의 정조는 구제의 별과 함께 운동하는 중이다. 그 별에 도달할 수 없음이란 도달 불가능하기에 절망하는 것이 아니라, 그런 절망의 상태를 포기하지 않고 지속하는 것이며, 그런 도달의 완료를 거절하면서 매회 도달하는 것이다. 그렇다는 것은 절대권태의 주요 성분이 합의된 가치들과 폭력적으로 단절하는 형질전환의 계기들로 되어 있다는 말과 다르지 않다. 절대권태는 물신이 주도한 몫의 안배상태를 신의 법정에 출두시켜 정지시키는 탄핵의 인간을 불러일으키고, 그런 정지상태 속에서의 존재론적 변형을 발족시키는 힘이다. "변형, 그것은 허공에 붕뜬 채로 형태들을 임의로 바꾼다는 것이 아니다. 오히려 변형은 현존재의 일어남에 결부되어 있다. 현존재의 일어남 속에서는 권태가 각기 그때마다 이리저리 피어오르고 그러다가 권태는 표면에 달라붙거나 아니면 깊이 속으로 도로 숨어들어간다."[24] 현존재의 일어남, 또는 융기. 권태의 변형력 또는 절단력. 권태는 그렇게 기립시킨다. 피어오르고 숨어들어가는 권태의 운동 속에서 현존재의 변형과 변신이 일어난다. 권태는 존재의 재정초를 위한 밑돌이다. 권태의 엄습이 '자기의 동공을 내부로 열리게 한다'고 말하던 이상을 다시 상기하게 된다.[25] 다시 질문하면서 좀 더 나아가자. 권태란 무엇인가. 이리저리 피어오르고 그러다가 도로 숨어들어가는 권태의 그 이중운동이란 무엇인가.

이른바 '순간의 날끝'

권태는 먼저 '시간의 옭아매는 힘'이면서 동시에 그런 구속의 힘을 깨뜨리는 '결단의 순간'이기도 하다. "순간이 곧 시간 자체의 한 고유한 가능성인 한에서, 순간은 시간의 옭아매고 있는 힘을 깨며, 그것을 깰 수 있다. 순간은 나름의 고유한 양식을 띠고 있는 하나의 눈길인데, 이러한 눈길을 우리는 현존재가 처해 있는 그때그때의 처지 속에서 행동을 하기 위한 결단성의 눈길이라고 부르고 있다. (…) 시간지평의 폭 안으로 옭아매어져 있다는 것, 그리고 그러면서도, 가능적인 것으로서 밀치고 나설 때에만 그 자체로서 드러내 알려질 수 있는 그런 본디 가능케 해주는 그것[es]으로서의 순간의 날끝에로 밀쳐져 있다는 것, 그러한 일이 권태 속에서 일어나고 있다. (…) '옭아매고 있는 힘'과 '순간', 이 둘은—그것은 두 개가 아니라 오히려 같은 하나이다."[26] 1929/1930년 겨울 학기의 강의록에 들어있던 문장들이다. 이상의 사상적 원천 중 하나로 키에르케고어를 들었던 건 임종국이었고 그걸 인정했던 건 고석규였다. 하이데거가 키에르케고어(『순간』)를 따라 '순간'이

---

24 마르틴 하이데거, 『형이상학의 근본개념들: 세계—유한성—고독』, 이기상·강태성 옮김, 까치글방, 2001, 265쪽.

25 이 점에서 앞질러 언급해야 할 것은 이상의 「권태」를 읽고 있는 하이데거 연구자의 글이다. 기분이라는 사건, 권태라는 기분에 대한 일반론. "기분은 사유나 의지에 따른 일시적 수반 현상이나 그러한 것을 불러일으키거나 유지시켜 주는 한갓된 충동도, 더 나아가 객관적으로 관찰 가능한 눈앞의 상태도 아닌, 우리가 만나는 것들을 저마다의 방식으로 고유하게 조율하여 개방하는 사건이다. 기분으로서의 권태는 우리가 세계와 만나는 하나의 독특한 방식일 뿐 아니라, 우리가 '자기 자신'을 만나는 특별한 방식이기도 하다."(구연상, 「이상李箱의 권태」, 한국하이데거학회, 『존재론 연구』 16집, 2007, 102쪽) 이런 일반론에 비추어 구연상은 이상의 권태를 거기에 미달하거나 결여된 것으로 평가한다. "권태의 까닭으로서의 절연은 '편안한 절연', 즉 외부의 어떤 직접적 압박이나 강요에 의한 절연이 아니어야 할 뿐 아니라, 세계 전체는 물론 자기 자신의 가능성으로부터도 동시에 끊긴 절연이어야 한다. 권태는 이러한 이중적 절연상태에서 아무 할 일 없는 단조로운 세계 속에 마냥 지루하게 간혀 있을 때의 기분을 뜻한다."(123쪽) 그런 절연상태란 죽음과 죽임의 감금 상태이며, 이상과는 관련이 없다. 폭력적 아가리를 가진 이상의 권태, 단절적 변형력으로 존재를 기립시키는 '절대권태'는 그런 감금 상태를 기각하며 권태에 대한 고착된 일반론을 부순다. "권태는 '다시 이어짐'에 대한 기다림의 한 기분이다"(120쪽)라는 문장을 기각하는 일을 본문에서 한다. 이상의 절대권태는, 다시 이어짐에 대한 기다림은 기다림이 아니라고, 다시 이어짐이 아니라 폭력적 단절의 상황성이 기다림의 대상이라고, 그런 묵시의 임재를 기다릴 때 기다림은 '위대한 행위의 문턱'이 된다고 말한다.

26 마르틴 하이데거, 앞의 책, 257~258쪽.

라고 부르는 것, 본디 가능케 해주는 '그것es'—비인칭 주어 es는 "'규정되지 않은 것' '알려지지 않은 것'을 나타내는 것으로서 '사건'이나 '운명'을 암시한다."²⁷—은 도래중인 것의 성분을, 항구적인 도래 '중'이라는 시간성을 표현하므로 일관된 규정이나 고지의 완료상태를 거절한다. 하이데거는 '그것'으로서의 순간이 시간의 옭아매는 힘으로서의 권태를 깬다고 말한다. 그런 순간은 옭아매는 권태를 깨고 뚫는 날끝을 가졌지만, 그 날끝은 권태 속에서만 담금질될 수 있는 것이었다. 그렇게 권태와 순간은 둘이 아니라 하나다. 권태가 존재론적 변형의 밑돌이자 배양지였던 것처럼, 권태는 순간을 제련하고 그 날끝을 돋우는 대장간이다.

그렇게 돋워지고 벼려진 '순간의 날끝'은 다른 표현을 얻고 있는데 '결단성의 눈길'이 그것이다. 눈길, 시선, 다시 말해 시선의 힘. 순간/눈길, 순간/힘은 그때그때마다의 '상황' 속에서 행동을 하기 위한 결단을 그 원천으로 한다. 순간은 다름 아닌 결단의 순간이며 그렇기 때문에 순간은 다름 아닌 날끝을 가진 것이다. 순간은 찌르고 베고 뚫는 힘의 발생이고 돌발이며 그 힘은 결단 혹은 결정에서 발원한다. 그 결단은 이른바 주권의 핵이었다. "주권자란 바로 이 정상적 상태가 현실을 실제로 지배하고 있느냐 아니냐를 최종적으로 결정하는 자이다. 따라서 모든 법은 '상황에 따른 법'이다. 주권자는 상황을 하나의 전체로서 완전하게 만들어내고 보장한다. 그는 이 최종적 결정의 독점자이다."²⁸ 여기 하나의 정상상태가, 하나의 규범이, 하나의 정상적 레짐이 있다. 순간의 날끝이 결단/결정의 힘이라는 것은 그 순간의 날끝이 정상적 규범의 효력을 정지시키는 이른바 '예외의 결정'과 맞닿은 것임을 표현한다. 예외상태를 결정하는 자로서의 주권자의 바로 그 결정의 시간이 순간이며 순간의 날끝이다. 현존재는 그렇게 결정하는 자이며, '실존의 본래적 가능성으로서의 순간'을 파지하고 관철시키는 자이다. 그런 한에서 모든 현존재는 주권자이다. 권태를 두고 위대한 행위의 문턱이라고 적었던 벤야민이 진정한 예외상태의 결정과 선포의 시간을 담아 쓰고 있는 '지금시간Jetztzeit' 또한 주권적 순간의 날끝과 확연히 분리될 수는 없다. 이상이 보여주는 묵시의 '금시'와 '바야흐로', 그 최후적 ·

최종적 시간으로서의 '순간'이 나뉠 수 없는 시간이자 분류 불가능한 시간으로서, 전일적 군국의 이윤을 위해 삶을 단순한 생명으로 환치·포획·포함·추방하는 신적 유신의 절차를 작동중지시키는 힘이었던 것 또한 주권적 순간의 날끝과 확연히 분리될 수 없다. 결정과 순간의 힘을 나눠가진 그들은 신화화하는 규범 속에서 말 그대로 신이 되려 했던 신적 유신의 구조를 끝장낼 폭력적 '의지Wille'를 공유한다. 그러면서 정태화된 규범적 법의 힘을 정지시키는 최종적 결정의 상황을 매번 매회 전면적으로 창출한다. 순간이란, 순간의 날끝이란 무엇인가. 바로 그 최종적 결정의 독점상황을 항구적으로 개창하는 힘이다. 그런 한에서, 순간의 날끝을 겨누고 있는 그들은 슈미트를 함께 복창한다. '모든 법은 상황에 따른 법이다.'

그와 같은 복창과 동시에 떠오르는 문제는 어떤 모순적 자가-충돌의 실황이다. 순간의 날끝으로 찌르고 있는 하이데거에겐 「독일 학생들에게 고함」(1933. 11. 3)이 있었고,[29] 슈미트는 결단의 순간에 힘입어 나치의 황제법학자로 등극했었다. 벤야민의 지금시간은 가스실과 화장용 가마로 근접해가고, 이상의 금시의 순간에는 매번 「차생윤회」의 초인과 일제학살이 들러붙어 있다. 이름하여 주권적 권태―곧, 순간의 배양지로서의 권태(하이데거), 위대한 행위의 문턱으로서의 권태(벤야민), 신의 질서에 대한 묵시적 무화로서의 권태(이상)―속에서 사고하고 있는 그들은 거듭 구원과 최종해결의 동시성 또는 등질성이라는 난국과 난제에 대해 생각하

---

27   구연상, 앞의 글, 108쪽.

28   칼 슈미트, 『정치신학』, 김항 옮김, 그린비, 2010, 25쪽.

29   "독일 학생 여러분!/ 국가사회주의 혁명은 우리 독일인의 현존재의 완전한 변혁을
        가져왔습니다./ (…) 여러분들의 지식을 국가의 각 직업에서 지도해야할 위치에 있는
        자들이 필수적으로 소유해야 할 근원적인 지식으로서 보존하십시오. (…) 매일 그리고
        매시간 진정으로 충성하려는 의지를 확고히 하십시오. 이 국가에서 우리 민족의 본질을
        구원하고 우리 민족의 가장 내적인 힘을 고양시키는 데 자신을 희생할 수 있는 용기를
        여러분은 끊임없이 키워나가십시오./ 오직 총통만이 오늘날과 미래의 독일의 현실이자
        법칙입니다."(하이데거, 「독일 학생들에게 고함」, 『하이데거와 나치즘』, 박찬국 옮김,
        문예출판사, 2001, 417쪽)

게 한다. 그 난국의 모순적 실황을 대패질하지 않기 위해, 그 난제의 자리를 단순한 해소나 처리의 대상으로 여기지 않기 위해, 하나의 사상을 상속받는 일이 그 사상의 존엄을 보존하는 시간으로서만 수행될 수 있음을 낯설게 인지할 필요가 있지 않을까 한다. 온전히 답할 수는 없겠지만 이렇게 물을 수 있다. 사상의 존엄이란 무엇인가. 자신의 오롯한 내세움, 자신의 그 확연한 기립의 힘이 동시에 그 자신의 퇴조와 조락을, 그 자신의 마멸과 붕괴를 수반하는 힘의 조건이기도 했었음을 고스란히 드러내는 장소, 테제와 안티테제가 서로를 추동하는 필수불가결한 조건으로 하나의 사상 속에 함께 변증하고 있었던 장소. 바로 그 모순의 장소에 사상의 존엄이 거주하고 있는 것은 아닐까. 이상은 자기 입장의 그 모순성에 자각적이었으며, 그랬기 때문에 모순을 두고 진리의 형식이라고 쓸 수 있었다. 다시 인용하게 된다. "모순은그것이모순된것이안이다 다만모순된모양으로되여저잇는진리의한형식이다."(1: 97) 그 모순은 십자포화를 받는 시련의 장소이다. 거기가 이상이 말하는 '중간'이며, 중간은 모순의 다른 말이었다. "모든중간中間들은지독히춥다."(1: 43) 그러하되 오직 그곳, 그 혹독한 추위 속에서만 순간의 날끝은 담금질될 수 있다. 그러므로 상속받아야 할 것은 그 모순의 시공간이며 중간이라는 시금석이다. 그런 시공간을 보존하고 지속하면서 순간의 날끝을 생산하는 공장을 거듭 시공하고 거듭 허물어야 한다. 매번 설립되고 매회 부수어지는 날끝끼의 날 끝[최후의 날]을 향한 항구적 공정. 하나의 사상, 하나의 입장을 지탱하는 토대Grund로서의 모순의 장소 위에서, 다시 말해 비판의 공정이 진행되고 있는 그 중간의 보존 속에서 죽은 이상은 산 고야마를 내몬다. 다시, 공영권의 정립을 위해 봉헌했던 교토학파 사제들의 논리를, 그들이 걸었던 '철학의 길'의 일부를 읽어가기로 하자.

가메이 가츠이치로의 지옥이냐, 고야마 이와오의 연옥이냐

1942년 11월 현재, 고야마 이와오는 신인神人의 힘이 '진리의 실증적 자취'로서 면면히 이어져온 것이며, 그 힘이 세계사를 견인하는 공영권 건립의 '때'를 얻고 있다고 말하는 중이다. '질서의 전환전'이라는 이름으로 고야마들이 승인하고 있었던 태평양전쟁의 시기를 이상이 살았던 것은 아니다. 그는 1937년 도쿄에 있었고 그곳에서 신인의 자취가 아니라 신의 별을 망각한 '카인의 말예들'을 보았다. 1937년과 1942년은 같지 않다. 그러나 다르면서 또한 같다. 추방된 카인의 말예들, 1937년의 이상을 복창하고 있는 1942년의 가메이 가츠이치로龜井勝一郞. '일본낭만파'의 한 멤버였던 그의 말을 읽자. "제가 느끼는 '근대'라는 것은, 요컨대 제가 요즘 십수 년 동안 경험한 혼란 그것이라고 말씀드릴 수밖에 없습니다. (…) 한마디로 말해 그것은 무신앙의 시대였다는 점입니다. 신神들에게서 추방된 인간의 비참, 그런 말로 표현해도 좋다고 생각합니다. 현대 일본인, 즉 메이지의 문명개화부터 다이쇼, 쇼와를 겪어온 일본인이란 어떤 것이었는가 하면, 그것은 신을 못 보게 된 일본인입니다. (…) 이 혼란과 비참 속에서 결국 어떤 서광이 나타나게 되었는가 하면, 저 자신으로서는 어렴풋하게나마 신불神佛이라는 말로 표현할 수밖에 없는, 믿음을 구하는 마음이었습니다."[30]

신에게서 추방당한, 그래서 신을 못 보게 된 인간들, 카인의 후예들. 가메이는 자신의 경험에 비추어 당대의 일본인들을 신을 망각한 혼란과 비참의 인간들로 인지한다. 그는 그들 카인들을 구원하는 힘을 두고 '서광'이라고 말하며, '믿음을 구하는 마음'이라고 설명한다. 그의 서광은 이상의 새벽빛 혹은 서광과 비교 가능하다. 그 서광에 기대어 가메이는 당대 교토학파의 우파가 재개념화하고 있는 일본정신의 부활과 기기신화—고사기古事記 및 일본서기日本書紀—로 대표되는 고전 운동이 '근대로부터의 구제'를 감당할 수 있을지에 대해 의혹의 눈길을 던진다. 『문학계』 그룹이 주

30　가메이 가츠이치로, 고야마 이와오 외, 『태평양전쟁의 사상』, 70쪽.

관했던 좌담회, 이른바 '지적협력회의'『근대의 초극』(1942. 7. 23~24)이 있었던 시점은 교토학파 4인방의 세 차례에 걸친『중앙공론』좌담회 중 첫 번째 좌담「세계사적 입장과 일본」(1941. 11. 26) 및 두 번째 좌담「동아공영권의 윤리성과 역사성」(1942. 3. 4)이 있은 뒤 3개월이 지난 때였다. 다시 넉 달이 지난 뒤 교토학파는「총력적의 철학」(1942. 11. 24)이라는 이름으로 마지막 좌담을 열었다.『근대의 초극』좌담은 앞선 두 번의 교토학파 역사철학자들의 말들에 문예비평가들의 말들을 틈입시키려는 전략적 어긋냄의 내용과 형식을 가진 것이었다. 교토학파의 마지막 좌담이 열리자『근대의 초극』좌담의 말들은 교토학파의 말들 사이에 끼인 채로 미묘한 긴장과 길항의 효과를 발생시킨다. 근대초극을 말하는 가메이의 다음과 같은 말에 주목하게 되는 것은, 그 말이 교토학파에 대한 그런 긴장과 길항의 효과를 가진 것이라고 판단되기 때문이다.

> 저는 제 신심信心의 유무를, 신심에 대해 말함으로써가 아니라 우리가 감염된 병독의 적출로써 확립하고자 염원하는 사람입니다. 자기의 구제를 관념적으로 생각하기는 쉽지만, 현세의 지옥 그것에 침전하여 시종始終하는 것이 저로서는 큰 수업입니다. 근대의 초극도 이 점에서 시작해 생각하고 싶습니다. (⋯) 제가 희구한 것은, 만일 근대를 넘어설 힘이 있다면, 그것은 신에 대한 믿음 이외에 없다는 것입니다. 신들의 재탄생이야말로 현대 사상의 중심 문제입니다. 신은 존재한다고 스스로 확신을 갖고 말할 수 있게 되는 것이 제 생애의 염원이기도 합니다. 신이 존재한다는 그 한마디를 말하는 것이 제 생애의 염원입니다.[31]

신들의 재탄생, 신들의 부활. 그것은 현대의 사상이 감당해야 할 중심적 문제였으며, 그 지점에서 가메이와 이상은 다시 만난다. 가메이의 염원, 그가 기다리는 것은 신은 존재한다는 한마디를 자신의 생生에 근거해서 말할 수 있게 되는 날이었다. 이상의 첫 소설에 나오는 '그'는 지옥 같은 삶의 처참,

그 밑바닥에서 끝내 이렇게 말할 수 있었던 자다. 그가 가메이의 말을 대신한다. "만인을위한신은엄습니다 그러나 자기한사람의신은누구나잇습니다."(2: 116) 가메이/이상에게 신들의 재탄생과 근대로부터의 구제라는 '서광'은 말이나 관념을 통해서가 아니라 '생애'로써만, 생애의 '수업'으로써만 사고될 수 있는 것이었다. 그들에게 고야마들이 말하는 '모랄리세 에네르기', 곧 도의적道義的 힘을 통한 공영권 내의 지도와 견인은 자기 생애의 수업료를 자기 책임 하에 치르는 것이 아니었다. 그렇다면, 그 수업이란 어떤 것인가. 현세를 지옥의 밑바닥이라는 공간으로, 현재를 그 밑바닥으로의 침전과 침강의 시간으로 경험하는 것이다. 그 경험은 일시적인 것이 아니라 '시종하는 것'이다. 지옥에서의 한때가 아니라 지옥에서의 시종이다. 공영권이라는 건축물의 빳빳하게 솟아오르는 위용과 위력이 아니라, 그 건축물의 밑바닥에서 펼쳐지고 쌓여가는 삶의 폐허와 잔해를 지키고 직시한다는 것. 이상은 이렇게 적었다. "비애와 고독으로 안절부절 못하면서 그는 그 건조물의 계단을 달음질쳐 내려갔다. 거기는 훤하게 트인 황폐한 묘지였다."(3: 152) 그 묘지, 그 지옥의 지하에서 자기의 생에 이미 감염되어 들어와 있는, 그러므로 이미 자기 생의 일부로 되어 있는 근대적 가치들의 독소를 고발·적발·적출하는 시간의 시종. 바로 그 시종의 시간을 보존하고 봉헌한다는 것. 지옥에서의 수업이란 그렇게 항구적인 자기 적발의 윤리학에 기초한 반시대성의 관철이었다. 새로운 신성의 재탄생, 근대로부터의 구제의 서광을 마주할 수 있는 장소가 바로 그 지옥의 지하인 것이다. 그런 한에서 그 지옥의 밑바닥은 이상이 말하는 지독하게 추운 그 '중간'과 맞닿는다. 근대초극을 향한 자기의 의지가 자신과 근대적 독소의 이접상태 속에서만 수행될 수밖에 없는 모순적이고 아이러니컬한 장소가 바로 그 지옥, 그 중간이기 때문이다. 가메이/이상은 교토학파의 좌담을 향해 미영귀축美英鬼畜의 구질서와 동아공영권의 신질서는 이미 깊숙이 상호

감염되어 있는 분리 불가능한 공모의 짝이라는 것을, 그 둘이 하나의 구체제를 함께 수호하는 적대적 공존의 질서라는 것을 고지한다. 귀를 닫고선, 악독한 것으로부터 악독하지 않다고 믿는 것을 기어이 분리해내려고 할 때, 그 분리의 의지를 올라타고 악독한 것은 하나의 질서를 석권한다. 그렇게 구체제는 흔들림 없이 수호된다. 가메이가 말하는 '지옥'에서의 시종, 지옥의 보존은 고야마/고사카와 그들의 선생 니시다 기타로西田幾太郎가 말하는 '연옥'과 결렬한다. 무슨 말인가.

> 고사카: [세계사는] 죄악을 씻어주는 정화淨化입니다./ 고야마: 그렇지요. 세계사는 죄악의 정화입니다. 천국과 지옥의 경계에 역사가 있습니다. 시간 안에 있으며 영원과 연결된 곳에 역사가 있습니다./ 고사카: 얼마 전 니시다 선생도, 세계 역사는 인류 영혼의 연옥purgatorium이다, 정죄계淨罪界다, 전쟁에도 그러한 의미가 있을 거다, 단테는 개인 영혼의 연옥을 그렸다, 그러나 오늘날 대시인이 나타난다면 인류 영혼의 심각한 연옥으로서 세계 역사를 노래할 것이다, 라고 했습니다. (⋯) 세계 역사의 중요한 전환점을 전쟁이 결정한 것은 그 때문입니다. 그러므로 세계 역사는 연옥인 것입니다.[32]

세계사는 '죄'를 씻어주는 정화작용을 한다. 세계사는 '정죄淨罪'의 신성한 의례다. 세계사는 죄를 씻는 시공간으로서, 천국의 낙토와 지옥의 죄인들을 매개하는 경계 영역이다. 그런 한에서 세계사는 천국과 지옥 사이의 연옥이며, 연옥인 세계사는 그러므로 구원사救援史다. 교토의 사제師弟/司祭들은 말한다. 세계사는 인류 영혼의 거대한 정죄계로서의 연옥이라고, 그 연옥을 흐르는 것이 전쟁에서 흘리는 피라고, 그 피가 죄를 씻는 성수聖水이며 전쟁에서 뜯겨나가는 그 살이 세계사가 구원사로 자라는 신성한 양식이라고. 연옥으로서의 세계사는 구원사의 이름으로 전쟁인戰爭人의 주체성을 양산한다. 이와 관련해 서양 중세사학자 자크 르 고프의 '연옥의 탄생'에 대한 분석이 연옥의 정치경제학 비판으로 수행되고 있는 한 대목은 의

213

구스타프 도레, 『신곡』 지옥편 제28곡의 삽화. 자신의 잘린 목을 자기 손으로 들어 보이며 말하고 있는 지옥의 베르트랑. 그의 곁에서, 그처럼 있고자 했던 자, 가메이 가츠이치로. 다시 말해, 지옥 밑바닥에서의 병독의 적출, 그 자기 적발의 반시대성/신성.

미심장하다. "연옥은 정말이지 기독교가 13세기에 고리대금업자에게 보낸 눈짓 중의 하나였을 뿐이다. 그러나 그것만이 고리대금업자에게 제한 없이 천국을 보장해주었다. (…) 연옥에 대한 희망은 천국에 대한 희망으로 이어진다."[33] 빚을 지게 하고 죄스런 마음을 생산함으로써 이윤을 축적했던 그들 고리대금업자들은 악착같이 자신들의 이자를 보장받으면서도 천국으로 가기 위해 연옥의 탄생을 모의하고 합작했다. 죄가 완전히 정화된 시간으로서의 '세계사'와 죄가 순수하게 정화된 공간으로서의 '대동아공영권'을 합성하는 교토의 사제들은 연옥의 상태를 정치화하고 교리화함으로써 정화된 죄의 시공복합체로서의 신국을 모의하고 합작한다. 고리대금의 신용체제에서 사회적 삶들의 활동력과 덕성들을, 다시 말해 그들의 '살'과 '피'와 '심장'을 착취한 자들이 연옥의 탄생을 통해 자신들의 안락과 구원을 보장받는 체제를 설립시키듯, 교토의 사제들 또한 환속화된 연옥의 개념을 설정함으로써 통치의 절차적 공정을 신성한 구원의 후광 속으로 안전하게 합성시킨다. 그들의 연옥이 정죄의 구원사라는 후광 속에서 삶 일반을 지배의 순수한 대상으로 계류시키고 한정시키는 환속화된 신학적 개념인 것은 그런 까닭에서다.

가메이/이상은 바로 그 구원사의 이음매들을 내리쳐 탈구시키는 진정한 구원사를 발생시키려 한다. 연옥이 아니라 지옥으로의 침전이라는 과정/소송으로부터, 연옥이 아니라 지옥 밑바닥에서의 시종으로부터 말이다. 그것은 '죄'의 재정의와 관련된다. 지옥에서의 시종, 지옥의 지속과 지하의 보존이란 끝내 정화되지 않는 죄의 인지이며, 남는 죄, 잔여로서의 죄의 감지이다. 이상의 죄론, 외부로부터의 정화가 아니라 내적으로 수업되어야 할 죄. 「무제」에서 이상은 생활을 거절한다는 뜻에서 축음기를 거꾸로 틀었고 그런 사실을 '늙은 악성樂聖'[신]에게 편지로 알린 후, 이윽고 그 늙은 악성을 만난다. 악성의 말이 들어있는 한 대목을 읽자. "나의 비밀을 언감생심히 그대는 누설하였도다. 죄罪는 무겁다, 내 그대의 우右를 빼앗고 종생의 '좌左'를 부역하니 그리 알지어라/ 악성의 충혈된 질타는 빙결한 그의 조그마한 심장에 수없는 균열을 가게 하였다."(3: 161)

신의 질서, 신의 조물 속에서의 생활에 대한 이상의 거부가 신에겐 자신의 비밀을 누설한 것으로 인지되고 있다. 그렇다는 것은 그 불복종의 사건이 신의 질서의 이면을 개시했던 살신殺神에의 의지에 근거한 것임을 반증한다. 이상의 죄는 그러므로 속죄와 정화의 대상이 아니라 오히려 섬기고 품으며 보존해야 할 것이었다. "나는 방탕한 장판위에 너머져서 한없는 '죄'를 섬겼다"(3: 230)거나 "죄를품고식은침상에서잣다"(1: 84)는 문장 속의 죄는, 죄이므로 당연히 속죄되어야 하는 것이라는 '죄-속죄'의 일반적 문법을 걷어치운다. 신에 의해 우를 빼앗기고 평생 좌를 부여받았다는 것은 이상이 자주 언급하는 '절뚝발이'의 삶을 뜻하며, 그 절뚝발이는 매번 저는 다리로 폐허를 순례하며 매회 신의 로고스를 폐기하는 모습으로 그려진다. 가메이의 지옥론 또는 이상의 죄론에 기대어 이렇게 말할 수 있다. 교토의 사제들이 말하는 정죄 대상으로서의 죄schuld란 실은 국가/국가정신 및 화폐/화폐정신에 빚진 채무schuld에 다름 아니라고, 그 죄가 그렇게 빚이자 채무인 한에서 연옥에서의 정화는 그 빚의 완전한 탕감인 듯 보이지만 실은 자신의 단순한 생명으로 원금과 이자 모두를 항구적으로 상환하는 과정이라고. 교토의 사제들이 말하는 세계사/구원사는 그러므로 자신들이 적이라고 했던 근대 자본주의를 뒷문으로 접대해 들이면서 공영권 전체에 구원이라는 금융상품을 성스러운 표정으로 판매하는 중이다. 그 세계사/구원사가 관철되는 '장소적 논리'로서의 연옥론은 그들의 국가론이며 국가이성의 원론에 다름 아니다. 교토의 사제들이 펼치는 죄론, 부채론, 그들의 연옥론, 국가이성론. 줄여 말해 그들의 신론을 향해 이상은 외친다. "만인의 신! 나의 신! 아! 무죄!"(2: 120) 그것은 죄/빚의 통념적 탕감을 요구하는 것이 아니라 죄-속죄, 빚-상환의 결합구조 자체에 대한 신적 부결의 고지이자 묵시적 모라토리움Moratorium의 선포 같은 것이다. 가메이/이상은 저들의 연옥 안으로 지옥과 지하를, 저들의 속죄 안으로 날끝의 죄

---

32 가메이 가츠이치로, 고야마 이와오 외, 『태평양전쟁의 사상』, 221쪽.
33 자크 르 고프, 『돈과 구원』, 김정희 옮김, 이학사, 1998, 125쪽.

를, 저들의 상환 속으로 그 상환의 불이행·불복종을, 저들의 구원사 속으로 세계사의 진보를 내리쳐 절단하는 진정한 구원사를 틈입·발생시킨다.

그러하되, 예민하게 읽히는 부분은 가메이가 근대의 특색으로 '전인성의 상실'을 말할 때이다. "정신이 귀의할 지고자至高者의 상실은 무엇보다도 큰일입니다."[34] 전인성의 상실이 지고자의 상실로, 지고자의 되찾음으로 나아갈 때 그 지고자는 결국 지고성을 되찾으려는 자의 밖에 놓여 있다. 자기 밖에서 되찾아야 할 지고자를 전제하게 될 때 가메이는 자신이 말하는 그 지고자라는 것이 교토의 사제들이 봉헌하는 신과 근접하는 것을 자기 힘으로는 끝내 막지 못한다. 그때 가메이의 지옥은 니시다의 연옥에 항구적으로 계류된다. 이상은 스스로가 하나의 지고성이고자 했다. 하지만 가메이가 지고자와 전인을 말했던 것처럼 이상은 「차생윤회」에서 초인을 말했고 일제학살을 감행하는 영웅적 결단의 행정자를 찾았다. 그렇게 이상과 가메이는 만나지 말아야 할 곳에서조차 만난다. 그들은 그렇게 두 번 만난다. 한 번은 서로의 의기투합에 기뻐하면서, 한 번은 그 의기투합에 섬뜩해하면서.

무無를 끝내는 무

이상의 '절대권태絶對倦怠'를 다시 살피자. 파국의 아가리와 괴물의 소화계로 한 세계를 무화시키는 그 권태, 그 묵시의 힘을 다시 살리자. 교토학파의 세 번째 좌담에서 니시타니 게이지는 '모든 것을 소화하는 힘', 이른바 '절대무絶對無'에 대해 말한다. "오랜 조국肇國의 정신이 역사를 관통해 모든 것을 소화하는 힘이 되었어요. [일본의 '입장'에는] 절대적 정신의 입장이 애초부터 내포되어 있는 것이지요. 그런 절대적 정신의 입장이 이른바 세계 신질서라는 요청의 근본에 내포되어 있고, 그것이 현재 세계사의 밑바닥에서 들려오는 아우성이지요. 아까 일본의 입장이 세계의 다른 나라에서 벗어나 있다고 한 것은 그런 의미입니다. 현재 세계사가 일본을 불러내고 있는데, 저는 '팔굉일우八紘一宇'를 그런 식으로 해석합니다."[35] 모든 것을 소화시킨다는 건 대동아공영권 내의 무수한 차이들을 대패질하고 마름질한다는 것과 분리되지 않는다. 니시타니의 현묘한 비교종교학적 관점, 어떤 현학玄學의 비의적 깊이에 비추어 대패질이라는 말이 너무 과한 말이 아니냐고 반문할 수 있겠으나, 본원적인 것을 궁구하는 그 비의가 당대의 국가에 절대성을 부여하고, 본분本分과 천분天分의 이름으로 몫과 자리를 할당하고, 팔굉八紘 여덟 방위를 하나의 지붕 아래 귀속시키는 유혈적 과정을 세계사의 요청으로 필연화하는 선명한 정치철학으로 표현되고 있었던 한, 대패질은 과한 말일 수 없다. 모든 것을 소화하는 힘이란 주객의 분리와 주객의 차이가 없는 상태, 충돌하는 것들의 모난 모양과 날카로운 형상이 사라지고 없어진 절대적인 무의 상태, '상즉상입相卽相入'의 매끄러운 상태를 제작해내는 힘이다. 니시타니에겐 그 힘이 '국가이성'의 절대성을 보증하고 수호한다. 세계사는 그 국가이성이 설립할 것이었고, 세계'사'라는 역사적 구원의 시간이 공영'권'이라는 블록 공간을 위계적 동심원의 축적 질서로 필연화할 것이었다.

　　이상의 절대권태는 그런 니시타니의, 나아가 고야마/고사카의 '절대무'의 지반과 그 위에 설립된 세계사적 시공의 전개를 폭력적으로 집어삼킨다. 집어삼켜질 세계사, 무화될 '세계사적 세계'를 위해 니시타니는 이렇게 말한다. "신비주의의 특색은 대체로 절대적이고 초월적인 것으로서 받아들여지는 신, 그리고 동시에 그것과 자기 사이의 생명적生命的 합일을 추구하므로, 물론 거기에는 '나'의 부정이 있습니다. (…) 저는 '무'를 말했지만, 사실 무아無我라고 해도 좋습니다. 예를 들어 신란親鸞처럼 부처에 몸을 맡긴다, 그것 역시 무아로 해석될 수 있다면, 그 무아의 주체성이라고 할 만한 것에서 출발해, 종교와 과학의 문제도 해결될 길이 있지 않을까요."[36] 무, 무아, 무아적 주체성. 그것들은 기독교 신비주의자 에크하르트의 사상

34　가메이 가츠이치로, 고야마 이와오 외, 『태평양전쟁의 사상』, 102쪽.
35　같은 책, 371쪽.
36　같은 책, 68~69쪽.

을 초월적 신과 유한한 인간 사이의 '생명적 합일'을 추구하는 것으로 읽은 니시타니가 그런 합일의 의지 속에서 부정되는 '나'를 불교적 주체론의 연장선 위에서 표현하고 있는 단어들이다.[37] 니시타니적 무아의 주체성, 이른바 '주체적 무'의 논리는 공영권 내의 이질적 성분들 간의 마찰과 알력들, 그 차이들을 소화시키는 일본민족/국민의 지도적 힘을 지향한다. 니시타니에게 그 힘은 '새로운 일본인'을 형성시키고 제작하는 힘이자, 일본국민의 지도력/소화력을 지탱하는 도덕적이고 도의적인 힘이었다.[38]

하와이 해전에서의 해군정신을 목도한 니시타니는 두 번째 좌담에 참석해 그들 군인들의 '혼'에서 '광명'을 느낀다고 말한다. 이어 그는 군인들과 같은 매일의 조직적 단련을 통해 세계사적으로 유례가 없는 '국민전체의 웅대한 도야'를, 국가 전체의 '일사불란한 일체성'을, 무아가 된 국가를, 무아지경으로 질주하는 국가를, '절대무로서의 총력전'을 염원한다. 그것은 마지막 좌담에서 이렇게 언급된다. "보통 '삶'을 정상적인 것으로 보고 '죽음'을 그것의 단절로 생각하지만, 실제로는 삶의 본질 속에 죽음이 함축되어 있어요. 그렇게 생각해야 비로소 삶을 진실로 이해할 수 있습니다. 전쟁도 마찬가집니다. 이번 전쟁은 평상시와 전시를 두루 일관하는 성격을 지녔다고 할까, 그런 심오한 바탕에 뿌리를 내리고 있다는 생각이 들어요. 평상시와 전시를 뛰어넘는 역사의 저 밑바닥에서 전쟁이 끓어오르는 듯한 느낌입니다."[39] 세계사의 밑바닥에서, 다시 말해 가메이적 지옥의 지하가 아니라 연옥의 밑바닥에서 죄를 정화하는 전쟁이 들끓고 있다는 것. 연옥의 죄인을 천국의 정죄된 인간으로 성체변환시키는 전쟁이 평상시와 전시의 경계를 뛰어넘는다. 전시라는 예외가 매일의 일상이 된다. 삶의 본질 속에 죽음이 함축되어 있다는 말의 비의가 관철되면서 죽음이 삶을 석권한다. 평상시와 전시가 구분 불가능한 '비식별역'으로 될 때, 다시 말해 공영권 전체가 그렇게 경계 없는 절대적 무의 상태로 재합성될 때 공영권 내의 여러 민족들의 독립은 '대동아 안에서의 독립'으로, 대동아에 대한 '공동책임성'에 한정된 독립으로 재배치된다. 니시타니가 말하는 공영권 바깥으로의 독립이란 그 독립과 동시에 떠맡게 되는 공동책임성에 의해

219

공영권 안으로 포함되는 독립이다. 그렇게 공영권은 외부와 내부의 비식별
역이 되며, 그것은 평상시와 전시의 구분 불가능성에 뿌리박고 있다. 절대
적 무란 무엇인가. 그것은 공영권의 삶을 가로지르는 경계의 문제를 구획
불가능한 비식별역으로 형질전환시키는 절대적 통합의 이데올로기이다.
그 절대성 속에서 삶은 단순한/벌거벗은 생명으로 협착된다. 그와 동시에
니시타니의 역사철학 또한 공영권의 법을, 공영권이라는 신칙을 수호하는
'문지기'의 지식으로서, 끝내 법의 문 밖에 계류된다.⁴⁰

니시타니는 말한다. "근대는 신을 잃어버리고, 또 계속 잃어가면서도
그 근본에서는 역시 신 같은 것을 찾고 있었다고 말할 수 있습니다."⁴¹ 이
상은 근대인 니시타니가 찾는 신을 살해한다. 이상은 니시타니의 벌거벗
기는 절대성 안으로 자신의 절대성을 틈입시킨다. '절대에 모일 것'이라는
이상의 정언명령은 '숫자의 소멸'이라는 제로, '영점에 가까운 인간'이라는

37 그리스도교와 불교에 대한 니시타니의 비교종교학적 관점에 관해서는 이찬수,
『불교와 그리스도교, 깊이에서 만나다: 교토학파와 그리스도교』(다산글방, 2003)를,
에크하르트와 니시타니의 상관성에 대해서는 김형근, 『에크하르트의 하나님과 불교의
공』(누멘, 2009) 7장 「일본 교토학파의 무」를 참조할 수 있다.
38 니시타니와 함께 고사카 마사아키 또한 '절대무'에 대해 말한다. "동양에는 이러한
상대주의와 회의주의를 극복하여 새로운 역사주의를 가능하게 하는 별개의 원리가
있는 것 같습니다. 절대적 무無 같은 것인데, 동양에는 역사를 이해하는 데 서양과는
별개의 원리가 있는 거지요. (…) 그러므로 동양 안에서 새로운 역사주의를 살리려면
역사 안에서 다른 형태의 초월을 찾아야 합니다."(185쪽) 고사카의 초월적 절대무는
마땅히 지켜야 할 본디의 직분을 긍정하면서 이른바 '몫의 나눔과 한정을 공영권의
통합원리로 들어올린다. '장소의 논리'가 그것이다. "대동아공영권에 대해서는 그것을
장소의 논리라고 하면 어떨까 싶어요. '자리'를 얻게 한다고 [천황께서] 말씀하신 뜻의
'자리'의 논리 말입니다. 대동아공영권의 윤리가 '자리'를 얻게 하는 '자리'의 윤리, 즉
장소의 윤리라면, 그 논리도 장소의 논리라고 해도 좋을 듯싶어요. 어디까지나 사물의
계획에 따라 주체가 상호 매개되는 장소적 매개의 논리라는 것이지요. 물론 매개에는
매개의 중심이 있어요. 그것이 일본이고 모든 주체는 거기로 집중되어 대표되고 그
지도를 받아 조직되지요."(379쪽) 니시다/고사카의 '장소적 매개의 논리'는 고야마가
말하는 '이에家의 윤리'와 다시 한 번 협업한다. 고사카의 논리에 대해서는 히로마쓰
와타루, 『근대초극론』(김항 옮김, 민음사, 2003)의 2장 「고사카 마사아키의 견해를 다시
읽는다」를 참조할 수 있다.
39 가메이 가쓰이치로, 고야마 이와오 외, 『태평양전쟁의 사상』, 311쪽.

쇼와昭和 16년(1941). 교토의 사제師弟들, 또는 신국의 사제司祭들. 달리 말해
구원사로서의 세계사, 정죄계로서의 공영권.
맨 오른쪽 고야마 이와오, 맨 왼쪽 고사카 마사아키, 맨 앞쪽 니시타니 게이지.

최후적/절대적 묵시의 보존과 지속을 통해 니시타니를 앞질러 니시타니의 절대성을 기소하는 중이다. 아가리와 소화계를 가진 이상의 절대권태가 니시타니를 앞질러 니시타니의 세계사적 세계를 집어삼키는 중이다. 죽은 이상이 산 니시타니의 말에 악령처럼 들러붙어 있다. 그 악령은 악착같이 니시타니의 말의 운동을 매회 정지시킨다. 고야마 또한 니시타니의 전철을 밟을 것이었다. 니시타니와 입을 맞춘 고야마 또한 '무아'에 대해 말하고 있기 때문이다. 다음과 같다. "진실로 책임에 철저해지면 우리는 절대적

40 '니시타니를 기리는' 문장들은 다음과 같다. "니시타니가 관찰하는 것처럼, 공空에 초점을 맞춘다는 것은 '사물들 그 자체가 모두 하나로 모이는 그 지점으로 복귀하는 것'을 의미한다. 그러나 여기서 일자성은 단순한 통일이나 통일성의 의미로 오해되어서는 안 된다. (…) 고립을 부정하고 초월하는 공은 따라서 갱신된 공존의 가능성을 열어주지만, 이는 근본적인 다양성을 인정하고 거기에 입각하는 양식 안에서이다."(프레드 달마이어, 「하이데거와 선불교: 니시타니를 기리며」, 『다른 하이데거』, 신충식 옮김, 문학과지성사, 2011, 356~357쪽) 1961년 교토에서 작성된 『종교와 절대무』의 현묘함을 하이데거와의 관련 속에서 읽어가고 있는 달마이어는, 1961년의 니시타니 속에 『세계사적 입장과 일본』의 좌담들에서 표명했던 1942년 니시타니의 정치철학이 어떻게 누락되어/잠복되어 있는지에 대해 말하지 않는다. 니시타니를 '기리는' 일은 그런 누락과 잠복의 내재적 맥락에 대한 사고를 요청하고 강제한다. 그리고 그 맥락에 대한 사고는 진군하는 군대와 마주한 철학의 태도와 그 응답의 질을 곱씹지 않고서는 불가능하다. 달마이어가 니시타니의 심오함으로 음미하고 있는 '모든 것이 하나'/'모든 곳이 중심'이라는 1961년 니시타니의 생각은 1942년 팔굉일우와 함께 작동했던 신칙神勅, 곧 '만방의 각 나라로 하여금 각자의 자리를 갖게 하는 것萬邦をして所を得しむる'과 함께 사고되어야만 한다. 1961년의 니시타니는 이렇게 적었다. "그렇게 중심이 도처에 있고 또 그들이 모두 하나라는 이치(…)는 그 하나하나가 일체이며 절대 중심인 그런 집합을 의미한다. 그리고 그것은 어디에도 주변은 없으며 도처가 중심인 공空의 장에서만 가능하다. 공의 장에서 비로소 각각 절대 독자적이며, 각각 일체의 절대 중심인 사물 일체가 동시에 하나로 집합할 수 있다. '일체가 하나'이다. 이는 질서를 이룬 만물의 모습이요 세계의 여실한 모습이다."(니시타니 게이지, 『종교와 절대무』, 정병조 옮김, 대원정사, 1993, 217~218쪽) 연옥은 '자리'를 분배하고 '몫'을 할당한다. 말할 수 있는 자리를 분배하며 인지와 감각의 몫을 할당하는 연옥은 세계의 '여실如実, reality'을 통치의 단순한 질료로 합성한다. 1961년 니시타니의 '공空'은 1942년 니시타니의 무無와 전면적으로 분리되지 않는다. 또는, 1961년의 공을 1942년의 무로부터 분리시킬 수 있다는 믿음을 올라고 1942년의 무는 1961년 이후를 석권한다.

41 가메이 가츠이치로, 고야마 이와오 외, 『태평양전쟁의 사상』, 55쪽.

인 무無에 직면합니다. 그것에 직면할 때 비로소 우리는 '무아'가 되지요. 나라는 것, 나라는 존재가 절대무 속으로 사라지니까요. 진정한 책임주체성을 철저히 밀고 나갈 때 우리는 반드시 무아에 이릅니다. (…) 선善을 뽐내는 사심私心이 존재한다면 벌써 참된 선의 행위는 아니지요. 도의적 행위의 극치는 언제나 무사無私이며 무아無我입니다. 이런 식으로 책임주체성의 입장에 서서 유아有我의 극치로 나아가면 반드시 거꾸로 무아로 전화됩니다. 무아의 극치에서 행한 나의 행위는 실제로 나의 행위가 아니기도 한 것이지요."42

고야마에게 공영권 내의 자리, 적재적소로 나뉜 그 천분天分에 대한 책임을 철저히 감당하는 주체들은 아상我相과 아집이라는 자기동일성을 깨고 무사無私한 무아에, 절대적 무에 육박하고 직면한다. 그 절대적 무를 달리 말하는 것이 '도의적 행위의 극치'라는 한 구절이다. 도의적 힘, 그것은 랑케를 이어받아 교토의 역사철학자들이 공영권 내의 지도성과 그 지도의 윤리를 규정하는 개념으로 재사용했던 '모랄리세 에네르기'의 번역어이다. 생각해야 하는 것은 그 무아의 극치, 도의적 힘의 극한에서 무엇이 어떻게 수행되고 있는가이다. 공영권을 신적 유신의 법권역으로 설계하고 있는 고야마는 신칙의 이름으로, 공영권의 법 안에 그 법의 권리와 보호로부터 배제되는 법외法外의 영역을 포함·합성·운용할 때라야 공영권의 세계사적 사명이 가능하리라고 말한다. 그때 '질서의 전환전'을 전면적으로 수행하는 '창조적 전체'가 가능한 것이었다. 차이들의 합일로서의 절대무 위에 건립된 공영권의 원리가 그런 것이었던 한에서, 그리고 그것이 평상시와 전시를 일체화하는 주권적 결단에 맞닿은 것인 한에서 공영권의 설계자들은 직접적으로 공영권 사람들의 '생명'을 표적으로 삼아 축적의 상태를 수호한다. 고야마는 말한다.

한마디로 지도는 총력의 창조적, 비약적 활동에 대한 지도라는 점에 착목해야 한다는 것, 즉 지도는 생명에 대한 지도여야 한다는 것을 말씀드리고 싶군요. (…) 총력전 그 자체가 속에 품고 있는 최고 명제는 무한한 플러스를 산출하는 데 있으니까요. 늘 새로운 자기 자신

을 생산하는 무한한 플러스를 자체 속에서 면면히 솟구치게 하는 것,
그것이 총력전의 지상명제지요. 그렇지 않으면 총력전이라 할 수 없
어요. 거기에 비약Elan이 있고 논리를 뛰어넘는 무언가가 있어요.[43]

고야마가 말하는 '총력'은 인과적이고 합리적인 법칙의 순차적 공정을 뚫
고 나가는 비약적이고 창조적인 것이었다. 총력전의 정언명령, 그 지고의
명제는 '새로운 자기를 생산하는 무한한 플러스'의 항구적인 산출이었다.
매번 갱신되고 신장된 자기의 생산, 확대재생산. 질서의 전환전 또는 세계
사적 세계의 건립을 위해 매회 자기 삶의 상태를 생동 그 자체로 고양시키
고 발양시켜가게 하는 생生의 닦달의 체제. 줄여 말해 고야마의 생명정치.
공영권 내의 차이들에 대한 도의적 힘의 지도가 '생명에 대한 지도'여야 한
다는 고야마의 지고한/주권적 명제를 발판으로 도의적 에너지는 질적으로
비등하고 도약할 것이었다. 고야마의 생명정치는 팔굉과 만방萬邦의 사람
과 제도가 적재적소의 자기 자리와 몫을 기꺼이 지키는 가운데 놀라운 생
의 약동과 돌진, 비약과 열중의 정념적/정치적 효과를 창출하도록 북돋고
부양시키는 것이었다. 니시타니와 고야마가 주고받고 있는 다음 말들에
그렇게 도약하고 비등하는 생명의 형상이 담겨 있다. "니시타니: 저는 화엄
華嚴 법계의 구조, 개체가 전체와 직접적으로 조화된다는 관념, 일즉일체一卽
一切, 일체즉일이라는 관념, 그것이 나라奈良 시대의 개인의식을 잘 보여준다
고 생각합니다. (…) 고야마: 그 화엄폭포적인 것 말인데요, 개인과 절대가
결합하는 방식에다 역사적 세계를 내용으로 한 화엄폭포로 하면 됩니다.
화엄폭포에 세계사를 흐르게 해놓고 일본정신이라는 바위 위에서 뛰어들
면 되지요."[44] 니시타니가 말한 화엄폭포에 고야마가 화답했다. 그들에게
화엄폭포는 개인과 전체가 순수하게 서로 만나 하나로 되는 절대무의 한

42   같은 책, 384쪽.
43   같은 책, 336, 338쪽.
44   같은 책, 175, 200쪽.

가지 형상이자 형태이다. 세계사라는 화엄폭포, 절대무라는 법-계. 그것과 함께 단일한 풍경으로 합성되는 일본정신이라는 바위, 도의적 에너지. 그 바위에서 그 폭포로 비약하고 비등하는 생명들. 고야마가 그리는 장엄한 풍경화의 형상 속에 화룡점정으로 그려 넣어지고 있는 질료화된 사람들. 그들은 비약하면 비약할수록 미학화된 정치종교의 풍경 속에서 단순한 사물로 처리되고 소실된다.[45]

고야마는 앞서 이렇게 말했다. 무아의 극치에서 '나'의 행동은 나의 것이 아니라고. 그런데 실은 그 무아의 극치에서 사람들이 입고 있던 법복이 벌거벗겨지고 있었다. 통치의 순수한 관철이 가감 없이 노출되고 있는 장소가 바로 그 무아의 극치였다. 무아의 극치라는 장소에서의 나의 행위는 나의 것이 아니기 때문에, 고야마는 지극히 당연하게도 자신의 살육의 사고행위가 자신의 것이 아니라고 말할 것이었다. 이것이 고야마의 변명이거나 자기은폐가 아니라 고야마의 내적 논리라는 점은 더 많은 생각을 강제한다. 그토록 모랄리세 에네르기를 고안하고 실험하고 개념화했음에도 고야마의 개념은 '한 줌의 윤리'마저 갖지 못한다. 그렇게 그의 역사철학은 개념적/윤리적 사고실험의 '무능'을 노정한다. 그 무능의 철학을 향해 날끝을 겨누어야 한다. "절망에 직면해 있는 철학이 아직도 책임져야 할 것이 있다면 그것은 오직 사물들을 구원의 관점에서 관찰하고 서술하려는 노력이 아닐까 한다. (…) 인식이란 구원으로부터 지상에 비추어지는 빛 외에는 어떠한 빛도 가지고 있지 않다. 언젠가 메시아의 빛 속에서 드러날 세상이 궁핍하고 왜곡된 모습일 수밖에 없다면, 그러한 메시아의 관점처럼 세상의 틈과 균열을 까발려 그 왜곡되고 낯설어진 모습을 들추어내는 관점이 만들어져야 하는 것이다."[46] 모랄리세 에네르기와 미니마 모랄리아, 다시 말해 고야마의 신과 아도르노의 메시아. 고야마는 철학의 책임을, 구원의 관점을, 세상의 궁핍과 왜곡을, 줄여 말해 '인식'을 방기하고 폐기한다. 그런 방기를 방조하는 신과 신칙에 기대어 고야마는 지금 '최후의 종말'을 예지하는 중이다.

이번 전쟁은 한마디로 질서의 전환전이며 세계관의 전환전이라 (…) 이번 전쟁이 언제 끝나든 우리가 말하는 신질서 사상을 적이 납득하고 승복할 때 비로소 최후의 종말이 옵니다. 이때가 미영이 패하는 시점이지요.[47]

고야마에게 태평양전쟁은 세계사를 재설립하는 총력의 전환전이었다. 그 정초적 전쟁 속에서 미국과 영국이 공영권의 사상을 납득하고 절대무의 신질서를 마음으로 따를 때 이른바 '최후의 종말'이 도래한다. 고야마의 세계사는 그렇게 최후의 종말 속에서만 완성되는 것이었다. 그때 더 이상의 역사적 전개와 이행은 없다. 공영권이라는 절대무에서 역사는 끝난다. 구조적 층위에서 고야마는 저 『역사의 종언』(후쿠야마, 1989)을 앞질러 선포한다. 그런 고야마가 무능한/무서운 까닭은 역사의 끝에 현현하는 것, 역사의 끝을 도래시키는 것이 끝내 신칙으로서의 국체國體였다는 점에 있다. "[참된 도의적 지도라는] 이 말은 일본의 전쟁 이념의 진실성·진리성이 진정 세계 안에서 현현된다는 뜻일 겁니다. 일본의 국가가 2천 6백년이나 지속되었다는 것, 아니 신칙神勅으로 일본의 영원한 번영을 약속받았다는 것은 일본이 진실성을 지닌다는 것, 일본의 국체가 진리라는 것을 드러냅니다."[48] 고야마의 모랄리세 에네르기, 그 도의적 지도력의 지고한 수행은 '생명에 대한 지도'였으며, 그 생명에 대한 지도를 통해 '일본'이라는 총력전의 이념은 세계사로 '현현'한다. 생명에 대한 지도, 그 신칙을 따라 일본은 영원한 번영을 구가하는 중이며, 일본의 국체는 진리로 고양된다. 생명에 대

---

45   고야마가 화엄에 기대어 일즉일체, 일체즉일이라는 무의 논리를 말할 때, 니시타니는 그런 고야마에 화답해 일즉일체를 '선禪'으로 번안한다. 니시타니에게 고야마의 논리는 "선禪에서 말하는 '똑바로 가라驀直去'에 해당"(338쪽)하는 것이었다. 이른바, '선은 행동하고 싶어 한다.' 교토학파와 불교론, 선, 전쟁의 관계에 대한 연구로는 스에키 후미히코, 『근대 일본과 불교』(이태승·권서용 옮김, 그린비, 2009)를 참조.

46   테오도르 아도르노, 『미니마 모랄리아』, 김유동 옮김, 길, 2005, 325쪽.

47   가메이 가츠이치로, 고야마 이와오 외, 『태평양전쟁의 사상』, 319쪽.

48   같은 책, 366쪽.

한 지도, 생명의 통치가 국체의 조건이다. 국체의 조건이 완비될 때 세계사
는 완성된다. 바로 그때, 최후의 종말이 도래한다. 달리 말해 저 '악의 박멸
로서의 참된 절대'가 관철된다. 이와 관련하여, 다시 인용하게 되는 것은
다음과 같은 이상의 한 문장이다. 곧 "삶을 지닌 모든 것은 모두 피를 말려
쓰러질 것이다. 이제 바야흐로. (…) 천벌天罰인양"(3: 203)이라는 문장에 압
축되어 있는 묵시적 의지, 그 "최후의 종언"(3: 156)은 고야마적 악의 박멸
로서의 절대무를 소환하고 탄핵하는 '악에의 충동'에 다름 아니다. 그 충동
속에서 자신의 삶은 건강체였고 그 건강체 앞에서 신은 단연 무력했다고
이상은 적었다. 신을 부정하는 악, 나아가 신에 대한 살해의 의지 속에서
이상은 비단 안감으로 된 생명의 발동을 경험한다. 이상이라는 '악령'의 악
惡이 신의 질서에 대한 소송이며 신에 대한 살해의 의지에 맞닿은 것인 한
에서, 죽은 이상의 악은 산 고야마의 신칙과 신국이 태어나기도 전에 그것
을 법정에 세운다.[49]

　'불세출의 그리스도'라는 시어의 실질을 여실하게, 거센 악력으로 꽉
붙잡는 이상은 그 자신 이미 악이었고 악령이었다. "그는 세속에 반항하는
한 악한(?) 정령이었다."[50] 이상이라는 악, 악령으로서의 이상은 고야마가
말하는 최후의 종말, 곧 구원사로서의 세계사 속에 매번 출몰하며 매회 들
러붙어 진정한 '최후의 종언'을 장치한다. '삼차각설계도', 곧 폭력의 설계
도에 표현되어 있는 이상이라는 악령의 존재 증명을 통해 글을 맺기로 하
자. "사람은적의適宜하게기다리라, 그리고파우스트를즐기거라, 메퓌스트는
나에게있는것도아니고나이다."(1: 63) 악령 메피스토펠레스의 말을 다른
의지로 다시 인용하지 않을 수 없다. "[저는] 언제나 악을 원하면서도,/ 언
제나 선을 창조하는 힘의 일부분이지요./ (…) 나는 항상 부정否定하는 정
령이외다!/ 그것도 당연한 일인즉, 생성하는 일체의 것은/ 필히 소멸하게
마련이기 때문이지요./ 그래서 당신네들이 죄라느니, 파괴라느니,/ 간단히
말해서 악惡이라고 부르는 모든 것이/ 내 본래의 특성이랍니다."[51] 메피스
토펠레스의 악은 항구적인 부정의 힘이며, 그 힘은 뭇의 자리로 획정된 세
계에 묵시의 시공간을 도입한다. 메피스트는 이상 안에 이상과 분리된 채

로 들어있는 게 아니라 이상이 곧 메피스트다. 둘은 하나다. 이상/메피스트라는 악이 고야마적 역사의 종언의 세계를 불모不毛로 되게 한다. 절대무에 뿌리박은 고야마의 창조적 총력전, 그 완성되는 세계사와 구원사를 향해, 그 연옥에서의 삶을 향해 메피스토/이상은 선언한다. "창조된 모든 것은 무無 속으로 끌려들어가게 마련이다!"[52]

그러하되 사정은 간단한 게 아니라 착잡한 것이었다. 메피스토의 말을 따르자면, 악령은 신을 기각하는 악을 원하고 악으로 되어 있으면서도 끝내 신의 힘의 일부였기 때문이다. 메피스토/이상이라는 악령은 언제나

49　이상이 말하는 '최후의 종언', 또는 그 곁에 있는 일본낭만파 야스다 요주로保田與重郎의 근대초극론, 다시 말해 어떤 종말론. "야스다의 사상적 역할은 모든 카테고리를 파괴함으로써 사상을 멸절시키는 것이었다."(다케우치 요시미, 「근대의 초극」, 『일본과 아시아』, 서광덕 · 백지운 옮김, 소명출판, 2004, 131쪽) 1961년 다케우치는 '문학계' 멤버들이 총력전의 항구적 전쟁상태를 사상적 자유와 책임의 문제로 사고하기 위해 일본낭만파의 종말론을 빌려왔다고 말한다. 다케우치는 이렇게 쓴다. "'근대의 초극' 사상에서 '일본낭만파'는 복고復古라는 측면에서가 아니라 종말론이라는 측면에서 작용했던 것 같다. '영구전쟁'의 이념을 교의로서가 아니라 사상 주체의 책임을 전제로 삼는 행위의 자유로 고쳐 해석하기 위해서는 어떻게 해서든 종말론이 있어야 했으나, '문학계'의 지성으로부터는 종말론의 계기를 도출해낼 수 없었다. 그래서 그들은 '일본낭만파'의 힘을 빌려와, 이른바 독으로써 독을 제어하려 했던 것이다."(136쪽) '야스다 요주로=사상의 대정익찬회(사상적 코노에 후미마로)=사상의 멸종'이라는 '독'으로 '교토학파=절대무=최후의 종말'이라는 또 하나의 독을 제어하려고 했다는 것. 그것은 필시 어떤 모순과 난국의 상황을 구성할 수밖에 없는 것이었다. 그러하되 "그들에게 아포리아는 존재하지 않았다."(138쪽) 다케우치는 근대초극론의 사상적 교착과 모순의 상황이 전시기이든 전후이든 정면에서 다루어진 적이 없었다고, 그런 아포리아를 본격적인 과제로서 상속받지 못한 것이 이른바 '전후'였다고 말한다. "패전에 의한 아포리아의 해소로 인해 사상의 폐허가 그 상태 그대로 동결되어 버렸다. 그러니 사상의 창조 작용이 일어날 턱이 없다. 만약 사상에 창조성을 회복하려는 시도를 제출하려면 이 동결을 풀고 다시 한 번 아포리아를 과제로서 재위치시키지 않으면 안 된다."(137쪽) 수미일관된 교의학적 교조성은 사상적 무능의 반증이다. 구성되고 있었던 아포리아들의 관계를 재정의하는 일은 사상의 창조성을 회복하기 위한 실효적인 방법 중 하나일 것이다.

50　김기림, 「고故 이상의 추억」, 『조광』(1937. 6), 312쪽.

51　J. W. 괴테, 『파우스트』, 이인웅 옮김, 문학동네, 2006, 41쪽.

52　같은 책, 366쪽.

이미 합(合)인 신에 수렴되고 있는 반(反)이었던 것이다. 그런 한에서, 고야마를 향해서 고지하고 발포했던 그들 악령들의 '무'는 교토의 사제들이 말하는 절대무와 완벽하게 분리되지 않고 깊은 곳에서 연루되거나 공명하는 계기를 지닌 것이기도 하다. 그들 악령의 무에서 교토의 사제들은 필시 친근함을 느끼며 자기의 지분을 요구할 것이었다. 그들 악령의 입장이 그 입장의 붕괴로서만 관철될 수밖에 없는 난국의 상황, 모순의 장소. 그렇게 사정은 착잡한 것이었으되, 꽉 막힌 것은 아니다. '막다른 골목이 기실 뚫린 골목'이라는 「최저낙원」의 한 구절을 악착같이 파지함으로써 그렇게 말할 수 있다. 메피스토/이상이라는 악령의 그런 입장, 그 모순은 외부에서 부과된 것이거나 수동적인 말려듦의 산물이 아니라 그들에 의해 적극적으로 자각되고 구성된 것이었다. 이상에게 모순은 '진리의 한 형식'이었다. 그에게 아포리아는 비판의 '날끝'을 겨누고 찌르는 지상의 전장이면서, 동시에 그 전장 자체를 통째로 조감/오감하는 고공의 탑이었다. 그의 모순론, 그것은 비판의 무기를 생산하는 철야의 공장이면서, 동시에 그 무기의 윤리에 대해 거듭 질문함으로써 철야의 그 공장을 작동중지시키는 항구적인 과정이자 소송이기도 했다.

다른 서론

마르크스의 그리스도
　　　—"기독의 화폐"와 모조-구원의 체제

맘몬Mammon의 국가인장

화폐라는 물질. 당장에 볼 수 있고 만질 수 있는 화폐의 그 물질성에 대한 사실 확인에서 출발하자. 그리고 할 수 있는 데까지는, 하나의 화폐론이 오늘의 사회적 관계, 현재의 사회력을 어떻게 얼마나 드러낼 수 있는지를 구상해보기로 하자. 1달러짜리 지폐 뒷면, 건국의 아버지 조지 워싱턴의 얼굴 뒷면 정중앙에는 대문짝만한 "ONE"이 찍혀 있고 그 위에는 작지 않은 글자들이 있다. "In God We Trust." 1956년부터 1달러의 뒷면에 찍히기 시작한 선명한 국가인장the Great Seal. '우리는 신神을 믿는다'. 다시 말해 우리는 신을 믿고, 그 신에 의해 보증되는 1달러를 믿는다. 이 믿음에 대한 한 가지 언급은 다음과 같다. "이상한 말처럼 들리겠지만, 만 원이 만 원인 이유는 우리 모두가 그것을 만 원이라고 믿기 때문이다. 조금 더 엄밀히 말하자면 내가 내민 '그것'이 다른 이에게 만 원으로 받아들여질 것이라고 믿기 때문이다. 이런 믿음 때문에 화폐는 종종 '세속화된 종교'로서 묘사된다."¹ 엄밀히 말해, 환속화된 종교로서의 화폐. 내력을 가진 그 한 구절을 붙잡고서 다시 1달러의 뒷면을 살피자. 앞질러 말하건대, 그것은 다음과 같은 짧은 지시문을 비평/연출하는 과정의 일부에 속한다: "여러 종교의 성상聖像들과 여러 국가의 화폐를 비교해볼 것./ 화폐의 장식에서 표명되는 정신."² 1달러의 도상, 크리스털 교회의 성상. 그 둘의 비교를 통해 개시되는 화폐의 정신, 그 정신이 관철된 구체적 양태로서의 부산 형제복지원. 이에 대해 쓴다는 것은 어떤 그리스도론을, 그러니까 설계된 매개에 대한 비판론을 작성한다는 말과 다르지 않다.

1달러의 뒷면, 화폐주권의 이면. 두 문장, 두 개의 국가인장. 그것들은 의회-
자본주의의 기원적 순간들을 보장하고 보위하는 신성의 힘을 행사하는
중이다. 한정해 말하면 다음과 같다. "미국에 있어서 항상 결정적인 요소는
모든 달러 지폐에 인쇄되어 있는 세계의 새로운 질서Novus Ordo Seclorum라는
모토였다. 이민자들, 즉 사회의 새로운 구성원들은 미국이 새로운 질서를
표상한다는 것에 대한 일종의 보증서이다. 이 새 질서, 즉 구세계에 대비되는
신세계를 건설하는 일은 빈곤과 종교적 억압에서 벗어난다는 의미였고,
지금도 그렇다."(한나 아렌트,『과거와 미래 사이』, 서유경 옮김, 푸른숲, 2005,
238쪽) 이민자=보증서에 들어있는 어떤 환상적 등식을, 억압으로부터의
해방이라는 그 신화적 프로세스를 문제시하는 힘, 그것이 관건이다.

둥근 원 안에 피라미드가 그려져 있는 기이한 그림. 그 도상 위아래에는 각각 1776년과 1778년부터 찍혀 나오기 시작한 두 개의 문장이, 두 개의 국가인장이, 다시 말해 화폐로 공표되고 있는 두 개의 표어가 있다. "Annuit Cœptis"와 "Novus Ordo Seclorum". 미리 말하건대, 1956년의 "In God We Trust"와 합성되어 있는 그 두 표어들, 두 인장들은 주체생산 또는 주체합성의 안전하고도 영구적인 공정을 위한 역사적 프로파간디이자 신학적 프로세스에 다름 아니다. 누적되고 갱신된 화폐의 그 표어들은 신성의 휘광을 둘러친 공화국 250년의 구조물이 어떤 지반 위에 설립되어 있는지를, 그런 신성국가의 밑바닥 반석이 오늘 어떤 성분으로 되어 있는지를 드러낸다. 화폐의 표어들, 맘몬의 국가인장들을 비평해보기로 하자.[3]

---

1 고병권, 『화폐, 마법의 사중주』, 그린비, 2005, 21쪽. '근대적 화폐구성체'라는 키워드로 수렴되고 있는 이 저작의 관점과 골조를 주시한다. 구조적인데 다층적이라서, 또는 건축적인데 관계적이라서 놀랍다. 끊지 않고 인용한다. "근대 화폐의 출현에 대해서도 우리는 '구성체론'이 필요하다고 생각한다. 이행의 필연성, 발생의 필연성을 제거하고 그것을 다양한 요소들과 우발적 사건들의 결합 속에서 이해하는 것. 마치 베버가 '서유럽에서 자본주의란 다양한 요인들이 특정 시간대에 맞물려 결합한 결과'라며 그것을 새로운 '성좌'의 출현, 혹은 '조건들의 조합'이라고 불렀듯이, 우리는 근대적 화폐의 출현을 다양한 요소들이 특정한 시간 속에서 서로 맞물려 발생한 '근대적 화폐구성체'라는 시각에서 이해할 필요가 있다./ 근대적 화폐구성체의 요소들은 무엇이고, 그것들은 어떻게 결합하게 되었는가. 우리는 최소한 근대 화폐를 산출한 네 개의 영역을 지목할 수가 있다. 그것은 근대의 시장, 국가, 사회, 그리고 과학이다. 이 영역은 각각 화폐의 경제적 차원, 정치적 차원, 인간관계적 차원, 인식적 차원을 구성한다. 그리고 화폐와 관련해서 보면 시장은 화폐거래네트워크로, 국가는 화폐주권으로, 사회는 화폐공동체로, 과학은 화폐론으로 나타난다."(42~43쪽) 화폐를 근대적 화폐구성체로 인지하고, 그것의 이행과 발생을 필연성이 아니라 우발적 사건들의 조합 및 결합의 상태로 파악한다는 것. 지금 쓰는 이 글은 화폐라는 구성체 속에 들어있는 또 하나의 결합상태를, 곧 화폐와 신성의 합성상태를 개시해 보이려고 한다.

2 발터 벤야민, 「종교로서의 자본주의」, 『발터 벤야민 선집』 5권, 최성만 옮김, 길, 2008, 124쪽.

3 맘몬. "아무도 두 주인을 섬기지 못한다. (…) 너희는 하나님과 재물Mammon을 겸하여 섬길 수 없다"(「마태복음」, 6: 24)라고 할 때의 그 재물, 재산, 황금, 부, 돈이 맘몬이다. 또는, 황금을 찾아내는 힘이자 그런 힘을 관장하는 자가 맘몬이다. 맘몬은 탐욕의 데몬(악마)이기도 하며 가장 낮은 계급의 천사이기도 하다. 그렇게 맘몬은 신성의 상관물이자 등가물이다.

피라미드 그림 상단에 있는 첫 번째 국가인장 '아뉴이트 셉티스'는 '신은 우리의 시작을 좋아한다'라는 뜻이다. '신은 우리가 하는 일에 미소 지으신다'라는 뜻이며, '신은 우리의 과업에 영광을 베푸신다'라는 뜻이다. 신은 자신의 미소로 우리의 시작과 과업을 우리의 번영과 영광으로 귀결 시킬 것임을 약속한다. 어떤 시작이며, 어떤 과업인가. 국가의 착공과 시 공을 위한 첫 삽이며 국가의 정립과 유지를 위한 영구적인 과업이다. 이에 직결된 것이 두 번째 국가인장이다. '노부스 오르도 세클로룸' '현세의 새 로운 질서'. 정당한 국가라는, 환속적 신질서의 창설. 그 일을 누가하는가. '아뉴이트 셉티스'의 바로 그 미소 짓고 있는 신이 한다. 'In God We Trust One Dollar'의 바로 그 신이 그 일을 인도하며 관철한다. 바로 그들, 신들 이 행하는 새로운 창세. 곧, "빛이 있으라 하시매 빛이 있었고 그 빛이 하나 님 보시기에 좋았더라"(「창세기」, 1: 3~4). 그것은 화폐라는 신이 행하는 삶의 전면적인 재조직과 재편성의 과업이 국민국가의 개창으로 수행되고 있는 실황을 가리킨다. 다시 말해 그것은 화폐라는 신의 말씀logos으로 준 공되는 근대의 창세기에 다름 아니다. 그런 한에서 화폐의 신, 화폐라는 로 고스는 근대적 노모스nomos의 원천이자 원리, 지반이자 반석이었다. 1달러 의 뒷면, 화폐의 이면에서 합성되고 있는 국가인장들의 신성한 힘이 그와 같다. 다시 묻자. 1달러는 무엇이며 화폐란 무엇인가. 신의 약속과 호의, 인 정과 총애, 줄여 말해 신의 은총과 기름부음을 받고 있는 화폐의 그 전능 함이란 무엇인가. 이 물음에 답하기 위해서는, 또는 그 물음을 다시 다르게 표현하기 위해서는 저 신성한 국가인장들과 합성되고 있는 그림 속 피라 미드의 형상을 다시 보아야 한다.

신성화폐에 관하여—'성스러운 끈' 또는 피라미드의 눈

피라미드 꼭대기에서 위광 뿜으며 빛나고 있는 그 눈, 모든 것을 볼 수 있 는 눈. 1달러를 수호하는 전능한 그 눈을 직시하면서, 화폐의 본질이 그와 같은 '전능성'에 있다고, 화폐란 '현실적인 신'에 다름 아니라고 정의했던 이는 청년 마르크스였다. 그런 한에서 피라미드의 저 전지적인 눈을 직시할 수 있는 눈들 중 하나는 마르크스를 읽는 눈이다. 그가 인용했던 셰익스피어를, 티몬Timon의 화폐론을 재인용하면서 시작하자.

금? 귀중하고 반짝거리는 순금? 아니, 신들이여!/ 헛되이 내가 그것을 기원하는 것은 아니라네./ 이만큼만 있으면, 검은 것을 희게, 추한 것을 아름답게 만든다네/ 나쁜 것을 좋게, 늙은 것을 젊게, 비천한 것을 고귀하게 만든다네./ (…) 그렇다네, 이 황색의 노예는/ 풀기도 하고 매기도 하네, 성스러운 끈을./ 저주받은 자에게 축복을 내리네./ 문둥병을 사랑스러워 보이게 하고, 도둑을 영광스러운 자리에 앉힌다네/ (…) 그대는 영원히 생기발랄하고 온화한 사랑을 받는 청혼자,/ 디아나의 순결한 무릎 위에 놓여 있는/ 거룩한 백설을 녹여 버리는 노란 빛의 구원자! 눈에 보이는 신,/ 그대는 불가능한 일들을 친숙한 일로 만들고,/ 억지로 입 맞추게 하지! 그대는 온갖 말로 이야기하지,/ 온갖 목적에 대하여!/ 오 그대, 마음의 시금석!⁴

셰익스피어의 티몬에게 황금, 혹은 화폐는 '신들', 여신 '디아나', 금빛 '구원자', '눈에 보이는 신'이었다. 검은 걸 희게, 추한 걸 아름답게, 악한 걸 좋게, 늙은 걸 젊게, 천한 걸 귀하게, 문둥병을 사랑스럽게, 도둑을 영광의 자리에……. 결코 불가능한 일들을 가능한 것으로 만들며, 건널 수 없고 메울 수 없이 이격된 거리를 넘고 메워 대번에 입 맞추게 하는 힘. 그 힘이 바로 구원자이자 눈에 보이는 신으로서의 화폐의 절대적 권능이다. 사물과 사람과 사회의 틈새를, 내력 있고 까닭 있는 그 간극들을 화폐는 자신의 필요와 당위에 따라 일거에 용접한다. 화폐는 틈새의 거리를 매개하는 힘이다. 그러하되 화폐는 매개하기만 하는 것이 아니라 내력과 까닭을 가지고

---

4 윌리엄 셰익스피어, 『아테네의 티몬』, 칼 마르크스, 『경제학-철학 수고』, 강유원 옮김, 이론과실천, 2006, 175~176쪽에서 재인용. 강조는 인용자.

간극 없이 하나로 되어 있는 것을 분절하는 힘이기도 하다. 그렇게 화폐는 서로 떨어진 것들을 '매기도 하고', 하나로 연결되고 묶여 있는 것들을 '풀기도' 하는 힘이다. 그렇게 모든 것을 묶고 푸는 끈이 곧 화폐다. 화폐를 두고 티몬이 말하는 '성스러운 끈'이란 화폐의 그와 같은 보편적 힘, 신적 권능을 뜻한다. 이 '끈'의 비유에 대해 마르크스는 이렇게 적는다. "화폐가 나를 인간적 삶에 결합시키고, 사회를 나에게 결합시키고, 나를 자연과 인간에 결합시키는 끈이라면, 화폐는 모든 끈들의 끈이 아니겠는가? 화폐는 모든 끈을 풀기도 하고 매기도 할 수 있는 것이 아니겠는가? 그러므로 화폐는 보편적인 절연 수단이지 않겠는가? 그것은 사회의 결합 수단이자 화학적인 힘인 것과 마찬가지로 진정한 분리화폐이다."[5]

티몬의 정의를 받아 안은 마르크스에게 화폐는 나, 인간, 자연, 사회를 묶고 매는 절대적인/성스러운 끈이자 상호결합과 연결의 보편적 수단이었다. 결합시키는 모든 끈들을 묶을 수 있는 단 하나의 끈, '끈들의 끈', 끈들 중의 끈. 다시 말해 절대적인 끈, 전능한 끈, 신의 끈, 신이라는 끈. 그것이 마르크스의 화폐이다. 사회를 화학적으로 결합시키는 보편적 힘인 화폐는 동시에 '분리화폐'이기도 하다는 점에서, 연결의 수단이자 절연의 수단이다. 그러므로 화폐의 매개력·중개력은 화폐의 절단력·분리력과 하나이다. 그 하나된 힘이 화폐의 전능성과 신적 권능을 보증한다. 그 힘에 의해, 있을 수 없는 매개와 있어선 안 될 분리가 가능하고 필요한 일들로 되고, 참을 수 없이 낯설고 생소한 그 일들이 화폐의 신성 안에서 이내 너무도 낯익고 안락하며 친숙한 일들로 된다. 지금 이곳의 비정규화된 삶, 그것은 화폐체제가 조절하는 매개력/분리력의 동시적 작동 과정 위에 있다. 축적의 위기를 돌파하기 위한, 그래서 안정적인 축적체제를 재건설하기 위한 기존 생산관계의 전면적인 분할과 재매개. 이른바 신자유주의라는 시초축적, 오늘 여기의 수탈적이고 탈취적인 엔클로저en매개/closure절단. 문제는 그러므로 화폐의 신적 전능성이다. 그래서 관건은 화폐라는 '성스러운 끈', 항구적으로 묶으며 풀리는 그 끈들의 끈을 잘라내는 힘들의 힘, 칼들의 칼이며, 그런 힘의 발생과 칼의 도래를 경험할 수 있는 인지적 준비태세이고,

237

그런 힘/칼의 발생 조건에 대한 사고의 경로와 표현의 방법을 고안하고 토의하는 것이다. 지금 1달러의 뒷면, 피라미드의 그 눈을 확대해보자.

그 '외눈'을 주시하면서, 그 눈의 상태들, 그 눈을 관통하는 '개안開眼'의 텍스트들에 대해 앞질러 비평했던 이는 최정우였다. 그가 "외눈박이파놉티콘의 눈을 어떻게 멀게 할 수 있는가"라고 묻고는, "아포리아(들) 그 자체를 선택하고 수행하며 실천한다는 것"[6]에서 응답의 형태 하나를 찾을 때, 그 연장선에서 '나는 아무것도 아니다, 그러나 나는 모든 것이어야 한다'라는 마르크스의 한 문장에 들어있던 '나'를 '우리'로 바꿈으로써 어떤 익명의 정치력을 주장할 때, 그것은 내게, 1달러 뒷면의 또 다른 국가인장 '에 플러리버스 우눔'의 계산력·통합력 내부에서 그것을 내파하는 정치력을 추상해내고 있는 다음 문장들과 간극을 가진 채로 이접되는 것이었다. "독수리의 부리에 물려 있는 깃발에 새겨진 '여럿으로 이루어진 하나E pluribus unum'는 여전히 1달러 지폐 뒷면에 나와 있다. 오늘날에는 전 지구적 다중을 민중으로 환원시키는 것이 문제가 아니다. 전 지구적 사회는 공통된 것의 부단하고도 흘러넘치는 생산의 삶정치적 동력학으로 가득 차 있고, 전 지구적 주체성들은 자신들을 복수적일 뿐만 아니라 특이한 것으로 긍정한다."[7] 이 문장들은 1달러의 국가인장들이 고안되고 프로젝트화하던 18세기의 '새로운 과학', 곧 계몽주의적 선각자들의 사회과학이 '다중'의 복수성을 단일한 민중으로 집계화·총계화했음에 대한 비판을 담고 있다. 그 비판이 갖는 내재성과 실질성이 가진 강밀도와 내구력에서 거듭 시작해보는 일은, 어쩌면 다중이라는 '이름' 그 자체보다 더 중요한 것일지도 모른다. 그런 비판의 내재성/실질성 '곁'에서, 저 1달러의 외눈과 마르크스의 문장에 대한 최정우의 고안된 인용 및 변용의 의지를 다시 표

5   칼 마르크스, 『경제학철학 수고』, 177쪽.
6   최정우, 「눈뚫과 눈멂의 계보학: 하나의 시점, 두 개의 시선, 세 개의 시각」, http://blog.naver.com/sinthome, 2011. 7. 29.
7   안토니오 네그리·마이클 하트, 『다중』, 조정환·정남영·서창현 옮김, 세종서적, 2008, 370쪽.

피라미드 꼭대기의 눈, 전시안全視眼. all-seeing eye. 일반화된 교환력의 형상,
다시 말해 화폐적 권능의 속성, 신성한 후광의 원천이자 원리.

현할 수 있는 인용의 다른 배치를 구상하게 된다. 그가 오늘의 로베스피에르를 다르게 요청했을 때, 그에 앞서 소렐의 '폭력 옹호를 위한 철학'을 오늘 다른 맥락과 다른 톤으로 다시 반복했을 때, 나는 그 의지를 가능하고 필요한 독재의 재정의에 대한 요청으로, 사회주의의 다른 제기를 위한 방법의 요구로 읽게 된다. 저 1달러 외눈의 도상에서 다시 시작해야 할 필요가 거기에 있다.

피라미드 꼭대기에서 빛나는 눈, 모든 걸 볼 수 있는 전능한 눈. 그 눈은 신과 화폐와 국가인장들의 하나됨Trinity을 재현한다. 신적인 그 눈을 응대하는 힘의 상태, 오직 그것만이 관건이다. 이렇게 다시 질문하게 된다. 신의 1달러를, 또는 1달러의 신을 국가인장들과 함께 보증하고 있는 그 눈, 피라미드의 꼭대기에서 위광 뿜고 있는 그 눈이란 무엇인가. 모든 것을 볼 수 있기에 전지적이고 전능한 그 눈은 모든 것을 매개할 수 있기에 절대적인 끈과 등가적이며 등질적인 것이다. 그 눈의 시력과 그 끈의 매개력은 등가적이므로 교환 가능하고 교대 가능한 것이며, 그 눈과 그 끈은 등질적이므로 눈이라는 끈, 끈으로서의 눈이라고 말해도 좋은 것이다. 그 둘은 신성화폐의 보편적 속성과 그 전능성을 표현하는 하나의 상징이자 실질이다. 그런 사정을 마르크스는 '보편적 뚜쟁이'라는 단어로 압축한다. "화폐는 모든 것을 구매하는 속성을 가짐으로써, 모든 대상을 자기 것으로 만드는 속성을 가짐으로써 우월한 의미를 갖는 대상이다. 화폐의 속성의 보편성은 그 본질의 전능성이다. 그런 까닭에 화폐는 전능한 존재로 간주된다. 화폐는 욕구와 대상, 인간의 생활과 생활수단 사이의 ["보편적"] 뚜쟁이이다."[8] 모든 것을 구매할 수 있는 화폐의 속성의 보편성이 화폐의 본질을 전능함으로, 신적인 것으로 꽉 채운다는 것. 다시 한 번 문제는 화폐의 신성으로, 화폐적 매개의 폭력성으로 드러난다. 관계의 결합 수단으로서의 모든 끈들을 연결하는 끈들의 군주, 보편적 뚜쟁이. 다시 말해 군림하는 끈

---

8   칼 마르크스, 『경제학-철학 수고』, 173~174쪽.

으로서의 화폐, 보편적 매개자. 그것의 중매력·중개력이란 언제나 구성적 관계에 대한 절단력·분리력·폭력과 함께 작동하는 것이었다. 마찬가지로, 피라미드 꼭대기의 저 눈 또한 관계의 모든 간극과 틈새를 함부로 관통하고 편집하는 절대적 투시력이며, 그런 한에서 그 눈은 '나, 인간, 자연, 사회' 사이의 구성적 관계를 언제나 축적으로서의 목적을 위한 질료로 전치시키고 전도시킨다. 그 눈은 축적/목적을 따라 시야의 모든 것을 사시로 보며 색맹으로 본다. 그 눈을 내재화한 인간과 사회 또한 서로를 사시로 보며 색맹으로 본다. 사시이자 색맹으로 일반화되고 통합되는 그 눈은 그런 한에서 맹목에 다름 아니다. 그 눈을 둘러싼 휘황한 빛이란 모조된 빛이므로 암흑이며, 저 '미소 짓는 신Annuit Cœptis'과 합성된 그 눈이 개시하고 개창할 '세계의 신질서Novus Ordo Seclorum'란 위조된 구원의 체제이므로 구질서의 온존이다. 맘몬의 국가인장들을 재현하는 피라미드 꼭대기의 그 눈은 그렇게 화폐와 신과 국가인장이라는 3항이 한 몸으로 일체화된 성스러운 법 연관의 힘이라는 사실을 가감 없이 공표한다. 이렇게 말할 수 있을 것 같다. 화폐의 신에 의한, 신의 화폐에 의한, 신성화폐의 국가에 의한 구원은 끝내 모조-구원이라고, 그러니까 그 신은 봉헌의 대상이 아니라 심판되어야 할 적이며 적그리스도라고. 지금 즉각적으로, 신의 살해를 향해 순례 중에 있던 작가 이상의 시어 '기독의 화폐'를 상기하게 된다.

외화된 그리스도

「二人…1…」과 「二人…2…」(1931). '조감도鳥瞰圖'라는 표제 아래 일본어로 작성된 그 두 개의 연작시에는 청년 이상이 점화시키는 화폐론의 중핵이 들어있다. 먼저, 「二人…1…」.

기독基督은남루한행색하고설교를시작했다./ 아아ㄹ·카아보네는감람산을산山채로납활拉攫해갔다.// × // 一九三〇년이후의일一./ 네온싸인으로장식된어느교회의문깐에서는뚱뚱보카아보네가볼의상혼을

신축시켜가면서입장권을팔고있었다.[9]

이상이 말하는 '2인'이란 그리스도와 알 카포네이다. 그리스도는 그리스도다, 그는 특정한 관계, 발생적 배치 속에서 신성 또는 신적인 힘과 접촉해 신과 하나가 된다. 감람산, 그 드라마틱한 숭엄의 시공간 속에서 그리스도는 '신의 기름부음을 받은 자', 다시 말해 '그리스도'가 된다. 그렇다면 알 카포네는 누구인가. 1930년 이후 시카고 암흑가의 유명한 보스, 칼자국 난 얼굴Scarface. 폭력의 두목, 그러니까 폭력으로 부를 축적한 자. 알 카포네는 지금 무얼 하고 있는가. 남루한 차림으로 신과의 접촉을 기도하던 그리스도의 장소를, 감람산을, 그 신성의 배치를 통째로 납치해갔다. 그럼으로써 알 카포네의 교회 전체에 신성의 후광이 둘러쳐진다. 그 교회는 네온사인으로 불야성일 것이며, 문전성시일 것이다. 볼의 상처는 득의만만한 웃음으로 씰룩거릴 것이며, 기름 낀 그 몸은 더욱 비만해갈 것이다. 높이 내걸린 신성 앞으로 믿음의 십일조가 본래의 감람산을 덮고도 남을 것이며, 알 카포네는 그 십일조를 자신의 개인금고에 쓸어 넣으면서 구원을 약속할 것이다. 그러면서 이렇게 말할 것이다. '나는 아간Achan이 아니다.'

신에게 봉헌된 것을 몰래 훔친 자, 아간. 80만 명의 신자, 메가처치megachurch, 여의도 순복음교회, 조용기, 〈PD수첩〉의 고발 등등. '나는 아간이 아니다'는 목자牧者이자 주主 조용기의 말이었다. 자신에겐 탐욕이 없음을 강조하는 그 말은 거꾸로 교회의 욕망을 공표한다. 그리고 그 말은 미국의 메가처치 크리스틸 교회의 목자 로버트 슐러의 말들을 다른 지점에서 환기한다. 이상이 말하는 목자 알 카포네와 관련해 다음 한 단락의 마지막 문장을 곱씹어보게 된다. "매주 일요일 아침 주한미군방송AFKN 채널을 통해 방영되는 미국의 크리스틸 교회의 예배 실황에서 목사인 로버트 슐러의 세련된 복장과 동작, 그리고 형식에 구애받지 않고 진행되는 예배

9 이상, 『정본 이상문학전집 1』, 김주현 편, 소명출판, 2009, 45쪽. 이하 '1: 쪽수'로 본문에 표시. 이 전집 2권도 같은 방식으로 인용함.

© Corbis Images

높이 38미터, 길이 127미터. 1977년부터 1980년까지 3년 동안 1만 개의 유리판으로 쌓아올린 성전, 수정교회Crystal Cathedral. 세계 최대의 파이프 오르간과 그걸 다 가릴 정도의 성조기와 투명하게 빛나는 크리스털이 함께 뿜어내는 위광은 '신앙은 곧 국가'라는 한 구절을 정확히 드러낸다. 이에 내밀하게 몸을 섞는 한 문장. "종교는 기업이며 서비스산업이라고 역설한 슐러는 교회를 '하나님을 찾는 쇼핑센터'라고 했다."(강준만, 「꿈꾸면 정말 못할 일이 없는가」, http://navercast.naver.com, 2013. 9. 3) 쇼핑센터로서의 교회, 신의 구원이 축적의 동력이 되는 교회/자본. 납치된 그리스도를 교회 깊은 곳에 내걸고선 입장권을 팔고 있는 알 카포네, 축적하는 사제. 사목하는 목자들의 화폐는 바로 그렇게 신과 신앙을 절대적인 기반으로 한다.

순서, 게다가 예배당 안의 모던함은 물론 교회 앞뜰 잔디에 앉아 예배에 참여하는 신도들의 평온한 모습은 마치 복음주의를 안정되고 자유롭고 평온한 삶 자체인 듯 가체험하도록 만들었다. 여기서 신앙은 곧 미국이었고, 한국 교회의 모델은 곧 미국 교회라는 생각이 비주얼한 영상을 통해 지각되었다."[10] 환상의 '가체험' 속에서, 삶의 환상적인 가공 속에서, 그러므로 삶의 실체험이 저지되는 안락의 복음주의 속에서 '신앙은 곧 미국'이었다. 신앙은 국가와 합성된다. 다시 말해, 현대의 신국. 그것은 화폐의 기반이자 축적의 반석이다. "화폐에 절대적인 것은 신앙이다."[11]

「二人…1…」에 나오는 교회란 무엇인가. 공화국이다. 환속화된 신성국가이며 자본의 신국이다. 그럴 때, 저 알 카포네는 누구인가. 그 신국의 경영자이다. 신국의 대주주이며 거액의 배당자이다. '또 하나의 가족'이라는 삼성·신성가족의 가부장이며 춘부장이고, 신성한 질서의 정초자이며, 그 질서의 신성함을 관리하는 주구走狗이자 파수-기계이다. 이른바 '신화적 폭력'의 사제, 그가 바로 알 카포네다. 그럴 때, 「二人…1…」의 남루한 그리스도란 누구인가. 저 교회의 힘을, 그러니까 교세敎勢를, 그러므로 국세國勢, census를 증강시키고 육성하는 사목적 힘, 신성권력이다. 납치된 감람산의 그리스도, 네온사인 휘황한 교회 깊은 곳에 물건처럼 내걸린 사물화된 그리스도, 줄여 말해 '외화된' 그리스도는 그런 국세의 장려 및 독려를 위해, 국세의 집합적 대상으로서의 인구의 통치를 위해 봉헌하고 있는 신화적 폭력의 집행자이다. 그런 폭력을 관철하는 외화된 그리스도는, 동시에 그 폭력의 원리이자 근간으로서 그 폭력을 관장하고 조정한다. 「二人…1…」의 외화된 그리스도는 누구인가. 적그리스도이다.

이어진 「二人…2…」를 읽기 전에 다시 청년의 마르크스로 돌아가자. 화폐를 다룬 '1844년 경제학-철학 초고'의 세 번째 노트에 직결되어 있는

---

10 김진호, 『시민 K, 교회를 나가다: 한국 개신교의 성공과 실패, 그 욕망의 사회학』, 현암사, 2012, 89쪽.

11 고병권, 『화폐, 마법의 사중주』, 22쪽.

또 하나의 노트에서 마르크스는 제임스 밀의 『국민경제학의 요소들』을 세세히 발췌했고, 밀이 화폐를 '교환의 매개체'로 인식한 것을 두고 사태의 본질을 개념적으로 포착한 훌륭한 표현이라고 적는다. 이어 마르크스는 바로 그 '매개'라는 것에 대해, 화폐의 매개적 속성에 대해 집중적으로 사고한다. 그에게 화폐라는 끈, 화폐라는 매개자는 신적인 것, '현실적인 신'이었다. "인간 자신이 인간들을 위한 매개자가 되기는커녕, 인간은 이 낯선 매개자를 통해 자신의 의지, 자신의 활동성, 타인들과의 관계 등을 자신 및 그들로부터 독립적인 권력Macht으로 바라본다. 그리하여 그의 노예 상태는 절정에 이른다. 이 매개자가 이제 현실적인 신이 되었다는 것은 분명하다. (…) 이 매개자는 그러므로, 사적 소유의, 자기를 상실한, 소외된 본질이며, 자신의 밖으로 나간, 외화된entäußerte 사적 소유이다."[12] 무슨 말인가.

화폐적 매개 속에서 한 인간은 자신의 의지·활동성·관계를 자기로부터 분리된 것으로, 자기 바깥에서 자기에게 명령하는 독립적 권력으로 체험할 수밖에 없다. 화폐체제 속의 한 인간은 오직 자기에 의해 대상화된 자기로서만 자기를 인지하고 접촉할 수 있을 뿐이다. 분리되는, 찢기는 자기. 꺾이는 존엄, 낯선 자기. 이른바, 소외 또는 외화. 자기의 의지, 자기의 활력, 자기의 관계를 북돋우면 북돋울수록 자기의 그 의지와 활력과 관계가 자기를 노예 상태의 정점으로 인도해가는 권력. 당대 국민경제학의 금과옥조인 사적 소유가, 그들 국민경제학자들이 부당전제한 사적 소유의 체제가 그런 권력을 생산한다. 혹은 그런 권력의 생산이 사적 소유의 주춧돌이다. 그 밑돌 위에서의 사적 생산, 사물화된 생산은 마르크스에게 사화死化된 생산이자 죽임의 생산이었다. 화폐의 매개성, 화폐라는 매개력, 눈에 보이고 만져지는 그 현실적인 신의 권능이 죽음과 죽임의 생산을 살아 있는 생산으로, 외화된 자기를 본래적인 자기로, 상실한 자기를 애초부터 상실한 적 없는 자기로, 낯선 자기를 친밀한 자기로, 찢긴 자기를 매끈한 자기로, 꺾인 존엄을 기립한 존엄으로 환치한다. 화폐의 매개력은 살아 있는 삶의 생산적 존엄에, 그 존엄의 향유를 위한 의지적 시간들에 '죄'를 부과하고, 그 죗값으로 출구 없는 연옥에 삶을 위리안치시킨다. 화폐의 일반화된 매개력, 그것은 편재하는 가상적 치환의 절대적인 힘이며 그런 환치의 상처들을 흔적 없이 봉합하는 신적인 힘이다.

<u>화폐와 그리스도의 유비—그 각각에 대한 마르크스의 세 가지 정의</u>
화폐의 그와 같은 신적 힘과 관련해 마르크스는 기존의 초고보다 더 나아간다. 혹은 그 초고를 더 밀어붙인다. 그렇게 노동하는 사고의 어깨 위에 이상의 「二人…2…」를 무등 올리고는 그 병치의 효과를 살피자.

> 그러므로 인간은, 이 매개자가 더 풍부하게 되면 될수록, 인간으로서 더 궁핍해진다. 즉 이 매개자로부터 더 분리된다. 그리스도는 본래 1. 신 앞에서의 인간, 2. 인간을 위한 신, 3. 인간에 대한 인간을 대표한다./ 이와 유사하게 화폐는 원래 개념상 다음과 같은 것을 표현한다: 1) 사적 소유를 위한 사적 소유 2) 사적 소유를 위한 사회 3) 사회를 위한 사적 소유./ 그러나 그리스도는 외화된 신이며 외화된 인간이다. 신은, 그리스도를 대표하는 한에서만 더 많은 가치를 가지며, 인간은, 그리스도를 대표하는 한에서만, 더 많은 가치를 갖는다. 화폐의 경우도 마찬가지다.[13]

> 아아르 · 카아보네의화폐는참으로광光이나고메달로하여도좋을만하나 기독基督의화폐는보기숭할지경으로빈약하고해서아무튼돈이라는 자격에서는일보도벗어나지못하고있다.// 카아보네가프렛상[선물] 이래서보내어준프록 · 코오트를기독은최후까지거절하고말았다는것

12   칼 마르크스, 「화폐체제 및 신용체제에서의 사적 생산과 공동체에서의 인간적 생산」, 조정환 옮김, 계간 『자음과모음』 19호(2013년 봄), 182쪽. 이하 「사적 생산과 인간적 생산」으로 줄이고 각주로 표시함.
13   칼 마르크스, 같은 글, 182~183쪽.

은유명한이야기거니와의당宜當한일이아니겠는가. (1: 46)

먼저, 마르크스. 화폐가 '풍부'해질수록, 다시 말해 사적 소유와 연동된 화폐적 주권의 활동력이 전면화되고 심화될수록 인간은 궁핍해진다. 화폐가 인간 활력의 외화이며 그 소외된 본질의 집적물이기 때문이다. 이 맥락 안으로 인입되고 있는 것, 그렇게 말려들고 휩싸이고 있는 것이 그리스도이다. 마르크스의 그리스도. 이에 대한 세 개의 정의. 1) 신 앞에서의 인간. 기드론 계곡이 내려다보이는 감람산 겟세마네 동산에서 떨리는 몸으로 신을 향해, 신 앞에서 기도하고 있는 예수. 혹은 십자가에 매달린 채로 신을 향해, 신 바로 직전에서 "나의 하나님, 나의 하나님, 어찌하여 저를 버리셨나이까"—"엘리 엘리 라마 사박다니"(「마태복음」, 27: 46)—라고 외치던 인간 예수, 그리스도. 혹은 시 「내과」에서 "엘리 엘리 라마 사박다니"(1: 156)라고 외치던 신 앞의 인간 이상, "불세출의 그리스도"(1: 208). 바로 그들이 그리스도에 대한 마르크스의 첫 번째 정의에 해당된다. 2) 인간을 위한 신. 인간을 위해 인간을 대신한 속죄 속에서 "다 이루었다"(「요한복음」, 19: 30)고 말하던 예수, 죽었다가 부활한 신/예수, 그리스도. 3) '인간에 대한 인간'을 대표하는 그리스도. 마르크스의 그리스도론이 마르크스의 신학적 정치적 의지로 표출되고 있는 증거를 이 세 번째 정의에서 발견하게 된다. 이에 대해선 이 글의 끝부분에서, 사적 생산의 체제 속으로 발현하는 '진정한 공동본질'의 힘에 대해 서술할 때 다시 다루기로 하자.

위의 인용문에서 마르크스는 그리스도와 '유사'한 것으로 화폐를 정의하고 있다. 화폐에 대한 마르크스의 세 가지 정의 중 첫 번째는 '사적 소유를 위한 사적 소유'였다. 무슨 말인가. 사적 소유의 체제는 여러 갈래 여러 층위의 사적 소유들 간의 상호보증과 연합 속에서만 자신을 온존시킬 수 있다. 사적 소유는 철저한, 그러므로 순수한, 다시 말해 일반화되고 편재하는 힘일 때에만 자신을 연장시킬 수 있다. 사적 소유의 체제는, 어느 곳은 사적 소유의 법권역인데 다른 어느 곳은 사적 소유의 영토가 아닌 상황을 견디지 못한다. 사적 소유의 체제는 그곳이 어디든 사적 사유에 의해 통치되고 있어야 한다. 이는 하나의 공화국이 자신 안에서의 다른 공화국의 창설을 견디지 못하는 것과 등질적이며,[14] 하나의 화폐질서가 자신 안에서 발생하는 다른 화폐의 유통을 용납할 수 없는 것과 등질적이고, 하나의 신을 모시는 체제가 그 속에서 실천되는 다른 신의 숭배를 끝까지 추방하는 것과 등질적이다. 마르크스가 말하는 '현실적인 신'으로서의 화폐의 임무들, 그러니까 화폐의 매개력이 신적 권능을 가진 것이기에 할 수 있는 일들, 다시 말해 그런 일들을 하지 않으면 화폐 자신의 신적 권능이 박탈되고야 마는 일들, 그러므로 화폐의 입장에서는 기어코 해내야만 될 과제 상황과도 같은 일들. 바로 그런 일들에 직결되어 있는 것이 화폐에 대한 마르크스의 세 가지 정의라고 할 수 있다. 정리하자. 화폐 자신의 신적 권능을 보존하기 위해 화폐적 주권이 반드시 해야만 될 그 일들이란 이런 것이다. 1) '사적 소유를 위한 사적 소유'라는 화폐에 대한 마르크스의 첫 번째 정의란, 화폐는 그 자신 사적 소유의 일반화를 위한 사적 소유의 전면적 침투·관철·잠식·첨병이어야만 한다는 뜻이고, 2) '사적 소유를 위한 사회'라는 화폐에 대한 마르크스의 두 번째 정의란, 화폐는 그 자신 사적 소유의 안전한 일반화를 위한 사회체의 재편성·재합성의 기획자·관리자여야만 한다는 뜻이고, 3) '사회를 위한 사적 소유'라는 화폐에 대한 마르크스의 세 번째 정의란, 궁극적으로 화폐는 하나의 사회를 위한, 다시 말해

14 공화국 안의 다른 공화국. "신촌지역 문화·사회단체 및 개인들이 모인 '신촌공화국 건국 준비 모임'(신촌 건준)은 26일 페이스북에 '신촌공화국' 국민을 모집하는 공고문을 올렸다. 신촌 건준을 제안한 문화기획단체 〈무언가〉의 한길우 대표는 '지역 단위의 직접 민주주의와 예술 공동체를 지향한다. 한 달에 한 번 열릴 전체회의에서 신촌의 문화행사 청년 창업 주거 문제 등을 폭넓게 논의할 예정이다. 물론 같은 공화국인 대한민국에서 벌어지는 비민주적인 일에 대해서도 침묵하지 않을 것'이라고 말했다."(「신촌에 '공화국' 세운다」, 『한겨레』, 2014. 1. 27) 즐기는 놀이의 뼈 있는/세속화된 의미심장함에 대해, 부과된 소외를 파기하는 향유의 날선 의지에 대해 생각하게 한다. 해방 직후 있었다가 없어진, 평가되고 잊힌, 교과서에 박제된 건국준비위원회가 아니라 오늘 매일의 '건준', 오늘 매일의 '제헌'으로 여기에 거듭 있다는 것. 이는 공화국 안에서 공화국을 기소함으로써 발생하고 있는 공화국들, 제헌 안에서 제헌을 기각함으로써 기립하고 있는 제헌들의 구체적 형상을 보여준다.

'노예 상태'를 그 절정에서 유지시키는 사회를 위한 순수한 사적 소유, 곧 노예 상태를 그 절정에서 지속시키는 사회의 재생산을 위한 사적 소유의 완성태여야 한다는 뜻이다. 화폐에 대한 그런 정의에 근거해 마르크스는 그리스도를 다시 정의한다(「二人」 연작이 올라탈 마르크스의 어깨란 바로 그렇게 다시 정의되고 있는 그리스도가 될 것이다). 다음과 같다.

앞서 '인간을 위한 신' '신 앞에서의 인간'으로 정의됐던 그리스도는 이제 화폐적 주권의 순수한 완성태 속에서, 이른바 끈들의 끈이자 보편적 뚜쟁이인 화폐의 전능한 매개력 속에서 '외화된 신' '외화된 인간'으로 다시 정의된다. 군림하는 화폐의 순수한 권능 안에서 이제 그리스도는 자기로부터 분리되고 외화된 그리스도와 일체가 될 때에만, 다시 말해 화폐체제라는 현실적인 신의 질서 안에 안락하게 안겨 있는 한에서만 '더 많은 가치'를 갖게 된다. 그렇게만 자신을 유지하고 연장할 수 있는 그리스도는 외화된 신이 아닐 수 없다. 화폐체제 안의 인간 또한 마찬가지이다. 인간 또한 화폐체제 안에서 외화된 그리스도를 봉헌하고 그 살과 피에 동화될 때에만, 다시 말해 화폐적 권능으로 자신을 온통 채울 때에만, 이른바 '화폐정신'에 자신의 정신 그 자체를 오차 없이 일치시킬 때에만 더 많은 가치를 갖는다. 그렇게만 스스로를 유지하고 연장할 수 있는 인간은 노예 상태의 절정에 있는 인간, 곧 외화된 인간이 아닐 수 없다. 화폐 또한 마찬가지이다. 이젠 화폐도 또한 신과 인간, 신성과 세속을 중개하고 상호 보증하는 외화된 그리스도 없이는, 그런 그리스도의 대표 없이는 화폐 자신의 신적 권능을 상실할 수밖에 없게 된다. 화폐정신의 완성은 외화된 그리스도와의 합성상태 속에서만 가능한 것으로 된다. 정확히 이 맥락 속에 「二人…1…」의 납치된 그리스도, 자기의 신성으로부터 폭력적으로 분리된 그리스도, 줄여 말해 '외화된 그리스도'가 들어있다. 그리고 그런 외화의 상태를 다시 표출하고 있는 시어가 「二人…2…」에 나오는 '알 카포네의 화폐'와 '그리스도의 화폐'이다. 돌아가 다시 한 번 「二人…2…」를 읽어주셨으면 한다.

「二人…2…」의 '광*나는' 화폐. 그렇게 휘황한 위광을 둘러치고 있는

것이 '알 카포네의 화폐'이다. 눈부신 빛으로 눈멀게 하는 화폐, 그 빛으로
사물·사람·사건·사회의 본래 면목들을 환치된 환상 속으로 안치시키고
순치시키는 힘. 그것이 피라미드 꼭대기에서 빛을 발하던 알 카포네의 화
폐이다. 신국의 사제가 관장하는 신적 힘. 신국의 대주주 알 카포네의 화폐
는 '메달'로 하여도 좋은 것이었다. 메달. 권위와 위업의 증표, 위계의 상층
부. 다시 말해, 우상. 결코 서로 붙을 수 없으므로 떨어져 있는 것들, 또는
결코 붙어선 안 되므로 간격을 유지하고 있는 것들을 들러붙게, 입 맞추게,
야합하게 하는 그 절대적 뚜쟁이의 매개력·중개력·중보력, 줄여 말해 화
폐적 주권은 바로 그런 매개력의 무제한성·무제약성이라는 우상의 숭배
를 자기목적으로 한다. 충족될 수 없으므로 멈출 수 없는 그런 목적의 항
구적인 달성 과정을 뒷받침하고 보증하는 것, 그것이 바로 이상이 말하는
'그리스도의 화폐'이다. 이때의 그리스도는 납치된, 자기와 분리된, 자기 외
부에 볼모잡힌, 외화된 그리스도이다. 화폐는 이미 언제나 그렇게 외화된
그리스도의 보증 속에서만이 자신의 권능을 신성한 것으로 우러러보게끔
할 수 있었다.

　'그리스도의 화폐'라는 시어 속 그리스도는 「二人…1…」에 나오는 것
처럼 알 카포네에 의해 통째로 납치된 그리스도이다. 알 카포네라는 이윤
축적의 사제이자 목자에 의해 섬겨지는 그리스도, 그런 섬김과 봉헌을 받
은 값으로 알 카포네의 축적체제를 신성의 후광으로 둘러쳐 일반화시켜주
는 그리스도. 지체 없는 수수관계를 통해 일체화되는, 오차 없는 계약관계
를 통해 하나가 되는 알 카포네와 그리스도. 1달러 뒷면 피라미드 꼭대기
의 그 빛나는 눈과 같은 알 카포네의 '광나는'/전능한 화폐, 다시 말해 성
스러운 매개력/분리력으로 축적하는 사목적 권력. 알 카포네와 그리스도
가 합성되어 합작한 통치력의 속성이 그와 같다. 그런데 이상은 그런 '알
카포네의 화폐'와는 달리 '그리스도의 화폐'는 보기 흉할 정도로 빈약하며,
'돈이라는 자격'에서는 일보도 벗어나지 못한다고 적었다. 어째서 그런가.
「二人」 연작의 그리스도는 식민지 근대성의 기반과 원리를 인지하고 비판
하기 위해 이상이 구상·기획·실험하고 있는 '불세출의 그리스도'라는 시

250

어의 적이다. 「二人」 연작에 나오는 그리스도가 모조-구원적 체제의 신
적 보증자임을 발견하지 못할 때, 돌려 말해 이상의 여러 텍스트들에 나오
는 그리스도의 속성이 적그리스도적임을 인지하지 못할 때 「二人」의 의미
와 이상의 의지는 드러나지 않고 가라앉는다. 「二人」의 그리스도, 그러니
까 적그리스도가 가진 화폐의 매개력/분리력을 정지시키는 '불세출의 그
리스도'의 진정한 매개력, 그 힘의 관점에서 볼 때 「二人」의 그리스도가 가
진 화폐는 알 카포네의 돈과 합성된 모조-구원적 폭력의 차원을 한 치도
벗어나지 못하고 있는 것이다.

　　「二人…2…」의 그리스도는 「二人…1…」의 그리스도와 달라진 그리
스도가 아니라 더 악화된 그리스도다. 비유컨대, '악화惡貨'로서의 그리스
도의 만연이 진정한 매개력으로서의 '양화良貨'를 거덜내고 내몬다. 「二人…
2…」의 마지막 문장에서 알 카포네는 남루한 차림의 그리스도에게 양복
코트 한 벌을 선물로 주지만, 그리스도는 거절한다. 이를 두고 이상은 어
디서나 볼 수 있는 유명한 일이며, 판에 박힌 듯 당연한, 예상할 수 있는 그
대로의 일이라고 생각한다. 그것은 납치된 자기의 상황에 대한, 자기의 신
성으로부터 분리된 상태에 대한, 외화된 자기의 실황에 대한 그 어떤 개선
도 악화도 거절하는 그리스도, 철저히 현상유지적이며 직분을 고수하는
그리스도를 뜻한다. 「二人」 연작의 그리스도는 알 카포네와의 일체화 속에
서 자신들의 공동축적을 모조-구원의 임재로 보장하고 환치하는 폭력의
톱니바퀴이기를 멈추지 않는다. 이상이 말하는 '칼'을 버린 그리스도, '불'
을 내팽개친 그리스도, 다시 말해 안락에의 그리스도, 심판의 항시적 지
연 속에서 축적의 시녀가 된 그리스도, 적그리스도. 이것들이 「二人」 연작
의 그리스도를 가리키는 다른 말이다. 그러므로 문제는 저 공동의 축적체
제를 향해 떨어져야 할 칼과 불을 내다버리게 만든 그리스도의 그 '외화'의
상태이다. 그러니까 이렇게 물어야 한다. 그리스도의 화폐적 매개를 폐지
하는 진정한 매개의 힘은 어떤 속성을 가졌고 어떻게 발생하는가, 어떤 끈
이 진정한 '끈들의 끈'인가. 이 질문은 외화의 상태에 뿌리박고 그런 외상
상태를 재생산하는 화폐체제 및 신용체제에서의 '사적 생산'을 탄핵하는

'인간적 생산'의 뜻을 확인해야 한다는 요청과 다르지 않다. 이제부터 다뤄야 할 것은 세 가지이다. 1) 신용체제가 재합성하는 삶의 상태. 2) 신용체제라는 고도화된 끈들의 끈을 끊고 절단하는, 이른바 '진정한 공동본질'의 힘. 3) 그리스도에 대한 마르크스의 세 번째 정의, 곧 '인간에 대한 인간을 대표하는 그리스도'의 뜻과 힘.

빚schuld과 죄schuld—환속화된 연옥으로서의 신용체제

앞서 썼듯, 마르크스는『아테네의 티몬』을 읽으면서 거기에 나오는 화폐에 대한 정의, 곧 '눈에 보이는 신'과 '성스러운 끈'을 복창하면서 '보편적 뚜쟁이'라는 개념을 고안했고, 그럼으로써 화폐론의 물꼬를 텄다. 마르크스는 티몬의 말—'검은 것을 희게, 추한 것을 아름답게, 나쁜 것을 좋게……'—를 되받아 쓰면서 다르게 나아간다. "화폐에 의한 모든 인간적·자연적 성질들의 전도와 혼동, 불가능한 일을 친근한 것으로 만드는 것—신적인 힘—은 인간의 소외된, 스스로 외화하고 양도하는 유적 본질로서 화폐의 본질 속에 있는 것이다. 화폐는 인류의 외화된 능력이다."[15] 마르크스는 화폐라는 '신적인 힘'을 '인류'의 어떤 '능력'으로 인지한다. 그 능력이 소외되고 양도된 능력, 외화된 능력으로 제시되고 있지만, 마르크스는 이내, 즉각적으로, 그 외화된 능력을 침탈하고 잠식하는 '사랑'의 개념을, '인간적 생산'의 개념을 제안하고 발현시킨다.[16] 어디든 언제든 사적 소유의 전면적 일반화를 추구하는 화폐의 전능성, 화폐라는 신. 바로 그 신에게 양도되고 있는 능력, 화폐체제라는 절대적 뚜쟁이의 매개력/분리력 속에서 소외되고 있는 힘. 그런 능력과 힘의 상태를 가리키는 것이 '외화된 유적 본질'이라는 한 구절이다. 그것은 소외 개념의 상관물이다. 소외와 외화의 여러 층위에 대한 마르크스의 다음 한 단락은 읽는 사람으로 하여금 오늘 당장의 자

15　칼 마르크스,『경제학-철학 수고』, 178쪽.

기 삶의 조건을 살피고 표현할 수 있는 한 가지 언어를 갖게 하는 것 같다. "인간이 그 자신으로부터 소외되어 있다고 말하는 것은, 이 소외된 인간의 사회가 자신의 실제적인 공동본질의, 그의 진정한 유적 삶의 희화이다, 라고 말하는 것과 동일할 뿐만 아니라, 그의 활동이 그에게 고문으로 나타나고, 그 자신의 창조물이 그에게 낯선 권력으로 나타나며 그의 부富가 빈곤으로 나타나고 그가 타인과 맺는 본질유대Wesensband가 비본질적 구속으로, 그리고 오히려 자신의 진정한 현존재의, 타인으로부터의 분리로 나타나며, 그의 삶이 자신의 삶의 희생으로 나타나고, 그의 본질의 실현이 그의 삶의 탈현실화로 나타나며, 그의 생산이 그의 무[가치함]의 생산으로 나타나고, 대상에 대한 그의 지배력이 그에 대한 대상의 지배력으로 나타나며, 그의 창조물의 주인인 그 자신이 이 창조물의 노예로 나타난다고 말하는 것과도 동일하다."[17]

'유적 삶' '유적 본질Gattungswesen'이라고 할 때의 '유類' 개념, 인류라고 할 때의 그 '류' 개념은 인간이 인간으로서의 자신의 본질을 개체적 차원 너머로서 사고할 수 있게 해준 포이어바흐의 기축 개념이었다. 그리스도교 안에서의 '인류'의 종교적 소외에 방점을 찍은 포이어바흐를 되받아 마르크스는 '유'라는 개념을 통해, 사적 소유 혹은 화폐라는 신을 자명하고 절대적인 전제로 받아들였던 국민경제학적 체제 속에서의 인류의 현실적 소외에 방점을 찍으려 한다. 마르크스는 그와 동시에 화폐의 전능한 권력에 의해 외화되고 순치된 유적 본질을 내재적으로 전위轉位시키는 힘, 곧 '향유하는 능력으로서의 공동본질Gemeinwesen'의 힘을 제안하고 표현한다. 바로 이 공동본질의 힘에 의해 여러 층위에 걸쳐진 저 소외의 유혈적 과정이 중단되고 정지한다. 앞질러 말하건대, 그와 같은 공동본질의 힘, 또는 향유의 능력이 '인간에 대한 인간을 대표하는 그리스도'라는 마르크스의 그리스도에 대한 세 번째 정의에 직결되어 있다. 향유의 '인간적 생산', 인간적 생산의 향유라는 국민경제학 비판 개념은 어떤 것이고, 그것은 어떻게 그리스도에 대한 세 번째 정의와 관계 맺는가라는 물음에 답하기 위해서는, 소외 · 양도 · 외화가 전면화된 체제, 금융의 체제, 이른바 '신용체제'에 대해 말하는 것에서 출발해야 한다.

마르크스는 다시 한 번 셰익스피어의 독자가 된다. 『베니스의 상인』에 나오는 유대인 고리대금업자 샤일록Shylock. 그는 평소 미워했던 안토니오에게 보증을 세워 돈을 빌려주는데, 그 금융의 조건은 갚지 않았을 때 빚진 자의 살 1파운드를 베어내겠다는 것이었다. 마르크스에게 샤일록은 믿음과 신용을 제공하는 사람이었으며, 샤일록에게 좋은 사람이란 지불할 수 있고 상환할 수 있는 사람이었다. 마르크스는 채권자 샤일록이 베어내겠다는 채무자 안토니오의 그 '살'을 두고 가난한 사람의 '생명활동의 내용'이자 그의 '자질'이며, 그의 '사회적 덕성들'이자 그의 '활동'이라고 적는다. 그것들에 대한 국민경제학적 판단의 결과가 바로 '살'을 베어내는 신용체제이다. 신용체제는 인간의 생명활동 그 자체를, 그 자질과 덕성을 직접적으로 관리하고 조정함으로써 안정적인 이윤 축적의 질료로 삼는다. 신용이란, 신용과 '살'의 관계란 이런 것이었다.

신용관계 내부에서는 화폐가 인간으로 지양되는 것이 아니라 도리어 인간 자신이 화폐가 되거나 혹은 화폐가 인간 속에 병합된다. (…) 화폐정신Geldgeist의 물질적 신체는 이제 화폐나 종이가 아니라, 나의 고유한 인격적 현존재, 나의 살과 피, 나의 사회적 덕성과 가치이다. 신용은 화폐가치를 화폐 속에 분리시켜놓는 것이 아니라 인간의 살과

---

16 『경제학-철학 수고』(1844)에 나오는 마르크스의 '사랑'은 '국민경제학 비판'을 실천하는 윤리적/전투적 개념이다. "인간을 인간으로서, 세계에 대한 인간의 관계를 인간적 관계라고 전제한다면 그대는 사랑을 사랑과만, 신뢰를 신뢰와만 등으로 교환할 수 있다"(181쪽)로 시작하는 마르크스의 '사랑', 그 '인간적 관계'의 뜻과 의미는 「화폐체제 및 신용체제에서의 사적 생산과 공동체에서의 인간적 생산」(1844)에 나오는 '인간적 생산'과 하나의 끈으로 강하게 결속되어 있다. 마르크스의 사랑, 그 인간적 생산관계를 신학적·정치적 비판의 의지 속에서 생각해본 것으로는 윤인로, 「점거의 메시아성, 도래중인 르포문학」(한국비평이론학회, 『비평과이론』 18권 2호, 2013년 가을/겨울)의 5장 '사랑의 순수증여'를 참조.

17 칼 마르크스, 「사적 생산과 인간적 생산」, 185쪽.

인간의 심장 속에 분리시켜놓는다. 거짓된 체제 안에서 이루어진 모든 진보와 비일관성은 이처럼 극도의 퇴보이자 동시에 극도로 일관된 비열함인 셈이다.[18]

신용체제에서는 인간이 화폐를 갖는 것이 아니라 화폐가 인간을 갖는다. 화폐가 인간을 잠식한다. 화폐가 인간 속으로 들어가 결국 인간을 화폐로 되게 한다. '화폐정신'이란 무엇인가. 화폐 자신의 전능한 힘을 일반화·보편화하려는 화폐의 의지, 곧 세계의 척도이자 원리가 되려는 화폐의 본성이 화폐정신이다. 신용체제에서는 화폐정신의 물질적 신체가 굳이 금, 은, 동전, 종이 같은 것일 필요가 없다. 이제 화폐정신의 자기관철은 인간이 가진 화폐를 통해서가 아니라 화폐가 된 인간을 통해서이다. 화폐정신의 자기관철은 인간의 인격, 심성, 덕성을 자신의 물질적 신체가 되게 함으로써, 그래서 자신을 기각하려는 대항적 인간들을 앞질러 멸절시킴으로써 안전하게 완수된다. 신용체제는 화폐정신 최고도의 발현 상태이다. 거기서 나의 살은 도려내지고 나의 피는 빨려나간다. 비유가 아니라 실질로서, 상징이 아니라 실황으로서 살을 씹고 피를 마시는 체제. 그것이 신용의 본질이며, 그것이 화폐정신의 일이다. 신용은 화폐가치, 화폐의 매개적 힘을 화폐라는 제한적이고 특정한 물질 속에 가두지 않는다. 신용은 화폐의 힘을 가둔 물질적 신체의 구속을 걷어치우려는 금융자본의 태도이자 방법이다. 화폐가치, 화폐의 합성력은 이제 '인간의 살과 인간의 심장' 속에 안착하고 그 살과 그 심장을 화폐 그 자체가 되게 한다. 그렇기 때문에 노동자와 별개의 장소에 있다고 가정된 화폐와의 투쟁, 노동자와 따로 떨어져 있다고 전제된 화폐를 향한 투쟁은 신용체제에서 모두 괴멸된다. 화폐는 노동자와 따로 떨어진 것이 아니라 노동자의 살과 피 속으로 침투했으며, 노동자의 심장 그 자체가 되었기 때문이다. 이제 노동자는 노동하면서 채무자가 된다. 노동하는 채무자, 오늘의 살의 상태. 노동자는 살을, 피를, 심장을 저당 잡고 빚진 자가 된다. 빚진 자가 일반화된다. 빚schuld은 죄schuld다. 금융자본은 일반화된 빚진 자들에게 스스로 알아서 죄지은 마음을 갖게 한다.

죄지은 자의 죄가 일반화된다. 그 일반화된 죄를 구제해주는 것, 그것이 금융자본이다. 일반화된 금융자본은 대속하는 그리스도이다. 그 그리스도가 모조-구원을 가체험하게 하는 적그리스도이다.

살과 피와 심장. 마르크스의 이 단어들을 마찬가지로 상징이 아니라 실질로 표현하고 있는 작가 이상의 소설을 함께 읽자. 빚진 자로 차압당한 살을 갖고 살았던, 그 살의 도려내진 상처를 핥으며 '절름발이'로, '순례자'로 걷고 있었던 그의 소설이, 빚진 자의 빚에 대한 그의 투시가 오늘의 빚 권하는 사회를 인지하는 하나의 방법이 될 수 있는지 생각해보자. 단편 「지주회시」, 거미蜘蛛가 돼지豚를 만나고逢 있는 소설. 거미는 누구이고 무엇이며, 돼지는 누구이고 무엇인가. 그 둘이 만난다는 것은 또 무엇인가. 거두절미하고 먼저 인용해올 단락은 다음과 같다.

> 양말―그는안해의양말을생각하야보았다 양말사이에서는신기하게도밤마다지폐와은화가나왔다 오십전짜리가딸랑하고방바닥에굴러떨어질때 듣는그음향은이세상아무것에도 비길 수 없는가장숭엄한감각에틀림없었다 오늘밤에는 안해는또몇개의그런은화를정갱이에서배앝아놓으려나그북어와같은종아리에난돈자죽―돈이살을파고들어가서―고놈이안해의정기를속속디리빨아내이나보다. 아―거미―잊어버렸던거미―돈도거미(…) (2: 246, 강조는 인용자)

이상은 아내가 매춘으로 벌어온 50전짜리가 방바닥에 떨어질 때의 그 '딸랑' 소리를 세상 그 무엇과도 비길 수 없는 '가장 숭엄한 감각'이라고 말한다. 숭고하고 위엄어린, 범접하기 어려운, 성스러운 돈. 그것은 이상에게 추상적인 것이 아니라 귀로 들리는 청각적인 것으로 인지된다. 이는 다른 대목에서 돈을 냄새로, '거미 냄새'로 인지하고 그 '새큼한 지폐 냄새' 때문

---

18 칼 마르크스, 「사적 생산과 인간적 생산」, 187쪽.

에 세상이 들썩이며 '생사람'이 축난다고 할 때엔 후각적인 것으로 표현되는 것과 연결된다. 이상에게 돈은 숭엄하고 초월적이며 성스러운 것이면서 동시에 듣고 냄새 맡는 감각적 차원에서 인지 가능한 것이었다. 이제 돈은 촉각적인 것을 넘어 전^全-감각적인 것으로 느껴진다. '살'을—다시 말해, 생명활동의 사회적 내용 · 자질 · 덕성으로서의 살을—파고들고 침식하는 힘으로 인지되는 것이다. '현실적인 신'으로서의 숭엄한 화폐가 살과 피와 심장을 잠식하고 침식하는 것이었듯, 이상에게 이제 돈은 직접적으로 '살'을 파고든다. '돈이 살을 파고들어가서'……. 이 한 구절, 전전하는 생을 환기시키는 그 한 구절에 따르면, 돈은 살을 파고들어 아내의 정기精氣를 남김없이 속속들이 빨아내고 있다. 그 돈이 거미였다. 살을 파고들어가는 돈이라는 거미, 거미라는 화폐. 거미는 거미줄이다. 헤어날 수 없고 벗어날 수 없는 성스러운 끈, 끈들의 끈, 그것이 거미의 거미줄이다. 거미줄, 그 망網은 화폐체제의 매개력/분리력을, 화폐적 매개로 합성되고 재합성되는 삶의 실질적 관계망을 가리킨다. 거미줄이라는 화폐적 관계망은 그것과 일체화된 법의 그물, 법망에 다름 아니다. 그러므로 거미줄은 곧 '통곡의 골짜기'에 다름 아니다.

'살'을 파고들어간 돈은 인간의 정기를 빨고, 근력을 줄이며, 몸을 야위게 한다. 화폐의 권능에 의해 일어나는 섬뜩한 연쇄적 반응들, 살 떨리는 살의 상황들을 이상은 다음과 같은 문장들로 표현한다. 그 문장들은 조밀하게 진행되고 있는 비판적 자동기술의 표출인바, 이상에게 의식의 흐름이라는 형식은 정신없이, 강도 높게 빨려나가고 있는 살의 상태를 표현하는 유효한 방법이었다. 읽어보자. "연필처럼야외가는것—피가지나가지않는혈관—생각하지않고도없어지지않는머리—칵매킨머리—코없는생각—거미거미속에서 안나오는것—내다보지않는것—취하는 것—정신없는 것(…)."(2: 236) 살을 파먹는 화폐체제 속에서 인간은 연필처럼 야윈다. 살이 빨리고 '피'가 빨리기 때문이다. 혈관에는 피가 지나다니지 않는다. 화폐와 병합된 '심장'은 피를 생산하고 펌프질할 수 없는 심장이기 때문이다. 그 심장으로는 사고할 수 없다. 머리는 콱 막히고, 막힌 머리는 생각하진

않지만 어깨 위에 붙어 있다. 생각하지 않고도 없어지지 않는 머리는 생각
할 힘을 저당잡힌 자의 항시적인 복종상태로 읽어도 좋다. 코 없는 생각이
란 호흡할 수 없는 사고이다. 화폐와 일체가 된 심장으로는 숨 쉴 수 없기
때문이다. 그 심장, 그 생각으로는 결코 화폐체제로서의 거미줄 안에서 그
바깥을 내다볼 수 없다. 화폐에 취한 자는 그렇게 취했기 때문에 정신이 없
다. 그의 정신은 이미 '화폐정신'과 하나이기 때문이다. 화폐정신이 있으므
로 그의 정신은 없다. 화폐정신이 있으므로 '살'의 삶은 없다. 살처분된 살,
사는 게 사는 게 아닌 삶.

화폐의 성스러운 끈 속에서는, 곧 거미의 거미줄 속에서는 누구든 거
미고 어디든 거미줄이다. 아내의 고혈을 빠는 「지주회시」의 '나'는 스스로
가 거미라고 말한다. 나를 먹여 살리는 아내 또한 나를 파랗게 질리게 하
고 퀭한 눈의 양양실조가 되게 하는 거미였다. 나는 '내가 거미다'와 '아내
가 거미다'의 상태, '거미와 거미, 거미와 거미'의 상태 속에서 서로를 빨아
먹으며 마주 야위는 까닭을 묻는다. 그렇게 빨려서 한 장 남은 살가죽마저
찢기고 벗겨지는 이유를 묻는다. 거미들이 만난 '돼지'가 그 이유이다. '지
주회시'라고 할 때의 그 '시豕', 돼지, '뚱뚱신사'로 지칭되는 경성의 고리대
금업자인 그 돼지가 삶 일반을 빨아먹는다. 그 돼지가 자신이 빨다 남은
살과 피를 서로 빨아먹게 하는 거미들을 양산한다. "뚱뚱신사는바로그의
안해가다니고있는카페R회관주인이었다. (…) 빚'백원百圓'을얻어쓸때그는안
해를앞세우고이뚱뚱이보는데타원형도장을찍었다. 그때 유까다입고내려
다보든눈에서느낀굴욕을오늘이라고잊었을까. 그러나 그는 이게누군지도
채생각나기전에어언간 이뚱뚱에게고개를숙으리지않았나 지금. 지금. 골수
에숨이고말았나보다. 칙칙한근성이―"(2: 237, 강조는 이상)

거미가 돼지를 만난다는 것은 돈을 빌려야만 살 수 있는 자가 돈을
빌려줘야만 살 수 있는 자를 만나 채권-채무 관계를 맺는다는 뜻이다. '지
주회시'라는 조어는 그러므로 금융의 상태, 빚짐의 표현이다. '빚 백 원'의
힘에 의한 관계의 변형·합성·재편, 그것이 「지주회시」가 문제시하는 것
이다. 아내를 보증인으로 앞세운 나는, 타원형 도장의 법적 구속력 아래,

모든 것을 꿰뚫고 내려다보는 채권자의 그 전지적 눈 아래 즉각적으로 고개 숙인다. 경건해져야 빌릴 수 있다. 빌려야 살 수 있다. '골수髓'에 파고든 칙칙한 근성, 노예의 정신. 바로 그 정신을 생산함으로써만 채권자는 자신의 권능을, 자신의 삶의 조건을 만족시킬 수 있다. 그 채권자-돼지가 곧 거미다. 채권자-돼지의 권리, 빚지게 하고 이자를 얹어 돌려받을 수 있는 그 합법적 권력의 연관이 곧 거미줄이다. '비곗덩어리 고리대금업자pinguis usurarius'라는 오래된 관용구를 '거미-고리대금업자'라는 조어와 결합시켰을 때 '지주회사'의 뜻은 다시 한 번 온전히 드러난다. 그 관용구를 발굴하고 그 조어를 만든 서양 중세사학자 자크 르 고프가 인용한 오래된 텍스트 하나는 채권자를 여러 동물들에 비유하고 있는바, 그중 한 대목은 채권자-거미, 빚-거미줄을 말하는 이상의 뜻과 의지를 바짝 끌어안게 한다. "나는 한 기사가 이렇게 말하는 것을 들은 적이 있다. 그는 고리대금업자의 시체를 땅에 묻고 있는 수사들 몇 명을 만나 '거미의 시체는 당신들에게 내놓겠소. 영혼은 악마한테나 떨어지라지. 그러나 거미줄, 즉 그의 돈은 모두 내가 가질 것이오'라고 말했다. 파리들을 잡기 위해 내장을 들어내고 자신들뿐만 아니라 그 아들들까지도 악마에게 제물로 바침으로써 탐욕의 불 속으로 끌고 들어가는 거미에다가 고리대금업자를 비유한 것은 적절하다."[19] '거미줄, 즉 그의 돈.' 복창하게 된다. 이상이 거미에다가 채권자를 비유한 것은 적절하고도 적실했다. 그 비유에 의해 촉발되는 것이 없지 않다. 채권자-거미의 바로 그 거미줄을 주시하자.

이를 앙다문 채권자-거미의 '악착齷齪' 같은 거미줄, 그 끈들의 끈에 대해, 이상이 말하는 "악착한 끈아풀"(2: 239)에 대해 좀 더 생각하게 된다. 채권자의 이윤, 곧 돈을 빌려준 시점과 상환 받는 시점의 차이에서만 발생하는 채권자의 그 이자란 결국 다른 무엇이 아니라 오직 그 '시간차'를 팔아서만 얻을 수 있는 것이다. 채권자는 누구인가. 바로 그 '시간차'를 파는 상인이다. 그들 거미-고리대금업자들이 역사적 자본주의의 첫 산파 중 하나였음은 알려진 것과 같다. 시간은 신이 관장하는 것이라는 중세의 생각에 비출 때 시간을 팔아 축적하는 고리대금업자들은 신성을 범하는 자들이었고 지옥으로 떨어질 자들이었다. 이른바 연옥purgatorium이란 종교가 지배하는 사회의 현실적이고 실제적인 장애물을 걷어치우기 위해, 다시 말해 저들 고리대금업자들의 장애물이었던 지옥에의 공포를 걷어내고 그들을 천상으로 끌어올리는 기중기이자 안전판으로 탄생했다. "종교적 의식이 지배하는 사회에서 장애물은 우선, 그리고 궁극적으로 종교적인 것이다. 연옥 덕택에 지옥을 면하게 되리라는 희망은 고리대금업자들로 하여금 13세기의 경제와 사회가 [현세적] 자본주의를 향해서 전진할 수 있도록 했다."²⁰ 오늘의 채권자-거미들, 곧 신용체제의 실권자들은 스스로를 위한 더 이상의 연옥을 필요로 하지 않는다. 그들의 거미줄이 미치지 않는 곳이 없고 그들의 거미줄이 미치는 모든 곳이 그들의 로두스이며 그들의 천국이기 때문이다.

오늘의 신용체제, 다시 말해 최고도의 화폐정신으로 관철되고 있는 오늘의 금융권력은 신적 섭리의 극장 속에서 지옥, 연옥, 천국으로 확고하게 위계 잡힌 '신곡神曲'을 자신의 배경음악으로 깔고서는, 그 신곡의 내부 위계와 등급을 항구적인 축적의 시공간으로, '노예 상태의 절정'을 지속시키려는 항시적인 분할과 재매개의 시공간으로 환속화한다. 오늘 전방위적으로 신용등급을 판결하는 자본의 왕, 군림하는 금융은 삶의 장소와 삶의 형태를 세분화된 위계 속으로 분류 · 지정 · 할당한다. 막 출산되고 있던 자본주의에서의 연옥이 고리대高利貸로 축적하면서도 고리대금업자가 구원받을 수 있기 위해 만들어진 것이었다면, 오늘의 금융자본은 연옥에서 일방적으로 구원받기를 기다리는 수동적 상태로서가 아니라 빚진 자들의 구제와 구원을 결정하고 판결하는 절대적 힘으로 존재하며, 빚진 자들 중에서 구제될 수 있는 자와 구제될 수 없는 자를 세밀하게 평가하고 분류하고 분리시키기 위해 기존의 위계질서 안으로 거듭 조정되고 재조정된 연옥을 창설 · 인입 · 배치시킨다. 연옥에 들어간 빚진 자는 완전히 낙오하고 추락한

---

19   자크 르 고프, 『돈과 구원』, 김정희 옮김, 이학사, 1998, 72쪽에서 재인용.
20   같은 책, 126쪽.

지옥 속의 인간이 아니라 금융의 구제와 구원을 바랄 수 있는 최소한의 자격을 가진 인간이며, 스스로 얻어야만 될 그 자격을 위해 절정의 노예 상태를 알아서 지속시킴으로써 동물과 구분될 수 있는 인간이다. 오늘의 금융이란 무엇인가. 환속화된 연옥을 창설하는 '주主'이다. 바로 그 주를 죽이는 힘에 대해, 그 주를 살해하는 '살'을 살찌우는 힘에 대해, 그 살을 위한 '피', 그 피를 위한 '심장'을 소생시키는 힘에 대해 생각하게 된다. 주, 다시 말해 적그리스도. 바로 그 주-적主-敵에 의해 창설된 연옥들을 전위시키는 힘, 진정한 공동본질의 힘Gewalt에 대해, 새로운 사회를 출산시키는 산파로서의 최후적 심판의 힘에 대해 생각하게 되는 것이다. 그 힘, 최고위·최고도 화폐정신의 실현태인 신용체제와 내재적으로 싸우는 그 힘을 표현하기 위해 금융 및 신용의 힘을 원리적인 수준에서 보여주고 있는 구체적인 시공간 하나를 인용하기로 하자.

'진정한 공동본질'의 힘

마르크스 당대 신용체제의 완전한 표현은 은행체제였다. 은행에서 제공하는 구제와 신용과 기대와 의무가 여러 층위의 소외와 분리—"사물로부터 인간의 분리, 노동으로부터의 자본의 분리, 화폐로부터 사적 소유의 분리, 인간으로부터 화폐의 분리, 그리하여 인간으로부터 인간의 분리"[21]—를 단계적으로 해소해가는 것처럼 보였고, 그래서 생시몽주의자들은 은행체제의 발전에서 소외의 혁파가능성을 보았다. 그러나 소외의 상태를 해소해가는 것처럼 보이는 은행과 신용의 힘은 마르크스에겐 가상적 구원의 융통을 구조화하는 것이었다. 신용체제의 요소는 더 이상 물질적 상품이거나 종이일 필요가 없었다. 신용체제는 이제 '인간 마음의 깊은 내면 자체'를 축적의 장소로 쓴다. 인간과 인간 사이의 믿음이라는 가상에 뿌리박은 신용체제는 더 이상 공장이라는 특정한 장소가 아니라, 그 공장에서의 정해진 노동시간이라는 특정된 시간을 통해서가 아니라, 빚진 자의 죄지은 마음을 생산하는 사회체 그 자체를 통해 항상적으로 축적한다. 빚과 죄,

빚이라는 죄. 그 죗값으로 '살'을, 생명의 활동력 일반을, 다시 말해 노동력을 포함한 생명의 광범위한 활동력들·덕성들·관계들 일반을 저당잡는 체제. 이를 구체적으로 표현하고 있는 뒤 페이지의 사진 한 장을 살피자.

그 사진 속의 시공간, 그 상황에 대한 두 가지 생각. 1) 위를 향해 차곡차곡 층층이 쌓아 올라간 저 높은 곳, 위압적인 그 꼭대기에서 모든 것을 내려다보는 십자가-눈Crucifix-Eye. 앞서 인용했던 1달러 뒷면 피라미드 꼭대기의 전능한 눈과 포개지고 있는 그 십자가-눈은 수용된 3,000명의 부랑인들 스스로가 스스로를 죄지은 자들로 만드는 힘이다. 그런 한에서 그 십자가-눈이란 죄의 공장주이고, 죄의 주±이다. 알아서 죄스런 마음을 갖게 하는, 알아서 빚을 졌다고 느끼게 하는 마음의 공장. 각자 스스로가 죄와 빚의 마음을 생산하는 공장으로서의 시설, '시설사회'. 그런 마음의 생산 속에서 그들 시설의 사람들은 죄와 빚의 주체로 거듭 합성된다. 막대한 경제적 착취와·축적, 군부에 의한 광나는 정치적 훈장과 메달은 저 십자가-눈이라는 신성과 함께 하나로 일체화된다. 그 일체적 공동지배 속에서 사람들은 구원되기 위해 절정의 노예 상태를 지속해야 한다. 형제복지원이라는 시설, 다시 말해 환속화된 연옥.

2) 형제복지원, 앞서 인용했던 크리스털 교회의 다른 판본. 빛나는 크리스털로 건축된 신의 몸으로서의 교회는 삭막하고도 차가운 콘크리트 벽돌로 된 형제복지원과 그리 먼 거리에 있지 않다. 서로 판이하게 다를 것 같은 크리스털 교회와 형제복지원은 그 두 시공간 속에 있는 사람들의 생명·자질·활동을 빚진 자의 죄지은 마음으로 재합성한다는 점에서 뒷문으로 악수한다. 그 성전과 그 시설은 죄의 공장을 건설하는 성스러운 끈을 가지고 사람들의 인지·태도·품행을 지도·견인·사목하는 중이다. 크리스털 교회의 목자 로버트 슐러는 이렇게 말한다. "만일 당신께서 이 같은 [금융]기관에서 돈을 빌릴 수가 없다면 사채를 쓸 수 있습니다. 우리 교

---

21   칼 마르크스, 「사적 생산과 인간적 생산」, 185쪽.

© 연합뉴스

부산시 북구 주례동 산 18번지, 형제복지원(1990. 1. 13). 높은 곳, 더 높은 탑에서 아래를
관장하는 저 십자가를 주시하게 된다. 최대 3,000명을 수용했던 이 '시설'은 이윤의 축적, 정치적
목적, 신성의 발현이 한 몸이 됨으로써 그 세 가지 모두가 안전하게, 동시에 완전하게 관철될 수
있었던 시공간이다. 분리 불가능하게 일체화된 그 세 위의 '상호전환'에 대한 언급은 다음과
같다. "[거기서] 이루어진 끔찍한 폭력과 고문, 암매장 등은 당시 사회에서 일정한 제약 때문에
완전히 실현될 수 없었던, 당시 권력이 가진 욕망의 순수한 실현에 가까웠다. 즉 형제복지원은
분명 예외적 공간이었지만, 그것은 사회의 이념으로부터 일탈된 공간이라는 의미에서가 아니라
사회의 이념이 예외적으로 선명하게 구현된 공간이었다는 의미에서 그렇다. (…) 시설이 확연히
보여주는 것은 권력 모델과 이윤(수익) 모델, 영적 모델이 별 개의 것이 아니라는 점이다. 국가와
자본, 교회로 대변되는 이들 영역은 그 작동 방식과 매체가 다르다고 하더라도 그 근간에는
상호전환 가능성이 존재한다(권력과 이윤, 이데올로기의 상호전환)."(고병권, 「우리 사회
통치모델로서의 시설」, 「프레시안」, 2013. 7. 4)

회도 이 같은 방법을 써서 발전 성장에 필요한 자금을 충당할 수 있었습니다. (…) 빚이란 반드시 불명예스러운 것이 아니라는 사실을 기억하십시오. 책임 있는 빚은 신용의 상징입니다. 빚이란 용기와 자신이 있다는 물적 증거입니다."[22] 빚에 책임을 지라는 것. 노예 상태의 절정 속에서 빚에 책임질 때, 그 빚은 용기와 자신감의 물적 증거로 고양된다는 것, 그리고 언젠가는 그 용기와 자신감이 스스로를 구제하고 구원하리라는 것. 목자 슐러의 그 말은 형제복지원 꼭대기의 십자가-눈을 봉헌하는 원장의 훈시와 먼 거리에 있지 않다. 빚과 죄, 빚이라는 죄의 마음. 그 마음의 생산 공정을 주관하는 사목적 힘. 그것이 최고도의 화폐정신이 관장하는 새로운 질서, 금융체제의 성스러운 끈에 의해 합성된 신질서의 이면이자 실황인 것이다. 크리스털 교회, 형제복지원, 금융체제. 다시 말해, 인간과 동물을 구분하는 척도적 힘으로서의 환속화된 연옥들.

신용체제, 신용평가의 체제는 빚/죄의 마음이라는 자기인식과 인지를 생산하는 공장, 인지적 공장이다. 그런 한에서 신용체제는 바로 그 마음을, 그 마음이라는 인지적 토지를 축적의 장소로 삼는다. 마르크스가 인용했던 셰익스피어의 『아테네의 티몬』에는 화폐가 '마음의 시금석'이라고 적혀 있었다. 시금석試金石, 금의 품질을 판별하는 광석. 실제로 그 단어는 사람의 능력과 역량, 사물과 사건의 가치를 시험·평가·분류하는 절대적 기준이자 척도를 뜻하는 것이기도 했다. 시금석으로서의 화폐가 판단하고 결정하는 것이 바로 마음이다. 마음의 품질이다. 마음이라는 것이 평가되어야 할 품질이 될 때, 품행의 의지는, 다시 말해 저 '살'과 '피'와 '심장'은 자기 마음이라는 감옥 안에서 관리되고 조절된다. 마음이 순도 높은 빚/죄로서 생산될 때, 다시 말해 마음이 화폐라는 시금석에 의해 판별되고 분류되게 될 때, 그 마음은 이른바 '정신'이 된 화폐, '화폐정신'에 의해 남김없이 관통되고 잠식된다. 잠식된 그 마음이 곧, 화폐에 의해 침식되고 병합된

22 로버트 슐러, 『불가능은 없다』, 최정선 옮김, 지성문화사, 1967, 143~144쪽(강준만, 앞의 글에서 재인용).

심장이다. 화폐에 의해 베이고 빨리던 살과 피가 바로 그 마음인 것이다. 마르크스는 바로 그 심장과 살과 피가 화폐라는 시금석을 깨트리고 화폐라는 거미줄을 걷어치우는 상황을, 그런 상황의 발생과 발현을 표현하려고 한다. 이른바, 진정한 공동본질.

> 인간적 본질은 인간들의 진정한 공동본질Gemeinwesen을 창조하고 생산하는데, 인간들은 자신들의 본질의 활동을 통해, 개개인에게 대립되는 어떠한 추상적이고 보편적인 권력이 아니라 오히려 각 개인의 본질이며 그 자신의 활동이고 그 자신의 삶이며 그 자신의 정신이고 그 자신의 부Reichthum인, 인간적 공동본질, 사회적 본질을 창조하고 생산한다.[23]

화폐체제는 위와 같이 '창조'하고 '생산'하는 '인간적 본질'을 자신과 병합시킬 때만, 자신과 일체화시킬 수 있을 때만 존속할 수 있다. 그런 병합과 일체화가 불가능할 때 화폐체제가 더 이상 유지될 수 없다는 말은, 인간들 자신의 '본질의 활동', 곧 심장과 살과 피의 활력이 자기의 것이지 화폐의 것이 아닐 '때'로부터 시작되고 관철될 수 있다는 말과 다르지 않다. 바로 그 '때'야말로 소외가 종결되고 외화가 끝나는 시간이다. 그 종결, 그 끝의 시작 속에서 창조·생산되는 것이 진정한 공동본질의 힘이다. 그리고 그 힘에 의해서만 소외의 종결과 외화의 끝은 시작될 수 있다. 그 힘과 그 종결은 순차적으로 진행되는 것이 아니라 동시적으로 발생한다. 그 힘은 다른 목적을 위한 수단이 아니라 목적-수단 도식을 해체하는 순수 수단이며, 그래서 그 힘은 자기가 출산했음에도 자기로부터 분리되어 자신에게 명령하는 '권력'이 아니라 직접적으로 행사할 수 있고 구체적으로 실감할 수 있는 힘이다. 그 힘에 의해서만 소외는 종결되며, 그런 종결의 시작 속에서만 그 힘은 발현한다. 그 힘은 다른 목적에 의해 가공·변형·합성·수정될 수 있는 것이 아니라 그 자체 순수 동인動因으로서의 '제1원인적인 것the One'이다. 그래서 그 힘에는 '진정한'이라는 수식어가 붙는다. 진정한 그 힘은 '항시 도래중인 힘'으로서 매번의 상황 속으로 매회 틈입하고 개입하며 매번의 상황 속에서 거듭 발생하고 발현하는 신적인 힘이다. 그 힘, 그 진정한 공동본질의 게발트는 화폐체제의 전능한 권력 속에서 각자의 본질, 활동, 삶, 정신, 부ⓦ가 소외 없이 각자의 것이 되는 상황으로서, 곧 '사회적 본질'로서 창조되고 생산된다. 각자의 심장과 살과 피가 각자의 것이 되는 상황으로 발현하는 그 힘은 시금석이자 거미줄로서의 화폐정신을 깨고 찢고 끝낸다. 그렇게 그 힘은 '현실적인 신'으로서의 화폐의 매개력/분리력에 대한 최후적 심판의 시작으로서 거듭 도래중이다.

화폐체제가 부과한 죄의 진정한 속죄, 빚의 진정한 탕감이란 전면화되고 편재하는 죄/빚의 공장을 작동중지시키는 '총파업'의 질적 힘에 걸려 있다고 할 수 있는바, 마르크스가 말하는 진정한 공동본질의 힘은 바로 그런 총파업의 향유, 향유의 총파업에 내재해 있다. 이 '향유'라는 단어가 다섯 번 사용되는 마르크스의 한 단락을 끝으로 인용하려고 한다. 바로 그 향유의 힘이 가진 다양한 질감들 속에 마르크스의 그리스도가 있다. 또는, '유일하게 유물론적인 것'[24]을 관철시키는 바로 그 그리스도에 의해 향유의 날끝이 발현한다. 지금, 그렇게 도래중인 그리스도의 살에 접촉하고 그 심장에 인입하기 위해 마르크스의 문답 하나를 읽자. "신용의 본질을 구성하는 것은 무엇인가? 우리는 여기서 신용의 내용을 간과하는데, 그것은 다시 화폐이다."[25]

신용의 내용은 다른 무엇이 아니라, 다시 화폐이다. 신용의 내용은

---

23 칼 마르크스, 「사적 생산과 인간적 생산」, 189쪽.
24 『자본론』의 각주 하나에서 인용한다. "종교가 만든 흐릿한 환영들Nebelbildungen의 세속적 핵심을 분석해 찾아내는 것은, 삶의 실제적 관계들로부터 그에 상응하는 관계의 신성화된verhimmelten 형태들을 [뽑아내] 펼쳐 보여주는 것보다 훨씬 쉽다. 후자의 길만이 유일하게 유물론적이며, 따라서 유일하게 과학적인 방법이다."(칼 마르크스, 『자본론』 1권(下), 김수행 옮김, 비봉출판사, 2001, 501쪽, 각주 4번) 마르크스의 이 문장들, 그 의지의 안과 밖에 대해서는 이 책의 「후기」를 참조. 그 짧은 단편의 긴 변주로는 윤인로, 「신정정치로서의 자본주의: 이른바 '불법anomos의 비밀'에 관하여」(경상대 사회과학연구원, 『마르크스주의 연구』 36집, 2015년 봄호)를 참조.

소외상태의 단계적 지양이 아니라 소외상태의 순수한 완성이다. 신용은 윤리적이고 사회적인 인간의 존엄을 보존하는 것이 아니라 그 마음의 운동을 축적의 동력이자 착취의 장소로 획정하며, 여러 층위의 소외·분리·분할에 대한 해결이 아니라 그 분리들의 연쇄적 지속 안에서 인간으로 하여금 가상적 구원을 경험하도록 하는 것이다. 신용의 내용은 구원의 항구적 가체험이다. 인간에 대한 인간의 믿음은 모조-구원적 상태 속에서, 목적/축적에 봉헌하는 항상적 질료화의 상태로 유지된다. 화폐라는 신의 일, 화폐의 신에 의해 재건축되는 환속화된 신질서로서의 신용체제의 일이 그와 같다. 사람들의 삶을, 생명활동의 관계 전반을, 사회적 덕성의 총체를, 마음 그 자체를 사적 소유의 순수한 영토로 합성시키는 체제, 국가인장들과 신성과 신질서가 하나로 된 화폐적 주권의 체제. 관건은 그러므로 삶의 생산이며, 그 생산의 상태이다. 샤일록에 의해 끝내 도려내질 수 없었던 살, 그 살의 살찌움, 그 살의 후생厚生과 지복. 다시 말해 그 살의 제헌적 생산과 구성. 그것이 마르크스가 말하는 '인간적 생산'이다. 화폐를 그 본질과 내용으로 하는 신용체제에서가 아니라 인간적 생산의 체제 속에서만 소외와 외화는 정지한다. 인간적 생산을 수행하는 과정에서 발생하고 발현하는 일들의 목록, 다섯 번의 향유, 혹은 '나'와 '당신'의 관계에 대한 마르크스의 구상력은 아래 4개의 항목으로 표현되고 있다.

나는 1) 나의 생산에서 나의 개성, 자신의 특이성을 대상화할 것이며, 따라서 그 활동을 하는 동안에는 나의 개성적인 생명의 외화를 향유할 것이고, 그 대상들을 직관하는 동안에는, 개성적인 기쁨을, 즉 대상적으로, 감각적으로 직관 가능한 것으로서의 나의 인격을 향유할 것이며, 그리하여 모든 의심을 넘어선 힘을 향유하게 될 것이다. 2) 나의 생산물을 당신이 향유하고 사용하는 동안에 나는, 나의 노동에 의해 인간적 필요를 만족시켰다는 의식을, 인간적 본질을 대상화했다는 의식을, 그리하여 다른 인간적 본질들의 필요에 부응하는 대상을 창조했다는 의식을 직접 향유할 것이다. [이로써] 3) 당신에게 있어서 나는, 당신과 유Gattung 사이의 매개자일 것이고 당신 자신에 의해서 나는 당신의 고유한 본질들의 보충으로, 당신 자신의 필연적 일부로 인정되고 또 느껴지게 될 것이며, 또한 나는 당신의 생각과 당신의 사랑 안에서 내가 인정됨을 알 수 있을 것이다. 4) 나의 개성적인 생명의 외화 속에서, 나는 당신의 생명의 외화를 직접 창조할 것이고, 나의 개성적 활동 속에서 나는 직접적으로 나의 진정한 본성을, 나의 인간적 본질을, 나의 공동본질Gemeinwesen, 공동체을 입증하고 실현할 것이다./ (…) 게다가, 이 관계는 상호적일 것이며 내 쪽에서 일어나는 것이 당신 쪽에서도 일어날 것이다.[26]

하나씩 보자. 1) 인간적 생산 속에서 '나'는 자신의 개성을, 존엄을, 특이성을 자신 밖으로 표출한다. 그 표출, 그 외화는 화폐체제 및 신용체제에서의 외화, 죽음과 죽임의 생산으로서의 외화가 아니라 기쁘게 향유되는 '개성적 생명의 외화/발현'이며, 그와 같은 생명의 발출, '삶'의 생성은 즉각적으로 나의 인격을 끈들의 끈이라는 화폐적 매개로부터 풀어내어, 화폐적 매개가 덮씌우고 둘러친 '감각적 껍질'을 깨도록 하고 그 은폐된 형상을 개시하도록 함으로써 나의 인격을 '직관 가능한 것'으로 향유하게 한다. 끈들의 끈이 실질적으로 끊어질 때, 그 절대적 끈으로서의 화폐의 권능에 근거한 신용체제는 '모든 의심을 넘어선 힘', 향유의 절대적 힘에 의해 그 작동을 멈춘다. 2) 향유의 그 힘은 인간적 생산 속에서의 나의 노동이 '당신'의 인간적 필요에 부응하는, 그 필요를 만족시키는 대상을 '창조'했다는 의식을 직접적으로 향유하게 함으로써 나의 생산물이 나와 당신 위에 올라타고 군림하는 화폐체제에서의 전도와 전치를 끝낸다. 그렇게 3) 나의 노동이 나와 당신의 공동지반을 구축하는 직접적인 힘이 될 때 노동하는 나는 당신을 '유적類的 삶'으로, '공동본질'의 향유로 인도하고 매개한다. 이른바

---

25 칼 마르크스, 「사적 생산과 인간적 생산」, 185~186쪽.
26 칼 마르크스, 같은 글, 208~209쪽.

'당신과 유 사이의 매개자'가 되고 있는 나. 당신이라는 개체적 차원을 '유'라는 공동본질의 보편적인 힘의 차원으로 매개하고 접속시키는 나. 그런 매개자 · 중개자 · 중보자仲保者, Mediator로서의 나는 저 끈들의 끈을, 화폐라는 보편적 뚜쟁이의 성스러운 끈을, 다시 말해 화폐정신이라는 평가 · 분류 · 구제의 시공간을 절단하는 힘으로 발현한다. 신과 인간 사이를 매개하고 보장하는 끈들의 끈이 중보자 그리스도이듯, 그리고 그 매개력이 은총 속에서 보장되고 보존될 수 있도록 하는 것이 보혜사保惠師, Paraclete 그리스도의 일이듯, 개체로서의 당신과 공동본질의 힘 사이를 매개하고 구성하며 그 매개와 구성의 향유를 보장하고 보존하는 바로 그 '나' 또한 중보자이고, 보혜사이며, 그리스도이다. 세속화된/내리치는 그리스도, 은총의 유일한 유물론자가 바로 그 '나'인 것이다. 그리스도로서의 나의 힘Gewalt은 화폐라는 신적 권능Macht의 매개력/분리력을 내리쳐 중단시키고 전위시키는 비-화폐적 매개력으로, 또 하나의 '성스러운 끈'으로 거듭 펼쳐지며, 편재하는 화폐정신의 거미줄을 절단하고 걷어치우는 비-화폐 '끈들의 끈'으로, 이름하여 메시아적 계사繼絲로 매회 발현한다.

인간적 생산 속에서 '당신과 유적 삶 사이의 매개자'이자 중보자인 나/그리스도는 당신의 개성과 존엄의 일부로서, 당신의 '보충'으로서 발생한다. 매개자 · 중보자인 나는 '인간에 대한 인간', 다시 말해 인간의 향유를 위한 필연적 일부이자 절대적 요청으로서 발생하는 인간이다. 마르크스가 말하는 그리스도의 세 번째 정의, 곧 '인간에 대한 인간을 대표하는 그리스도'란 바로 그렇게 '인간적 생산'의 과정 속에 있는 나, 당신과 공동본질의 힘을 끈으로 묶어 하나로 결속하는 절대적 매개력 속에 있는 나이다. 마르크스의 그리스도는 인간에 대한 인간, 다시 말해 기쁘게 향유되는 인간의 개성적 생명을 보충하며 그 필연적 일부가 됨으로써 4) 그 생명을, 그 활동을, 그 덕성을, 줄여 말해 저 살과 피와 심장을 '직접 창조'하는 인간인 것이다. 창조하는 인간, 개창하는 그리스도. 인간적 생산을 수행하는 나/그리스도는 그렇게 공동본질의 힘을 직접적으로 입증하고 실현할 것이다. 나/그리스도는 내 쪽에서 일어나는 것이 당신 쪽에서도 불러일으켜짐을 입증하며, 그와 같은 사건의 직접적인 상호발생과 상호삼투를 창조하고 발현시키는 힘이다. 그 힘은 화폐체제에서의 외화를 끝내는 힘이다. 외화란 무엇인가. 외화란 가상적 구원의 가체험을 확대재생산하는 화폐체제의 원리이자 힘이다. 외화란 그런 모조-구원을 탄핵하는 그리스도의 임재를 체계적으로 지연시키는 힘, 그런 지연을 통해 축적하는 전前-종말론적 권력의 자기유지적인 힘이자 그 원리이다. 인간적 생산 속에서 마르크스의 그리스도는 그런 권력의 원리를, 원리로서의 권력을 절단하고 전위시키는 진정한 공동본질의 힘으로 드러난다. 인간적 생산의 길 위에, 곧 외화의 철폐 과정/소송 위에 있는 것이 마르크스의 그리스도이다. 그 그리스도는 화폐라는 신, 화폐의 신Annuit Cœptis에 의해 매번 재설립되는 현재의 신질서 Novus Ordo Seclorum 안에서 거듭 '새로운 사회'를 분만하는 힘, 곧 자기 안의 '산파'의 힘을 자기 것으로 하며, 그럼으로써 화폐의 신이 만든 신질서가 유혈적 구체제의 녹슨 톱니바퀴라는 사실을 매회 개시하고, 그런 톱니바퀴를 탈구시키는 힘들의 실황으로 매번 계시된다. 그러므로 관건은 저 신성과 신질서와 국가인장들을 한 몸에 일체화한 화폐라는 끈들의 끈, 화폐라는 삼위일체적 법 연관의 축적체제 안에서 그것 너머로서 도래중인 '칼'과 '불'을, 그렇게 발현중인 절대적 매개력/전위력의 조건들을 비평하는 일일 것이다.

　　　임재의 유물론

유물론이란, 유물론적인 것이란 무엇인가. 널리 알려진, 그래서 이미 자명한 답이 제출됐다고 공인된, 그러므로 더 이상 질문될 필요가 없다고 전제된 물음. 박탈되고 박제된 그 물음을 다시 던지고 다르게 던지게 함으로써 그것이 '비판'을 위한 '칼'로 되게 하고 '불'로 불붙게 한다고 생각했었던 문장은 다음과 같다.

> 종교가 만든 흐릿한 환영들Nebelbildungen의 세속적 핵심을 분석해 찾아내는 것은, 삶의 실제적 관계들로부터 그에 상응하는 관계의 신성화된verhimmelten 형태들을 [뽑아내] 펼쳐 보여주는 것보다 훨씬 쉽다. 후자의 길만이 유일하게 유물론적이며, 따라서 유일하게 과학적인 방법이다.[1]

『자본론』의 본문으로 들어가지 못한 '각주'라는 형식과 배치 속에서 마르크스는 종교를, 종교의 역사를 '무비판적'이라고 비판한다. '인민의 아편'으로 거부되는 그 종교란 어떤 것인가. '물질적 기초'를 은폐·유기·폐기하는 종교가 그것이다. 그렇다면 물질적 기초란 무엇인가. 이에 대한 답은 위에 인용된 한 대목 바로 앞에 들어있다. 물질적 토대란 '자연에 대한 인간의 능동적 행동', 곧 '인간생활의 직접적 생산과정'이며, 살아 있는 노동(산 노동)의 직접적 발현이고, 그렇기 때문에 '인간의 사회적 생활조건'이자 '그로부터 생겨나는 정신적 표상들'이다. 아편으로서의 종교가 만들어내는 환상적인 환영들이 그런 물질적 토대를 신성한 후광과 한 몸이 되게 한다.

사람과 사회의 능동력·생산력·생활력의 조건들이 그 후광 속으로 사라진다. 사라진 그 조건들은 이제 사고와 표현의 대상이지 않다. 그럴 때 하나의 계급이 부富의 여러 형태들과 경로들을 사적으로 소유하게 된다. 문제는 그러므로 후광, 신성한 후광이다. 바로 그 후광이 유물론, '유일하게 유물론적인 것'이 문제시하는 대상이다.

종교적 환영들이 주는 희망과 치환된 환상들이 만든 안락이 당장의 삶과 얼마나 멀리 떨어져 있는지를, 그러니까 오늘의 삶이 얼마나 누추하고 피폐하며 거덜 나 있는지를 확인하는 것은 즉각적이므로 어려운 일이 아니다. 어려운 것은 그런 삶의 실제적 관계들이 이미 그 자체 신성화된 형태로 존재하고 있음을 개시하는 일이며, 저 물질적 토대로서의 삶·생명·노동이 종교적 환영들의 권력에 의해 그런 토대와 어떻게 분리/매개되고 있는지, 어떻게 조회·조정·조달되고 있는지를 비판하는 일이다. 바로 그 비판이 유물론적인 것이 정향하고 있는 실질들 중 하나일 것이다. 비판, 이른바 "통곡의 골짜기Jammertal"(「시편」, 84: 6)에 대한 비판. "종교는 인민의 아편이다./ 인민의 환상적 행복인 종교의 폐기는 바로 인민의 현실적 행복에 대한 요청이다. 인민의 [자기] 상황에 대한 환상을 포기하라는 요청은, 이 환상을 필요로 하는 상황을 포기하라는 요청이다. 그러므로 종교에 대한 비판은 그 기원에서 본다면, 종교를 자신의 후광으로 삼고 있는 간난의 삶Jammertales에 대한 비판이다."[2]

간난의 삶, 간난신고艱難辛苦의 삶. 다시 말해 통곡의 골짜기 속에, 종교적 후광 속에 통합된 삶들. 이에 대한 체계적인 구제와 구원을 약속하는 힘, 그런 약속으로 정당화됨으로써 합법화되는 그 힘은 무엇인가. 비유가 아니라 실질로서 표현된 '살'과 '피'와 '심장'을 잠식하고 침식하는

1   칼 마르크스, 『자본론』 1권(下), 501쪽, 각주 4번.
2   칼 마르크스, 「헤겔 법철학 비판 서문」, 『헤겔 법철학 비판』, 강유원 옮김, 이론과실천, 2011, 8쪽.

힘이 그것이며, '성스러운 끈'으로서의 화폐적 분리력/매개력이 그것이다. 오늘 통곡의 골짜기는 살을 베어내고 피를 마시는, 궁극적으로는 심장 그 자체가 화폐로 되게 하는 신용체제적 운용 위에서 다시 표현될 수 있다. 그 골짜기를 더 깊이 파는 자들, 그러니까 신용의 본질로서의 화폐를, 환속화된 세계의 신 또는 '현실적인 신'으로서의 화폐를 수호하는 사제들, 목자들. '끈들의 끈'인 그들이야말로 신성한 목적으로서의 자기증식을 기획하고 관리하는, 축적이라는 법의 규방의 주인들이다. 그러므로 문제는 다시, 종교적 환영들과 신성한 후광들에 의해 삶의 실제적 관계들이 영구적으로 합성 재합성되고 있는 상태이다. 모조-구원의 가체험만이 절대적 필요가 된 삶의 형태, 바로 그것에 대한 폭력적 개시/판시가 유일하게 유물론적인 것의 일이다. 그것은 동시에 파루시아parousia, 임재의 일이다. 분리와 매개에 의한 특정한 관계의 창출을, 그런 관계의 이면과 원리를 인지하고 드러내는 힘, 그런 관계를 지복과 후생의 이름으로 주재하는 신성한 목적과 방법 안에서 그것들을 한정하며 그것들 너머로서 계시되고 발현되는 상황들의 힘. 임재의 상황들, 도래중인 힘들. 파루시아는 기존의 위치와 자리의 배열을 변동 없이 유지시키는 법 연관 속에서 어떤 일신—新과 전위轉位의 시간으로, 전위로서의 일신으로 발현되고 전개되는 힘이다.[3] 도래중인 파루시아에 의해, 언제나 스스로를 쇄신된 힘으로 공표하는 새로운 체제는 매회 구체제로 선언되고, 그런 선언과 동시에 구체제적 법의 대지는 새로운 사회가 분만되는 장소들로 융기한다. 파루시아의 상황, 그것은 파국과 신생을 동시에 관철시키는 힘, 그래서 전면적인 힘이며 전면적이므로 절대적인 힘, 신성한 힘이다. 이른바, 신적인 힘Gewalt. 파루시아는 삶의 실제적인 관계들이 화폐와 국가와 신성이라는 삼위일체적 공동관리의 매개력/분리력 속에서 재합성되고 있음을 판시하는 힘이며, 그렇게 신성한 후광 속에서 가동되는 재합성·재생산의 공정에 작동중지를 고지하는 힘이다. 삶의 실제적 관계들로부터 그에 상응하는 관계의 신성화된 형태들을 뽑아내 보여주는 임박한 힘의 형태. 그것이 파루시아다. 이렇게 묻고 답할 수 있겠다. 파루시아란 무엇인가. '유일하게 유물론적인 것'이다.

유일하게 유물론적인 것과 파루시아, 그 둘은 서로 삼투된 한 몸이며, 용접된 하나의 힘이자 일체화된 의지이다. 도래중인 유물론, 유물론의 임재. 그것은 삶의 실질적 관계들을 재편성하는 통치체제가 적그리스도적인 것임을 뽑아내 보여주는 유물론적/신적 힘에의 의지이다. 지금 무릅쓰고 인용하게 되는 건 바울의 편지이다.

> 여러분은 아무에게도 절대로 속아넘어가지 마십시오. 그 날이 오기 전에, 먼저 배교하는 사태가 생기고 불법의 사람, 멸망의 아들이 나타나게 마련입니다. 그자는 신이라 일컫는 것 혹은 예배의 대상이 되는 모든 것에 대항하며 자기를 들어높이어 하느님의 성전에 앉아서 스스로 신이라고 선언할 것입니다. (…) 주 예수께서는 다시 오실 때에 주의 입김과 그 광채로 그 불법자를 죽여 없애실 것입니다. 그 무법자의 내림에는 사탄이 작용하여 온갖 권능과 표징과 거짓 기적과 멸망하는 자들을 상대로 한 온갖 부정한 속임수가 따를 것입니다. 그들이 구원을 위한 진리의 사랑을 받아들이지 않았기 때문입니다. 그래서 하느님께서 그들에게 미혹의 힘을 보내어 거짓을 믿게 하십니다. 이렇게 해서 진리를 믿지 않고 불의를 좋아한 모든 이들은 심판을 받을 것입니다. (「데살로니카인들에게 보낸 둘째 편지」, 2: 3~12)

삶의 실제적 관계에 침투하고 삼투하는 모조-구원의 환영, 적그리스도의

---

3 신약성서(제2성서)에 24번 나오는 '파루시아'는 원래 행정적인 용어로, 로마 황제의 지방 순시를 뜻했다. 그 용어는 최고위의 통치자가 식민지에 도착할 때의 장엄한 상황을 가리킨다. 황제의 도착에 맞추어 도로와 건물은 다시 건설되었고, 기념주화가 새로 주조되었으며, 축제와 제의가 준비되었다. 초기 그리스도교인들은 파루시아라는 용어로, 황제의 '도착'과 동시에 발생하는 그런 일신 또는 전위의 차원을 그리스도의 '임재'와 용접했다.

후광. 기존의 모든 신성한 것과 존엄한 것들을 녹인 다음 대기 중으로 날려버림으로써 스스로를 최고위의 신에 등극시키는 적그리스도, 불법의 사람, 멸망의 아들. 그러하되 그는, 또는 그 체제는 '구원을 위한 진리의 사랑'을 받아들일 수 없게 하는 상태에, 다시 말해 통치로서의 구원의 후광과 환상을 주조하고 직조하는 힘의 변용 및 연합 상태에 심판의 결단이 임박했음을 알리는 표상이다. 심판으로서 내리치는/도래중인 그리스도는 당신의 입김과 숨결로, 당신의 심장과 피와 살로, 줄여 말해 당신의 생명으로 불법의 끈이 매개한 삶의 관계들을 끊고 끝낸다. 온갖 권능과 표징과 거짓기적과 속임수의 체제가, 그 미혹되게 홀리는 매혹적인 힘의 체제가 유일하게 유물론적인 심판의 힘에 의해 일소되고 일신된다. 모조-구원의 가체험, 그 신성화폐의 권능 안에서 엮이고 짜여 있는 삶의 관계를 전면적으로 개시하는 새로운 생명의 산파, 새로운 사회의 발생과 발현. 그것은 "삶을 지닌 모든 것은 모두 피를 말려 쓰러질 것이다. 이제 바야흐로"⁴라고 할 때의 그 묵시적 시간감, 바로 그 '바야흐로'라는 최후적 임박성의 시간 속에서, 다시 말해 임박한 유물론적 심판의 시간 속에서 구상·각성·인지·수행될 수 있는 사건이며, 사건들의 끈이다. 유물론이되 '유일하게' 유물론적인 것이라는 마르크스의 한 구절은 이미 언제나 유물론의 어떤 유일무이성the One과 절대성에 대해, 절대적 유물론에 대해 사고하고 표현하게 하는 끈들을 기립시키는 것이었다.

유물론적 파루시아의 힘으로서 발현하고 발생하는 이들의 인지력·표현력·비판력, 그것을 달리 표현하는 말은 '파괴적 성격'이다. "현존하는 것을 그는 파편으로 만드는데, 그것은 파편 자체를 위해서가 아니라, 그 파편을 통해 이어지는 길을 위해서이다."⁵ 메시아적인 것의 형상과 이념 속에 들어있는 파괴적 성격은 모든 동일성의 근거들을, 적그리스도적 권능과 표징으로 정립되고 보장된 법을 파쇄된 파편들로 만든다. 그것은 파괴를 위한 파괴가 아니므로 통념적 허무에 물들지 않았으며, 파편들의 수집과 재구축을 통해 새로운 길과 다른 삶의 가능한 최대치를 구성하고 기획하게 한다. 파루시아의 상황, 유물론의 임재는 파괴와 구성의 동시적이고 변

© 〈The Passion of the Christ〉, 2004

골고다Golgotha, 해골들과 '골편들'이 퇴적되어 있는 곳. 거기까지 걸어가는 길, 이른바 '파편을 통해 이어지는 길'. 그리스도의 열정passion이 최고도로 지속되고 있는 그 길은 동시에 그리스도의 수난passion이 극한으로 치닫고 있는 길이기도 했었다. 그 열정의 분출과 불가항력적 수난 사이, 그 둘의 동시적 경험으로서의 문학. 다시 말해, 세속화된 천로역정天路歷程의 표현으로서 이상의 문학.

증법적인 비등과 도약의 사건이다. 사람과 사회의 생산 및 제작으로 정향되어 있는 신성한 통치공정의 절차가 탈구되는 시공간은 특정한 '순례자'의 형상과 이념에서 발현된다. 임재하는 묵시의 비판력을 '도래중인 나'와 '불세출의 그리스도'라는 시어로 표현했던 작가 이상 또한 순례길 위의 인간이었다. 그는 이렇게 적어놓았다. "그런데나는캐라반이라고./ 그런데나는캐라반이라고."[6] 카라반caravan, 순례자로서의 자기 지시.

어떻게 해야 '종교 없이 세속적으로 신에 대해 말할 수 있는가'라고 물었던 이는 옥중에서 구원의 편지를 쓰고 있던 신학자 본회퍼였다. '종교 없이'라고 할 때의 그 종교란 환영들의 재생산 체제로서의 종교이다. 그런 종교 없이, 그런 종교를 없애는, 그런 종교에 끝을 고지하는 때야말로 '세속적으로 신에 대해 말할 수 있는' 구원의 시간이다. 이상의 문학이란 무엇인가. 종교 없이, 세속적으로, 신에 대해 말할 수 있는 데까지 말하기였으며, 심판으로서의 비판을 밀고나갈 수 있는 데까지 밀고나가기였다. 그는 종교적 환영들의 생산을 통한 축적과 그것을 보장하는 신에 대한 살의를 품은 모독자였으며, 신성한 후광 속으로 합성된 삶의 관계와 체계화된 간난신고를 비판했던 '악령'이었다. 무엇보다 그는 통곡소리 높은 지상의 골짜기에 살면서 그 골짜기 아래로 난 길을 '절름발이'로, 저는 걸음으로 걸었던 순례자였다. 순례자의 파루시아론, 종지적終止的 유물론. 그의 그런 순례는 그리스도의 저 열정에 대해, 수난의 그리스도에 대해 생각하게 한다. 열정은 수난의 거처이다. 수난은 절망의 압도이다. 그러하되, 순례길 위에서 그리스도의 절망은 포기하지 않는 절망이다. 포기하지 않는 절망이 꼼꼼한 희망의 조건이며, 바로 그 순례의 길 위가 원리로서의 희망이 발현하고 지속되는 장소이다. 통곡의 골짜기 아래로 난 비참의 길 via dolorosa, 그 길을 절며 걷는 자, 그리스도라는 순례자. 그 걸음, 그 순례를 통해 통곡은 비로소 귀에 들리는 목소리logos로, 비참은 이윽고 체감될 수 있고 만져질 수 있는 신적인 몸ecclesia으로 형질전환된다. 분리/매개의 힘에 의해 계열화된 통곡과 비참의 시공간들이 바야흐로 '성별聖別'되는 중이다. 그렇게 다시 '원-분할'되는 과정/소송 속에서 새로운 관계가, 다른 법이 분만되고 융기하는 중이다.

4   이상, 「산촌」, 『정본 이상문학전집 3』, 김주현 편, 소명출판, 2009, 203쪽.
5   발터 벤야민, 「파괴적 성격」, 『발터 벤야민의 문예이론』, 반성완 편역, 민음사, 1983, 29쪽.
6   이상, 「신경질적으로 비만한 삼각형」, 임종국 편, 『이상전집 2』, 1956, 50쪽.

감사의 말

1. 경남 양산군 원동면 함포리, 1950년 음력 정월 27일생, 임기순林起順. 책의 맨 뒤에다가 그렇게 쓰겠다고 했더니, 어머니는 괜찮다고 하면서도 군, 면, 리의 이름을 정확히 다시 읊으셨다. 그런 어머니께 이 책을 올린다. 슬하의 자식이 썼다는 단 하나의 이유만으로 그녀는 이 책을 읽고 또 쓰다듬을 것이다. 그렇게 그녀는 나의 어머니라서 나의 독자가 된다. 어머니라서, 독자라서 거듭 감사드린다.

2. 그렇게 나를 읽으셨던 분들, 정확히 말해 내 쪽에서 먼저 밑줄 그으며 만났던 그 분들의 고유명을 기록해두고 싶다. 한 체제의 끝, 이른바 최종적인 것들의 관계에 대한 사고법을 고안·변용·숙성 중에 있는 복도훈·최정우, 두 분의 배려와 요청이 없었다면 이 책은 지금보다 무디거나 더딜 수밖에 없었을 것이다. "내년에는 예루살렘에서!"라는 서명 날인을 잊지 못하며, "다시 누리기/저지르기 힘든 운/죄"를 함께 향유할 수 있어서 다행이다. 감사드린다. '편집인' 문부식 선생님에 대해 생각한다. 쓰고 싶은 것을 쓸 수 있었던 것에 대해, 자유로웠으므로 두려웠던 것에 대해, 한 발 내디딘 지점이 곧바로 실패의 현장이었던 것에 대해 생각한다. "침몰당한 말들의 무덤"과 "말의 생환을 위한 피난처"의 동시성 또는 등질성에 대해 생각한다. 선생님과 석별하던 늦겨울 한때를 떠올리게 된다. 감사드린다. 조효원 형을, 그와 주고받았던 편지들을, 그 편지 속에 번역되어 있던 문장 하나를 상기한다. "도래하는 세계에서는 신적인 비폭력이 신적인 폭력보다 더 높다." 언젠가 인용하게 될 그 한 문장이 그렇게 선물로 받은 것이었음을 다시 새기게 된다. 그의 그런 선물, 그 증여의 의지에 감사드린다. '사회

적 영성'을 향한 비평에 골몰하고 있는 민중신학 연구자 정용택 형과의 만남에 기대어, 이 책의 마지막 장들은 제3시대그리스도교연구소의 공부 모임에서 발표되고 토의되었다. 변함없는 우정과 동료애에 감사드린다. 더불어, 준비되고 있는 그의 첫 저작이 힘의 형상 하나를 세세히 그려내 보이는 것이기를 바라게 된다. 또 한 명의 동학 김강기명 형에게, 그로부터 받았던 지지와 북돋움에 감사드린다. '민중신학과 스피노자'라는 그의 고안들·관점들 중 하나가 오늘 가능하고 필요한 것으로 다시 다르게 논구되기를, 다른 빛 속에서 튼튼히 발양되기를 진심으로 바라게 된다. 이 책의 마지막 장들에 들어있는 미약한 인지와 표현을 비평의 대상으로까지 생각해주신 문강형준 선생님께, 언젠가 '역사의 종언'론을 읽게 될 때 되돌아가 다르게 참조할 수 있을 '파국의 지형학'이 있었던 것에 감사드린다. 이 책의 일부를 기꺼이 읽고, 그 의미를 발굴하고, 그 의지의 위치를 표현해주셨던 오영진 선생님께 다시 한 번 감사드린다. 이 책을 박사 논문의 심사 대상으로 먼저 읽으셨던 모교의 여러 선생님들께, 곧 논문 형식의 파격을 논리의 파탄으로, 수습과 복구의 대상으로 여기지 않고 하나의 의지로 읽으셨던 한수영·권명아·정봉석·이국환·허정 선생님께 이 자리를 빌려 감사드린다. 도쿄에서의 공부를 주선해 주신 와타나베 나오키 선생님의 배려에 감사드린다. 누차에 걸쳐 누적된 그 배려는 지금 갚지 못할 정도가 되었고 순전한 빚으로 남을 듯하다. 류충희 형과 주고받았던 말들, 손목 붙잡고 끌어준 그 마음 씀씀이에 감사드린다. 지금 책상 앞에서 쓰고 있을 그의 논문, 복잡성의 감축을 문제시하는 그 글이 하나의 체제로 순조롭게 완성되길 빌게 된다. 이미 언제나 분출하고 있었던 친구 정승훈에게 감사하고 싶다. 단편 「벚꽃 동산」을 읽었던 그 날 이후, 나는 그의 갖가지 문장들을 지지하게 되었다. 지금처럼, 그 문장들이 지속되면서 다르게 전개되길 바라게 된다. 비평모임 '해석과판단'에서 변함없이 함께 발제하며 토론하고 있는 여러 동료들께, 특히 오래두고 사귄 정기문·고은미·양순주에게 감사한다. 각자의 길을 다르게 걸어가려는 그들의 기획과 의지, 비평과 번역을 응원한다. 계간 『오늘의문예비평』을 지탱하며 고군분투하고 있는 여러 선생님들께는 어려운 때 곁을 비운 죄에 대해 진심으로 용서를 구하고 싶다. 이력 없는 신인의 첫 책을 맡아준 출판사의 여러분께 감사드린다. 초고를 책으로 물질화하는 데에, 다시 말해 하나의 의지를 조형하고 분출시키는 데에 사고와 수고를 아끼지 않았던 편집자 임채혁, 디자이너 김형진 두 분께 깊이 감사드린다.

2-1. 끝내 불가결하며 불가피한 사람이 있다. 그는 외면하고픈 자의식과 대질하도록 강제하고, 밀고나가는 입장의 패착을 주시하도록 요구한다. 그런 강제 속에서 비평은 깨진 채로 더디게 재구축되며, 그런 요구 속에서 사람은 구속된 채로 기어이 기립한다. 형이자 벗이며 선배이자 선생인 전성욱에게 감사한다. 그렇게 불가결하고 불가피한 존재여서 고맙고 힘들다. 곧 출간될 그의 두 번째 비평집 곁에 이 책이 꽂혀 있기를 바라게 된다.

3. 우정에 대하여, 우정이라는 것에 뿌리박고 다시 시작하기 위하여. "우정을 욕망하는 것은 심각한 과오이다. 우정은 우리가 예술이나 인생에서 얻는 것과 같은 무상의 기쁨이어야 한다. 우정은 은총의 범주에 속한다. 우정은 잉여로 주어진다. 우정을 향한 [상상적인/축적적인] 꿈은 전부 깨져야 한다."(시몬 베이유, 『중력과 은총』) 관계의 후광을 걷어치우는 것이 우정이다. 후광 속의 관계를 찢는 것이 우정이다. 그런 한에서 우정은 내리치는 은총의 범례이며, 그러므로 유일하게 유물론적인 것의 범주에 속한다. 자문하게 된다. 앞선 저 고유명들과 나의 관계는 우정인가, 아니면 우정을 전용한 축적의 꿈인가. 우정이라면 그 우정은 보존되어야 하며, 꿈이라면 그 꿈은 전부 부서져야 한다. 보존하는 것과 부수는 것 모두는 쉬운 일이 아니라 무릅써야만 하는 일이며, 혼자의 일이 아니라 공통의 일이다. 다시 시작한다는 것, 그렇게 다시 용기한다는 것은 혼자의 일이 아니라 공통의 일이다.

윤인로